디지털 개념어 사전

디지털 시대를 장악하는 핵심 키워드 100

디지털 개념어 사전

구본권 지음

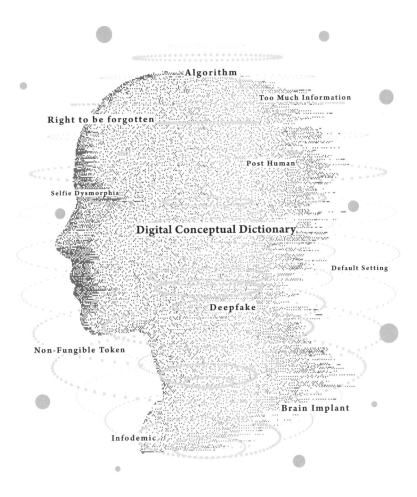

한겨레출판

저는 정보기술IT을 담당하는 기자로 오랜 기간 디지털과 모바일 혁명이 진행되는 국내외 현장을 취재해왔습니다. 1년에 몇 차례씩 미국 실리콘밸리 일대를 오가며 디지털 기술이 산업과 삶의 모습을 바꿔나가고 있는 풍경을 현장에서 목격하곤 했지요.

해마다 6월이면 샌프란시스코에서 열리는 애플 세계개발자대회WWDC에도 여러 번 참석했는데, 2011년 애플의 최고경영자 스티브 잡스가 아이폰, 아이패드 새 모델을 발표하는 자리에도 있었습니다. 아이폰으로 실질적인 스마트폰 세상을 열어젖힌 스티브 잡스가 카리스마 넘치는 표정으로 "하나 더~One More Thing~"라며 베일에 가려 있던 새 제품을 설명할 때면 수천 명의 개발자들이 모인 발표회장이 열광적인 종교집회처럼 흥분의 도가니로 바뀌는 진기한 장면에도 함께했습니다. 구글이 해마다 5월이면 개최하는 구글 개발자대회I/O에서 공동창업자인 래리 페이지와 세르게이 브린이 직접 신제품을 발표하고 개발자들의 질문에 거침없이 답변하는 모습도 현장에서 취재하곤 했습니다.

정보기술 담당기자로 신제품 기술 발표 무대를 해외 취재하는 일은 흥미로운 경험이었지만, 제 생각은 곧 사람들의 관심이 집중된

뉴스 이벤트 너머로 뻗어갔습니다. 신기술 발표회 현장의 환호와 갈채가 실제 소비자들의 선택과 성공으로 직결되지는 않는다는 걸 알고 있었기 때문입니다. 오늘 화려하게 등장한 이 신기술은 우리를 어떤 세상으로 데려다줄까? 개발자와 기획자들은 반짝이는 장점과 매력을 앞세워 한껏 기대를 부풀리지만 대부분의 매혹적인 것에는 가려진 위험과 부작용이 있다는 게 기술의 영역에서도 예외가 아닙니다.

　　스티브 잡스는 아이패드가 멀티미디어 효과로 아이들에게 책 읽기의 즐거움을 느끼게 해줄 혁신적인 전자책 도구이자 에듀테크에 맞춤화된 교육용 기기라고 강조했지요. 하지만 잡스가 정작 자신의 10대 자녀들에게는 아이패드와 아이폰을 사용하지 못하게 한 사실이 그의 사후 뒤늦게 알려졌습니다. 구글 개발자대회에서 '구글 안경' '인공지능 음성 비서 듀플렉스' 등은 미래를 앞당길 혁신적 기술로 소개되며 개발자들의 환영을 받았지만, 막상 출시된 제품은 이용자들에게 외면당합니다. 프라이버시 침해와 피싱 사기 피해에 대한 불안과 비판을 넘어서지 못하고 실패한 제품이 되고 말았습니다. 저는 페이스북 본사 현장 취재를 통해 벽이 없는 사무실의 개방성, 그리고 빠른 도전과 실패를 칭송하는 '해커 정신'의 장점을 보도했습니다. 그런데 몇 년 뒤 프라이버시를 거래하고 사람의 감정마저 실험대상으로 삼는, 페이스북이 내세운 개방성의 진면목과 해커 정신에 가려져 있던 그늘이 세계적 문제가 되는 것을 지켜봐야 했습니다.

　　이런 일련의 경험을 통해 저는 디지털 신기술을 취재하면서 동시에 그로 인한 사회적 영향을 주목하며 성찰하는 글을 쓰게 되었습니다. 디지털 기술을 키워드로 삼았지만 관심은 언제나 '그러한 강력하고 편리한 도구로 인해 나의 삶과 사회적 관계는 어떠한 변화에 직면하게 될까'라는 인문학적 고민으로 이어졌습니다. 이 책은 그런 고민을 담아 〈한겨레〉 지면에 실어온 '유레카' '스마트 돋보기' 등의 칼럼을 업데이트하고 새롭게 써서 묶은 글입니다.

　　책은 디지털 세상의 현재 모습과 미래 방향을 보여주는 100개의 열쇳말로 구성돼 있습니다. 알고리즘, 딥페이크, 인포데믹, 잊혀질 권리, 대체불가토큰NFT, 디폴트 세팅, TMITOO Much Information, 셀카이형증, 포스트휴먼Post Human, 뇌 임플란트 등 디지털 세상은 쉴 새 없이 낯선 정보기술 용어가 등장하고 집단별·세대별로 새로운 문화적·경제적 흐름이 생겨나는 곳이다보니, 새롭게 그 의미를 파악해야 할 시사용어들도 적지 않습니다.

　　디지털 세상에서 산다는 것은 똑똑한 인공지능과 자동화 기기의 편리함을 누리는 동시에, 끊임없이 새로운 지식 그리고 변화와 더불어 살게 된다는 걸 의미합니다. 예전에는 학창시절 배운 지식과 기술을 밑천으로 평생 동안 직업을 유지하며 안정된 사회생활을 할 수 있었습니다. 하지만 디지털 세상에서는 더 이상 그런 일이 가능하지 않습니다. 과거와 달리 모든 게 시시각각 변화하는 까닭입니다.

　　디지털 시대의 본질은 새로운 변화가 끝없이 몰아치는 세상이라는 겁니다. 첨단 기술과 도구, 그로 인한 경제와 산업의 변화, 문화현상 등을 따라잡지 않으면 이내 세상을 이해하지도, 주도적으로 삶을 설계하지도 못하게 됩니다. 이제는 성공적인 사회생활과 직업을 위해서 누구나 새로운 기술과 서비스에 쉴 없이 적응해야 합니다. 디지털 세상에 적응하는 길은 변화를 꺼리거나 두려워하지 말고 낯선 것들을 개방적으로 바라보고 받아들이는 태도입니다. 하지만 이것이 늘 최신 디지털 기술과 용어를 한발 먼저 접하고 익혀야 한다는 뜻은 아닙니다.

　　컴퓨터 발달의 역사를 살펴보면 신기술에 어떻게 적응해야 하는지를 알 수 있습니다. 예전에는 컴퓨터를 다루려면 프로그래밍 언어와 도스 명령어를 따로 배워야 했지만, 컴퓨터 조작 기술이 편리해진 지금은 그럴 필요가 없어졌습니다. 오히려 기술의 발달로 누구나 쉽게 컴퓨터를 사용할 수 있게 되었지요. 컴퓨터를 사용하고 디지털 기기에 의존하는 시간은 훨씬 늘어났지만 윈도 운영체제와 스마트폰 환경에서 더 이상 컴퓨터 조작 명령어는 필요 없어진 거죠. 이처럼 컴퓨터 세상에 적응하는 핵심적인 방법은 현재 시장에서 필요한 기능을 매번 발빠르게 익히기보다 컴퓨터가 널리 사용될 때 어떠한 개인적·사회적 차원의 변화가 생겨날까를 생각해보는 것입니다.

그렇다면 어디에서 시작해야 할까요? 디지털 기술이 산업과 사회의 구조와 질서를 바꾸는 것을 이해하기 위해서는 관련 기술의 구체적 개념과 적용 사례를 아는 게 첫걸음입니다. 바로 그것이 이 책에서 다루는 열쇳말들의 목록입니다.

하지만 이 말들의 뜻을 단순히 이해하는 것으로는 충분치 않습니다. 왜냐하면 기술의 발전 방향과 달리 그에 대한 사람의 반응을 예측하는 것은 거의 불가능하기 때문이지요. 그래서 새로운 기술이 개인과 사회에 가져올 다양한 영향은 어떤 것들일까를 인문학적 관점에서 상상해보는 연습이 필요합니다. 이 책에는 열쇳말을 주제로 한 글마다 각광받는 신기술이 지닌 다양한 측면에 대한 성찰과 생각해볼 지점들이 소개돼 있습니다.

본문은 4장으로 구성되었습니다. 1장은 '로봇을 이기는 스마트한 인재의 자질'을 주제로, 인공지능과 컴퓨터가 사람의 인지 능력을 넘어설 세상에서 사람과 기계는 어떻게 차별화될 수 있는지, 인공지능과 로봇 환경에서 사람과 기계가 공존할 수 있을지에 관한 글들을 엮었습니다. 2장 '기술의 빛과 그림자'는 편리하고 강력한 신기술의 목록인 동시에 일찍이 만나지 못한 편리함과 강력함이 우리 일상생활에 가져올 긍정적 영향과 부정적 영향에 초점을 맞추었습니다. 기술이 빛날수록 그늘도 짙게 마련인, 디지털 세상의 생생한 풍경을 만나봅니다. 3장 '과잉연결 속에서 잃어버린 것들'은 소셜미디어와 스마트폰이 불러온 다양한 현상에 대해 살펴봅니다. 사회적 동물인 인간은 점점 더 강하고 편리한 연결을 추구하지만, 기술 개발자들은 인간의 연결 본능을 돈벌이 수단으로 삼고 있습니다. 젊은 세대에게 익숙한 현실이 된 소셜미디어가 가져오는 새로운 현상과 부작용에 대해 살펴봅니다. 4장 '로봇, 인공지능, 인간의 경계에서'는 로봇과 인공지능 기술의 발달이 궁극적으로 불러올 '포스트휴먼'의 미래를 소개합니다. 인간을 향상시키려는 오랜 욕망이 디지털과 생명공학 기술을 만나, 인간과 기계를 결합한 '하이브리드형 인간'이 등장할 미래를 조망합니다.

모쪼록 이 책이 디지털 세상의 변화와 미래 방향을 모색하는 이들에게 자그마한 쓰임이 되기를 바라며, 열쇳말들과 함께 미래를 향한 여정을 시작해보겠습니다.

구본권
《한겨레》 사람과디지털연구소장

목차

3장 과잉연결 속에서 잃어버린 것들:
스마트폰과 SNS의 관계론

4장 로봇, 인공지능, 인간의 경계에서:
포스트휴먼의 존재론

1장

로봇을 이기는 스마트한 인재의 자질:

디지털 시대의 인재론

⁰⁰¹ 미래 일자리

"인공지능 때문에 미래 일자리가 크게 달라진다는데 앞으로 사라질 직업이 많을까요, 아니면 새로 생겨날 직업이 많을까요?"

미래를 주제로 한 강의를 할 때면 빠지지 않는 청소년들의 질문이다. 사실 청소년뿐 아니라, 모든 사람이 궁금해하는 주제다.

2016년 3월 이세돌 9단은 인간 대표 자격으로 인공지능 바둑 프로그램 알파고에 맞서는 '세기의 대결'을 펼쳤다. 다섯 판의 승부는 알파고 4승, 이세돌 9단 1승으로 귀결되며 불안과 희망이 뒤엉킨 결과를 선사했다. 하지만 1승이 선물한 희망마저 불안에 점점 잠식되어갔다. 인공지능의 학습 방법이 사람과 크게 다르다는 게 알려졌기 때문이다. 인공지능은 잠을 자지 않아도 피로를 모르며, 밥 먹는 시간이나 화장실 가는 시간도 필요 없다. 더욱이 알파고는 누적된 기보를 통해 학습했지만, 알파고의 업그레이드 버전인 알파제로의 기계학습은 기보는 물론 사람의 도움을 전혀 필요로 하지 않았다. 스스로 기보를 만들어내며 일찍이 인간이 바둑판에서 경험하지 못한 다양한 상황에 완벽하게 대응하는 방법까지 익히며 바둑을 깨쳤다. 알파고가 불과 몇 달 만에 인간의 도움이 필요 없는 알파제로로 진화하며, 인간이 넘볼 수 없는 수준의 바둑을 구현해낸 것이다. 알파고는 '바둑의 신'이 되었고, 2017년 중국의 커제 9단이 눈물을 쏟게 만든 뒤 바둑계에서 은퇴했다. 2016년 3월 13일, 4국에서 이세돌 9단이 거둔 1승이 인간이 알파고를 상대로 거둔 유일한 승리로

16

기록됐다.

이세돌 9단도 2019년 11월 결국 바둑계 은퇴를 선언했다. 이세돌은 승부사답게 국산 인공지능 바둑프로그램 '한돌'과 은퇴 기념 대국을 가졌다. 이세돌은 "알파고에 패한 것이 뼈아프다"라며 "인공지능이라는 절대 넘을 수 없는 장벽 앞에서 느끼는 허무와 좌절"이 은퇴의 직접적 이유라고 말했다. 알파고에 유일한 승리를 거둔 이세돌 9단이지만 그에게서 인간 최강자로서의 자부심을 읽을 수는 없었다.

2011년 미국의 퀴즈프로그램 〈제퍼디Jeopardy〉에서 우승한 퀴즈 챔피언 켄 제닝스는 아이비엠IBM의 인공지능 왓슨에 패했다. 경기가 끝난 뒤 제닝스는 "20세기에 조립라인이 등장하면서 공장 일자리가 사라졌듯이 나는 새로운 세대의 생각하는 기계에 밀려난 최초의 지식산업 노동자입니다. 하지만 내가 기계에 자리를 내준 최후의 사람은 아닐 겁니다"라고 말한 바 있다.

정형화된 업무만이 아니라 창의적 승부를 직업으로 하는 최고수의 일자리도 인공지능과 로봇에 밀려나는 세상이다. 미래 일자리 불안은 당연하다. 하지만 나는 미래에 일자리가 줄어들지 않을 것으로 본다. 사람의 욕망은 무한하고 사람은 필요에 따라 부단히 새로운 것을 만들어내기 때문이다. 끊임없이 기존의 직업이 기계에 의해 대체되고 변화하지만 앞으로 생겨날 일자리의 수는 사라질 일자리를 능가할 것이다.

그런데 사라지는 일자리는 눈에 잘 띄지만, 새로 생겨날 직업은 눈에 보이지 않는다는 게 중요하다. 우리는 이미 존재하는 것만 볼 수 있다. 미래는 보이지 않고, 알 수 없기 때문에 미래다. 미래 일자리에 대비하는 가장 안전하고 유용한 길은 지금 인기 높은 직업을 염두에 둔 스펙 쌓기가 절대 아니다.

스티브 잡스는 2005년 스탠퍼드대학교 졸업식 연설에서 창의성의 본질이 점을 잇는 행위와 같다고 말했다. 그는 "미래를 내다보며 점을 연결하는 것은 불가능하다. 뒤를 돌아보며 연결할 수밖에 없다. 그러니 점이 어떻게든 미래에 연결되리라고 믿어야 한다"라고 말했다. 미래 일자리를 위한 최선의 태도는 보이지 않는 것을 믿고 준비하는 능력이다.

002 코딩

스마트폰 환경에서 앱 개발 요구가 커지면서 엇갈리는 두 흐름이 동시에 나타나고 있다. 인터넷과 모바일 세상을 살아가기 위한 주요 자질로 소프트웨어 프로그램을 짜는 코딩 능력이 부각됨에 따라, 누구나 코딩 교육을 받아야 한다는 주장이 그중 하나다. 영국 등 많은 나라가 초등학생, 중학생을 대상으로 코딩 교육을 실시하고 있으며 우리나라도 코딩 교육 열풍이 불고 있다. 2018년 중학 교육과정에서 시작된 코딩 교육 의무화는 2019년 초등 5, 6학년으로 확대됐다. 학부모들의 불안 속에서 수백만 원짜리 코딩 캠프와 학원이 등장했고 일부 유치원에서는 코딩 조기교육을 내세우고 있다. 언론은 영국, 프랑스, 미국 등 각국의

코딩 교육 실태를 전하고 있다.

　　　다른 한 흐름은 코딩 교육 무용론이다. 안드레아스 슐라이허 경제협력개발기구OECD 교육국장은 2019년 2월 20일 프랑스 파리에서 열린 세계교육혁신회의 강연에서 "코딩 교육은 시간 낭비"라고 비판했다. 그는 "지금 세 살짜리에게 코딩을 가르쳐봤자 그 아이들이 대학을 졸업할 때면 코딩이 무엇인지 다 잊어버리고 말 것이며 무엇보다 코딩 기술은 금세 쓸모없어질 것"이라고 자신의 생각을 전하며 "지금 시점에서 우리가 매우 중요하다고 생각하는 새로운 아이디어는 항상 있기 마련이지만 미래는 지금과 다르게 펼쳐지리라는 것은 생각지 못한다"라고 말했다. "코딩 교육은 우리 시대의 기술인데 그것을 아이들에게 열심히 가르치는 것은 큰 잘못"이라는 지적이다. 슐라이허 국장은 국제학업성취도평가PISA를 출범시키고 주관해오면서 세계 각국의 교육정책과 성과를 수십 년간 연구해온 최고의 전문가다.

　　　코딩은 컴퓨터 프로그래밍 언어를 배우는 과정인데, 프로그램 언어는 계속 바뀌기 마련이다. 1960년대엔 포트란, 코볼, 베이식이 주된 언어였지만, 2000년대엔 자바, C 언어 사용이 늘어났고 근래엔 파이선, 텐서플로가 인기다.

　　　누구나 코딩을 배워야 한다는 당위는 코딩의 문턱을 낮추는 다양한 수단을 만들어내고 있다. 아주 낮은 수준의 코딩으로 앱이나 프로그램을 만들 수 있게 도와주는 로코드low code, 또는 아예 코딩이 필요하지 않은 노코딩no coding 플랫폼이 유료와 무료로 다양하게 제공되고 있어, 실제로 코딩을 잘 모르는 사람들도 어렵지 않게 앱이나 간단한 프로그램을 개발할 수 있다. 컴퓨터가 일련의 작업을 수행하도록 기계어를 논리적으로 구성하는 게 코딩인데, 이는 인공지능이 뛰어나게 구현할 수 있는 기능이다.

실제로 프로그래머들을 만나보면 새 프로그래밍 언어가 등장하는 속도를 따라잡지 못해 직무에서 밀려날지 모른다는 불안을 토로하곤 한다. 로코드 플랫폼들의 출현에서 볼 수 있듯, 과거 컴퓨터 도스DOS 운영체제 명령어를 학습한 것이 윈도 환경이 도래하자 쓸모없어진 것처럼 코딩 능력은 머지않아 기계에 의해 간단하게 대체될 것이라는 견해가 있다. 웹 초창기 HTML 코딩 기술은 시장가치가 높았지만, HTML 에디터가 보급되면서 대우가 달라졌다. 한때 자동차 운전은 고소득 직업을 보장하는 기술이었지만, 자동변속기, 자율주행 등 기술 발달로 이제는 더 이상 특별할 것 없는 기술이 된 것과 마찬가지다.

응용 기술이 빨리 변할수록 교육은 핵심과 본질에 충실해야 한다.《사피엔스Sapiens》를 쓴 유발 하라리가 한국을 찾았을 때 한 말이다. "지금 학교에서 배우는 내용의 대부분은 아이들이 성인이 됐을 때 쓸모없어질 지식이다. 우리가 교육해야 할 것은 '어떻게 변화에 적응할 수 있을까' '어떻게 내가 모른다는 사실을 깨달을 수 있을 것인가'이다." 이를 위해 필요한 것이 생각을 키우는 독서 교육이다. 퍼스널 컴퓨터PC 혁명을 불러온 마이크로소프트의 창업자 빌 게이츠는 열정적 독서가로서, 미래 세대에게 코딩 대신 자신이 인상깊게 읽은 도서 목록을 추천한다.

지식의 반감기

　　덴마크, 노르웨이, 핀란드, 스웨덴, 아이슬란드 등으로 구성
된 북유럽협의회는 2016년 11월 노동장관 회의를 열어, 근대 제도 교육
의 틀을 바꿀 새로운 논의에 착수했다. 이 협의회 조사위원 포울 닐손이
2016년 6월 '북유럽의 노동' 보고서를 통해 권고한 성인 대상 의무교육
의 도입이 그 주제다. 닐손은 기술 발전과 은퇴 연장 등으로 장노년층을
위한 새로운 형태의 의무교육이 필요하다며, 성인 의무교육은 북유럽
노동시장의 국제 경쟁력을 높여줄 것이라고 주장했다.

　　2013년 경제협력개발기구는 회원국을 대상으로 국제성인역
량조사PIAAC를 실시해, 15세 이후부터 65세까지 문해력 변화 추이를 조
사했다. 일본, 핀란드, 스웨덴 등 비교 대상국들은 문해력이 30대와 40대
중반까지 지속 상승하다가, 노화가 시작되는 시기에 맞춰 서서히 하락
하는 모습을 보였다. 학교를 졸업해도, 사회생활을 하면서 계속 배움
과 경험이 쌓여 나이 들면서 점점 더 현명해지는 것은 자연스러운 현
상이다.

　　그런데 한국의 조사 결과는 독특했다. 문해력이 20대 초반까
지 상승해 정점에 이르지만, 이때부터 빠르게 하락하는 현상이 보고됐
다. 한국 교육은 대학 입시에 목표가 집중돼 있어, 10대 때는 세계 최고
수준의 성취를 보인다. 하지만 자발적 학습이 중요해지는 성인 시기에
이르면 더 이상 학습과 교육체계가 작동하지 않고 있다. 한국의 문해력

변화 추이는 이를 생생히 보여준다.

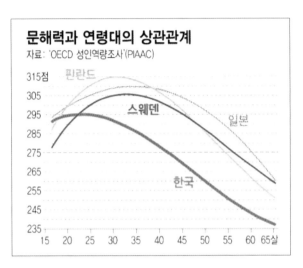

2016년 OECD 국제 성인역량조사(PIAAC)

하버드대학교의 복잡계 물리학자 새뮤얼 아브스만은 저서 《지식의 반감기The Half-life of Facts》에서 "갈수록 지식의 유효기간이 짧아진다"라고 강조한다. 과거에 지식의 유효기간은 지금에 비해 훨씬 길었다. 동서양을 막론하고 한문이나 라틴어로 책을 펴낼 수 있는 저자와 읽어낼 수 있는 독자는 매우 소수였다. 생산되는 지식의 총량과 증가 속도가 제한적일 수밖에 없었다. 지금은 70대 유튜버 박막례 할머니의 사례에서 보듯, 누구나 정보의 생산과 유통에 참여가 가능한 세상이다. 정보의 증가 속도가 빨라짐에 따라 지식의 총량이 과거와는 비교할 수 없이 늘어났다. 이렇듯 끊임없이 새로운 정보가 생산되면서 과거의 지식은 하루가 다르게 낡아버리고 있다. 지식이 변하면서 그 유효기간이 단축되는 배경이다. 부모 세대는 태양계 행성이 아홉 개라고 배웠지만, 자녀들은 여덟 개라고 배운다. 1930년 발견돼 태양계 아홉 번째 행성으로 불린 명왕성이 2006년 국제천문연맹의 결정에 따라 행성에서 제외되었기 때문이다. X선, DDT, 가습기 살균제 등 한때 무해한 것으로 알려져 있던 물질이나 첨가물도 과학적 연구가 진전됨에 따라 유해한 것으로 밝혀지기도 한다.

디지털 세상에서는 실질 문맹률이 중요해진다. 디지털 사회에서는 학교에서 배운 지식의 유효기간이 더 단축되고, 결과적으로 제도교육 의존도는 낮아질 수밖에 없다. 지식이 빠르게 낡아버리기 때문이다. 명문대 졸업장보다 새롭게 확인된 중요 정보를 빠르게 따라잡고 학습해서 필요한 용도로 활용할 줄 아는 능력이 갈수록 중요해진다. 오늘날 정보사회에서 각광받는 미국의 정보기술 창업자들이 중도에 학위를 포기하고 창업에 뛰어들어 성공을 이룬 배경이기도 하다.

10대에 배운 지식으로는 급변하는 디지털과 인공지능 시대를 성공적으로 헤쳐나갈 수 없다. 인공지능 시대의 위험은 '강한 인공지능'의 등장으로 인류가 멸망에 이르는 데 있지 않다. 진짜 위험은 오히려 기계는 쉼 없이 배우는데 사람이 학습을 안 하거나 포기하는 데 있다. 디지털과 인공지능 시대를 살아가기 위해서는 학생뿐 아니라, 모든 사회 구성원을 대상으로 국가와 지방자치단체 차원에서 평생학습 체계를 만들어야 한다.

역사학자 유발 하라리, 미래학자 앨빈 토플러가 한국 학교교육에 대해 미래를 헤쳐 갈 지식 대신 곧 쓸모없어질 산업화 시기의 지식을 가르치고 있다고 개탄하는 이유다. 토플러는 "미래의 문맹은 글을 읽고 쓸 줄 모르는 사람이 아니다. 배우는 방법을 아예 모르거나, 이미 알고 있는 지식을 적절히 활용하면서 계속해서 배움을 지속해나갈 방법 learning ability을 모르는 사람이다"라고 말했다. 성인들의 평생학습을 의무교육 차원에서 접근할 필요성이 커지고 있다.

리더의 핵심 자질

구직자들이 가장 취업하고 싶어 하는 기업의 하나인 구글에 입사하려면 어떠한 능력이 있어야 할까? 구글은 독특한 채용 시스템을 운영하는 것으로 유명하다. 입사 시험에서는 시카고시에 피아노 조율사가 몇 명이나 사는지, 엠파이어 스테이트 빌딩의 무게는 얼마인지 등과 같은 일찍이 예상하지 못했던 문제들이 출제된다.

또한 구글에는 직원이 자유로운 환경에서 창의성을 펼칠 수 있게 해주는 독특한 인사관리 시스템이 있다. 놀이터 같은 일터와 신선하고 맛있는 식사를 무료로 제공하고, 자율을 넘어 분방할 정도의 근무 태도를 보장하는 것 등이 대표적이다. 특히 근무시간의 20%는 개인적 관심사에 쓰라고 권하는 '20% 프로젝트' 등이 구글이 일으키는 혁신의 원동력이라고 일컬어진다.

2008년 구글은 1998년 기업 설립 이후 10년간 축적한 모든 직원의 입사, 퇴사, 승진 데이터를 분석해 기존의 채용과 인사 원칙을 재검토하는 '옥시전 프로젝트Oxygen Project'를 진행했다. 분석 결과 구글 구성원이 동의하는, 지도자가 갖춰야 할 여덟 가지 핵심 자질에 대한 아이디어가 도출됐는데, 그 결과가 예상을 벗어나 충격이었다.

구글에서 성공하기 위한 여덟 가지 자질 중에서 이른바 과학·기술·공학·수학STEM, 스템 분야의 전문성은 여덟 번째인 꼴찌를 기록했기 때문이다. 대신 리더에게는 다른 사회적 능력이 중요한 것으로 나타났다. 좋은 리더가 지녀야 할 자질로 좋은 코치 되기, 소통과 청취를 잘하기, 관점과 가치가 다른 사람들에 대한 통찰, 동료를 지원하고 공감하기, 비판적으로 생각하고 문제를 해결하기, 복합적 아이디어들을 연결하기 등이 1~7위를 차지했다. 이후 구글은 인류학자와 민속학자들을 동원한 심층 연구를 바탕으로 인문학, 예술, 경영학 전공자 채용을 크게 확대했다.

이뿐만이 아니다. 2017년 12월 미국 〈워싱턴포스트The Washington Post〉는 구글이 그해 봄에 공개한 '아리스토텔레스 프로젝트Aristotle Project'의 사례를 소개했다. 데이터를 기반으로 구글에서 창의성과 생산성이 뛰어난 팀을 분석한 이 프로젝트는 최고 과학자들로 구성된 A팀, 최고가 아닌 팀원들로 구성된 B팀을 비교했는데 뜻밖의 결과가 나왔다. 아리스토텔레스 프로젝트는 B팀들이 A팀들에 비해서 훨씬 중요하고 생산성 높은 아이디어를 만들어냈다는 결과를 보고했다. 이 프로젝트에서는 가장 뛰어난 팀들의 공통적 자질이 평등, 관대함, 동료 팀원의 아이디어에 대한 호기심, 공감 능력 등인 것으로 나타났다. 그중에서도 심리적 안전, 누군가를 따돌리지 않는 문화가 무엇보다 중요한 것으로 드러났다.

2013년 5월 구글 본사를 찾아 글로벌 채용 담당 임원인 맷 워비를 만나 인터뷰했는데, 그는 사회적 능력의 중요성을 강조했다. 당시 워비는 구글이 직원을 뽑는 기준 네 가지를 말해주었다. 첫째, 문제를 해결할 수 있는 보편적인 인지 능력이다. 둘째는 특별한 리더십이다. 구글은 매우 평등한 조직인데, 이런 수평적 구조에서 문제가 발생했을 때 해결을 위해 상황을 장악할 능력이 있는지를 본다. 셋째는 민첩성, 소통 능력, 협력 태도, 업무에 대한 신념 등 구글의 기업문화에 맞는 사람인지를 파악한다. 그 다음 맨 마지막으로 보는 게 업무 수행 능력이었다.

이러한 구글의 채용과 인사관리 문화는 미국 비영리고용기구 NACE가 2018년 260개 기업을 상대로 분석한 내용과도 일치한다. 4차 산업혁명이 화두로 떠오르면서 과학·기술·공학·수학 전공에 대한 관심이 높아지고 있지만, 구글 사례는 오히려 인문적·문화적·사회적 능력이 실용지식 못지않게 중요하다는 것을 알려준다.

^{005} 로보어드바이저

요즘 은행이나 증권사에서는 사람이 아닌 로봇이 투자를 대신 해준다는 '로보어드바이저' 펀드 상품을 판매한다. 로보어드바이저 펀드는 고액 투자자에게만 서비스하던 개인별 맞춤형 투자를 일반 고객에게도 제공하고, 사람의 투자 자문에 비해 수익률이 높다는 점을 홍보한다. 이들 증권사는 투자 전문가들과 로봇이 대결을 벌인 투자게임에서 로봇이 월등한 실적을 거둔 점을 내세워 로보어드바이저를 권한다.

그런데 로보어드바이저를 권하는 것은 로봇이 아니라 사람이라는 점이 아이러니하다. '투자 자문' 영역에서 로봇과 사람 간 일자리 경쟁이 시작됐는데, 직원들이 고객에게 사람 대신 로봇을 권하는 모양새다. 고객을 모으기 위한 방편이지만 직원의 처지에서 보자면 스스로의 일자리를 없애는 자해행위이기 때문이다. 실제로 영국의 로열뱅크오브스코틀랜드는 2016년 초부터 25만 파운드약 3억 7천만 원 이상 투자한 투자자에게만 창구의 투자 자문가 서비스를 제공하고 나머지는 로봇을 활용하는 방법으로 전환해 투자 자문역 등 550명을 감원한다고 발표했다. 5조 달러약 5570조 원에 달하는 자산을 보유한 세계 최대의 자산운용사 블랙록도 2017년 스타 펀드매니저 7명을 포함한 40명을 해고하고, 이들이 운영해온 주식형 펀드를 '알고리즘' 방식으로 바꿨다.

기사 작성은 한동안 인간 고유의 영역으로 여겨졌지만, 로봇에 잠식당한 지 오래다. 미국 일간신문 〈워싱턴포스트〉는 2016년 리우올림픽 경기 때 로봇을 활용해 모든 경기 결과 속보를 전달했다. 〈워싱턴포스트〉가 자체 개발한 기사 작성 로봇 헬리오그래프는 올림픽의 모든 경기 결과가 나오는 즉시 짧은 기사로 만들어 트위터와 홈페이지에 실었다. 사람의 개입이 없었지만, 어떤 기자보다 빠르고 정확하게 경기 결과를 전달했다. 기사 작성 로봇 '오토메이티드 인사이츠Automated Insights'는 기업 실적 발표와 같은 금융기사를 사람의 개입 없이 작성하고 있다. AP 통신 등 세계 유명 매체들이 이를 채택해 기업 실적 외신 보도는 이미 상당수를 로봇이 작성하고 있다.

2015년 서울대학교 언론정보학과 이준환 교수 팀이 개발한 '프로야구 뉴스로봇'은 프로야구 경기가 끝나면 0.5초 만에 경기 내용을 정확하게 담은 야구 기사를 작성해 페이스북에 게재한다. 2016년 언론진흥재단의 연구 결과, 로봇이 작성한 기사를 읽은 독자의 절반 이상54%이 로봇이 쓴 기사라는 것을 알아차리지 못했다.

2018년 평창동계올림픽에서도 국내에서 개발한 로봇 기자 '올림픽봇'이 활약했다. 올림픽봇은 미국과 러시아 출신 선수단의 컬링 예선경기를 시작으로 15개 전 경기종목에 걸쳐 주요 경기 결과를 신속하고 정확하게 그리고 빠짐없이 보도했다. 경기 결과, 경기 일정 변경, 국가별 메달 순위, 신기록 소식, 한국 선수 활약상 등 다양한 기사를 작성해 실시간으로 내보냈다.

로봇이 '신속 정확'하게 기사를 작성하고 투자 자문을 하는 것을 바라보는 두 관점이 교차한다. 하나는 사람의 영역으로 여겨져 온 일을 로봇이 빼앗는다는 불안감이고 다른 하나는 로봇에 맡길 수 있는 일은 로봇에 맡기고 사람은 로봇이 할 수 없는 일을 하면 된다는 관점이다. 이는 전자계산기나 엑셀 같은 수식 관리 프로그램을 바라볼 때와 유사하다. 암산과 계산 능력에서 기계와 경쟁하려 하면 승산이 없지만, 전자계산기와 엑셀을 활용해 기존 업무를 개선하려고 나서면 그 도구는 일자리를 위협하는 칼이 아니라 자신이 활용할 수 있는 유용한 칼이 된다. 일을 과거의 관점으로 보는 대신 강력한 도구를 활용해서 어떻게 새롭게 할 수 있을까 고민해야 하는 상황이다.

006 메타 인지

정답이 있는 문제는 사람이 컴퓨터와 경쟁할 수 없다는 게 속속 확인되고 있다. 미국의 정보기술 전문지 〈와이어드WIRED〉를 창간한 케빈 켈리가 "기계는 답을 위해, 인간은 질문을 위해 존재한다"라고 말한 것처럼 답변은 이제 기계의 몫이 됐다. 기계가 뛰어난 지적 기능을 수행한다면 교육과 학습은 어떻게 달라져야 할까.

정보화시대의 도래를 예견한 미래학자 앨빈 토플러는 일찍이 "한국 학생들은 미래에 쓸모 없어질 지식과 사라질 직업을 위해 학교와 학원에서 하루 15시간을 허비하고 있다"라고 개탄했다.

2017년 방한한 유발 하라리는 '지식의 역설'을 지적했다. "우리가 지식을 쌓을수록 세상은 더 빨리 변하고, 그 변화로 인해 우리는 세상에 대해서 점점 더 모르는 상태가 된다"라며 "2040~2050년 세계가 어떤 모습일지 전혀 알 수 없다. 우리는 자녀 세대에게 무엇을 가르쳐야 하는지도 알 수 없다. 그래서 혼돈의 상태, 무지의 상태, 변화의 상태에 어떻게 대처할 것인지 가르치는 것이 최선이 될 것"이라고 말했다. 하라리는 2018년 펴낸 《21세기를 위한 21가지 제언21 Lessons for the 21st Century》에서 "교사가 가르쳐야 할 것과 가장 거리가 먼 것이 '더 많은 정보'다. 정보는 이미 학생들에게 차고 넘친다. 필요한 것은 정보를 이해하는 능력이고, 중요한 것과 중요하지 않은 것의 차이를 식별하는 능력이다"라고 다시 강조했다.

지식이 빠르게 변화하는 시기에 과거처럼 더 많은 지식을 암기하고 평가하는 능력은 이내 쓸모와 가치를 잃어버리게 되는 만큼 새로운 능력이 요구된다. 항해에서 가장 중요한 능력은 배의 현재 위치를 파악하는 것이다. 지식의 세계에서도 마찬가지이다. 내가 무엇을 알고 있고, 무엇을 모르고 있는지 파악하는 능력이 중요하다. 이것이 바로 우리말로는 '상위인지'로 번역되는 '메타 인지meta cognition'다.

2002년 이라크의 대량파괴무기 보유 가능성에 대해 도널드 럼스펠드 당시 미국 국방장관은 정보를 세 가지로 구분하며 공습을 주장했다. 그는 "세상에는 우리가 이미 알고 있는 정보가 있고, 우리가 그것에 대해 모르고 있다는 걸 인지하는 지식도 있다. 하지만 세상에는 우리가 모르고 있는지조차 모르는 지식도 있다"라고 말했다. 대량파괴무기에 관해서 '알고 있는 지식known knowns' '알려진 무지known unknowns'와 함께 우리가 모른다는 것조차 모르고 있는 '알지 못하는 무지unknown unknowns'가 있다는 논리였다. 공습을 정당화하기 위해 펼친 궤변이었지만, 인지 능력을 객관화할 수 있는 메타 인지를 잘 설명한 사례다.

컴퓨터가 따라잡지 못할 사람의 능력으로 성찰적 인지 능력이 주목받고 있다. 사람은 자신이 무엇을 모르는지를 알 수 있는 존재다. 컴퓨터는 정확한 기억과 빠른 연산으로 답을 내놓지만, 자신에 대한 성찰적 기능이 없다. 예를 들어 "에베레스트산 정상을 374번째로 오른 산악인의 이름은?"이라는 질문을 만나면 사람들은 그 자리에서 바로 자신이 답을 모른다는 것을 안다. 하지만 컴퓨터는 무지에 대한 성찰적 인지 능력이 없다. 컴퓨터가 보유한 데이터를 모두 검색해 본 뒤 데이터베이스에 없는 정보라고 확인되면 "해당 데이터를 갖고 있지 않다" 또는 "답을 알지 못한다"라고 답변한다.

지난 시대엔 지능검사IQ 지수가 학습자의 능력과 미래 성취를 예견하는 지표로 통했지만, 이제는 부정확한 낡은 잣대로 확인됐다. 하버드대학교의 교육심리학자 하워드 가드너는 인간 지능을 언어 능력과 수리 능력 위주로 평가해온 지능검사를 비판하며 다중지능을 주창했다. 그가 중요한 인간 지적 능력의 하나로 본 것은 자신의 사고와 마음에 대해서 생각할 줄 아는 자기성찰 능력이다. 소크라테스의 "너 자신의 무지를 알라"라는 가르침도 무지의 자각에 대한 강조다. "앎이란 무엇입니까"라는 제자 자로의 질문에 대한 공자의 답변도 "아는 것을 안다고 하고, 모르는 것을 모른다 하는 것이다지지위지지知之爲知之 부지위부지不知爲不知"였다. 내가 무얼 모르는지 자각할 때, 비로소 알려는 욕망과 질문이 생겨난다. 인공지능 시대에 교육의 목표로 소프트웨어나 스템STEM, 과학·기술·공학·수학에 대한 지식 습득보다 무지의 자각과 성찰적 사고가 중요한 이유다.

⁰⁰⁷ 분산 기억

문명의 발달은 중요한 지식을 기억하고 대를 이어 전승하면서 가능해졌다. 지식이 구성원들의 집단 기억이나 노래에 의존해 구전될 때는 내용의 상당 부분이 소실됐지만, 문자의 발명을 통해 지식이 축적되기 시작하면서 인류의 삶은 비약적으로 발전하게 됐다.

하지만 고대 그리스의 소크라테스는 문자와 필기의 대중화가 인간 능력을 퇴화시킬 것이라는 주장을 펼쳤다. 플라톤은 《파이드로스Phaidros》에서 당시 그리스의 젊은이들이 환호하는 신기술인 글쓰기가 영혼에 건망증을 만들고 사람들이 기억력을 활용하지 않도록 할 것이라고 걱정하는 스승 소크라테스의 모습을 전한다. 소크라테스는 필기와 글을 통한 기억은 자신이 알지 못하는 것도 아는 것처럼 착각하게 만드는, 알맹이 없이 껍데기만 있는 지식을 자랑하게 만들 것이라고 경고했다.

소크라테스의 우려와 다르게 문자의 발명이 인간의 인지적 능력을 획기적으로 고양시킨 것처럼, 스마트폰도 비슷한 영향을 끼쳤다. 늘 휴대하는 또 하나의 두뇌인 스마트폰 덕분에 우리는 상당량의 기억을 기계에 의존하고 있다. 일본 소프트뱅크의 손정의 회장도 스마트폰과 트위터를 사용하게 되면서 "좌뇌, 우뇌에 이어 마치 '외뇌外腦'를 얻은 느낌"이라고 표현한 바 있다.

미국 하버드대학교 심리학자 대니얼 웨그너는 1980년대에 흥미로운 실험을 했다. 결혼생활을 오래한 부부들은 공통된 경험에 대해서도 특정한 기억을 분담하는 경향이 높다는 것에 착안한 연구였다. 가족들의 생일은 아내가, 가족 여행의 구체적 경로에 대해서는 남편이 기억을 맡는 방식이다. 부부가 함께 있으면 아는 게 많아지지만 혼자 있을 때는 지식이 크게 줄어드는 이런 현상을 웨그너는 '친밀한 짝의 사유 절차'라고 표현했다.

이러한 '분산 기억'은 많은 경험을 공유하는 부부 사이에만 해당하는 것도 아니다. 무리를 이뤄서 기억을 분산해 처리하면 그 집단의 능력은 크게 확장된다. 사회는 각종 전문가 집단이 나눠서 분산 기억의 기능을 수행하는 셈이다. 오늘날 우리가 스마트폰과 검색에 의존하는 것도 인류에게 익숙한 '분산 기억'의 하나로 볼 수 있다.

컬럼비아대학교 심리학과 베치 스패로 교수는 2011년 〈사이언스Science〉에 실은 '기억에 대한 구글 효과' 논문에서 하버드·컬럼비아대학교 학생 168명을 상대로 분산 기억에 대해 실험한 결과를 소개했다. 학생들은 컴퓨터에서 삭제할 것이라고 알려준 정보는 상대적으로 잘 기억했지만, 컴퓨터에 저장될 것이라고 미리 알려주면 쉽게 망각하는 경향을 보였다. 검색 서비스에 익숙한 학생들은 정보 자체보다 정보가 저장된 파일 이름을 더 잘 기억했다.

오랜 세월 많은 경험을 공유한 부부가 함께 있을 때처럼 우리도 스마트폰을 들고 있을 때 유식해지고 지혜로워진다. 우리 두뇌에서 이뤄져온 기억과 판단을 외부 기계에 의존하는 것은 기술 발달과 그에 적응하려는 자연스러운 인지적 변화의 결과다. 과거처럼 평생 써먹지 못할 게 뻔한 영어 단어를 시험 때문에 억지로 외우던 학습법은 이제 거의 사라졌다. 오늘날은 전화번호를 외우지 않지만, 스마트폰 주소록에 저장한 이름으로 많은 사람에게 간단하게 전화를 걸 수 있다.

하지만 기계를 통한 분산 기억을 잘 활용하려면, 필요한 정보를 제대로 찾아내고 그 정보의 유용성을 평가할 줄 아는 새로운 능력이 요구된다. 지난 시절 한문이나 영어를 스스로 학습하려면 무엇보다 먼저 사전 찾는 법을 익혀야 했던 것처럼 말이다. 스마트폰과 인터넷이 맞춤화 서비스를 제공한다고 하더라도, 다양한 정보를 선별하고 판단하기 위해서는 사용자의 정보 감별력이 더 중요해진다. 사전 찾기만큼, 똑똑한 검색 활용법 학습이 필요한 이유다.

⁰⁰⁸ 뉴스 요약봇

스마트폰이 손을 떠나지 않는 모바일 시대엔 뉴스도 손 안의 화면을 통해 만난다. 그런데 포털에 실린 뉴스가 좀 길다 싶으면 댓글이 대개 우호적이지 않다. 기자는 사안의 복잡성을 드러내기 위해 세부 내용과 전문가 견해를 소개하지만, 독자는 불친절하다고 생각한다. "무슨 얘기인지 요약해주세요"라는 댓글이 붙고, "이 기사를 한 줄로 요약하면 ~"이라는 친절한 답변이 이어진다.

이런 문답을 기술적으로 해결하려는 시도도 등장했다. 포털의 기사 요약 서비스다. 다음은 2016년 11월 일부 기사를 대상으로 자동 요약 서비스를 시작했는데 1년 뒤 네이버도 '요약봇' 기능을 추가했다. 네이버는 칼럼과 동영상을 제외한 대부분의 기사에 인공지능을 활용한 '요약봇'을 적용해 아무리 긴 기사라도 세 문장으로 요약해준다. 기사의 도입, 전개, 결론을 각각 한 문장으로 줄여주는 기능이다.

인공지능이 요약한 내용이 복잡하고 긴 기사를 정확하게 압축했는지, 원래 보도를 오해하게 만들거나 왜곡하지 않는지, 언론사 동의 없이 진행된 자동 요약 서비스가 합법적인지 등을 둘러싸고 논란이 일고 있다. 경제적 읽기를 추구하는 이용자 편의도 있지만 기사를 요약하는 과정에서 생기는 생략과 왜곡을 무시할 만한가를 고려해야 한다. 네이버도 요약봇 서비스 설명에서 "자동 추출 기술로 요약된 내용입니다. 요약 기술의 특성상 본문의 주요 내용이 제외될 수 있어, 전체 맥락을 이해하기 위해서는 기사 본문 전체보기를 권장합니다"라고 안내한다.

　　글로벌 검색엔진 야후는 2013년 17세 영국 소년이 만들어 인기를 끈 뉴스 자동 요약 앱 '섬리Summly'를 3000만 달러약 330억 원에 사들여 화제가 된 바 있다. 요약봇이 언론사의 동의 없이 기사를 수정, 요약한 것이 계약 위반인지와 별개로 압축적 읽기를 원하는 이용자의 욕구는 부인할 수 없다. 이런 욕구를 법규와 기술로 막는 것에는 한계가 있게 마련이며 더 나은 기술과 서비스가 예고돼 있다.

　　뉴스 요약 서비스는 뉴스 영역에 국한되지만, 앞으로 정보사회의 변화상을 알려주는 요긴한 지표다. 정보화시대에 시간이 지날수록 생산되는 정보는 엄청나게 늘어날 것이고 지난날처럼 사전이나 열람카드, 색인을 통해 이용자가 직접 찾아볼 수 없는 한계에 도달하게 된다. 하지만 인간의 능력으로 이 같은 정보량을 감당할 수 없다고 해서, 정보 접근에 대한 사람의 욕망이 줄어들지는 않는다. 무한한 정보의 홍수 속에서 정말로 흥미롭고 유용하고 가치 있는 정보를 선별하고자 하는 욕망은 점점 더 강렬해지게 된다.

　　이런 흐름은 인간 본능과도 부합한다. 인류 역사에서 정보를 더 많이 더 빨리 취득하는 능력은 경쟁과 생존에 결정적 요소였다. 사람 뇌는 새로운 정보를 만나면 쾌락에 관여하는 신경전달물질인 도파민을 분비한다. 정보가 기하급수적으로 늘어나는 구조에서 제한된 시간 안에 더 많은 정보를 효율적으로 이용하고자 하는 것은 인간의 본능이다. 인공지능을 활용한 추천, 요약, 배달, 큐레이션 서비스가 뜨는 이유다.

　　그렇지만 본능적 정보 욕구를 충족시키기 위해 더 많은 정보를 빠르게 공급하는 것이 늘 현명하지는 않다. 컴퓨터와 인공지능이 정보처리와 기억에서 인간의 능력을 넘어선 지 오래이다. 인간이 기계보다 뛰어날 수 있는 영역은 다르다. 기계가 아무리 똑똑해져도 정보의 맥락을 읽어내기란 어렵다. 하지만 사람은 똑같은 말이라도 대화하는 양쪽이 어떤 감정 상태인지에 따라서, 또 어떠한 맥락에서의 대화인지에 따라 전혀 다르게 받아들일 수 있다. 정보가 넘쳐날수록 단순 이용보다 그 의도와 맥락을 읽어내는 노력과 훈련이 중요해지는 까닭이다.

⁰⁰⁹디지털 교육

    1980년대 중국에서 국가정책으로 한 자녀 양육이 강요되면서 '소황제샤오황디' 현상이 나타났다. 중국만의 현상도 아니다. 핵가족화와 '내 아이 최고'와 같은 보육 풍토 때문이 아니더라도 디지털 세상은 각 가정의 자녀를 왕정 시절 군주와 같은 지위로 격상시킨 셈이다. 국내에서도 외동 자녀가 많아지면서 과거 다자녀 시대와는 다른 사회관계 형성과 자아관 등에 대한 접근법이 요구되고 있다.

    그런데 디지털 환경에서는 부모가 자녀를 왕처럼 대우하고 교육해야 한다는 관점이 눈길을 끈다. 디지털 시대에 들어서면서 아이들은 과거 임금도 누리지 못하던 능력을 갖게 됐다. 무한한 정보에 접근할 수 있게 된 것이다. 누구의 눈에도 들키지 않고 자신만의 세계에 접속해 활동할 수 있는 자유와 권력을 얻었다. 그만큼 부모는 과거에 비해 무력해졌다. 디지털 이주민인 부모 세대가 디지털 네이티브 세대를 가르쳐야 하는 현실의 난감함이다.

    한국청소년정책연구원의 장근영 박사는 디지털 시대의 자녀 교육은 일종의 '제왕학'적 접근이 필요하다고 말한다. 왕정 시기의 제왕 또는 오늘날 민주국가의 대통령, 총리와 같은 국가지도자는 엄청나게 방대하고 복잡한 정보에 둘러싸여 있다. 통치자는 서로 엇갈리고 충돌하기도 하는 방대한 정보를 일상적으로 마주하면서 선택과 결정을 내려야 한다. 더 많은 정보를 확보한다고 해서 더 나은 판단과 결정을 내린다고 보장할 수 없다.

오히려 제왕에게 필요한 능력은 많은 정보 중 신뢰도가 높은 정보와 중요한 정보를 감별해내는 일이다. 또한 산적한 일들의 우선순위를 결정하는 게 제왕에게 요구되는 능력이다. 임금에게는 불편하고 번거로운, 힘든 일 대부분을 대신해주는 사람들이 있다. 하지만 임금이 모든 것을 신하들에게 맡길 수 있는 것은 아니다. 신하에게 위임할 수 없어 임금이 직접 수행해야 하는 어렵고 힘든 일이 있다. 상반된 정보와 딜레마적 상황에서 결정을 내리는 일이다. 도움을 받을 수는 있지만 판단과 결정은 오롯이 왕의 몫이다. 그 일마저 신하에게 맡긴다면 왕조는 무너지고 백성의 삶은 파탄이 나게 된다.

그래서 사극을 보면 깨닫게 된다. 아무리 유능한 참모들이 임금 주변에 많이 있다고 하더라도, 어떤 참모를 더 중요하게 여겨 그의 말을 청취하고 그 참모의 조언을 따를지를 결정하는 것은 결국 임금이 판단할 일이다.

우리 아이들은 세상으로 연결되던 길목마다 지키고 섰던 부모와 교사라는 문지기를 피해서 스스로 세상을 만나고 있다. 부모가 아이들로부터 스마트폰과 컴퓨터를 떼어놓을 수 있는 시기도 유·초등기 한때에 지나지 않는다. 결국 아이들은 청소년기 이전에 무한한 정보 세상을 만나서 스스로 항해하는 법을 익혀야 하는 상황에 놓인다.

자녀들에게 정보화시대를 스스로 헤쳐가라고 방임하는 것은 무책임한 행위이다. 하지만 아이들이 진정으로 고개를 끄덕이면서 수용할 만한 규칙으로 받아들이지 않을, 디지털 세상으로의 접속을 막는 지침과 엄포를 내려 봐야 소용이 없다. 일방적 차단 대신 지혜로운 사용법을 가르치는 교육이 필요한 이유다.

부모가 디지털 기술을 전문가만큼 알고 난 뒤에 비로소 자녀

교육을 할 수 있는 것은 아니다. 다만, 디지털 세상을 제한 없이 만나게 될 자녀가 스스로 올바른 선택을 할 수 있도록 부모가 자녀와 디지털 생활에 대해 이야기할 수 있는 소통과 신뢰의 관계를 만드는 게 우선이다. 디지털뿐만 아니라 내 아이의 성향과 환경에 대해서도 부모가 더 이해하고 관심을 지니려는 게 필수적이다.

임금에게 제왕학을 가르치는 사람은 최고의 학식과 덕망을 겸비해야 했으며 왕의 스승인 '왕사王師'로 불렸다. 디지털 시대에 부모가 된다는 일은 일종의 '왕사'가 되는 일이니, 참으로 어렵고도 어려운 일이다.

010 희소해지는 창의성

주요 기업들이 채용 관행을 바꾸고 있다. '블라인드 테스트'를 통해 출신 대학이나 학점 등 외형적 스펙을 기재하지 못하도록 한 채 채용을 진행하고, 기업들 고유의 자체 평가시스템을 통해 신입 직원을 선발한다. 외형적 스펙 대신 심층면접을 강화해 지원자들의 토론과 문제 해결 능력을 중요하게 평가해가고 있다. 대표적인 곳이 삼성그룹이다. 삼성그룹은 '삼성직무적성검사GSAT→실무면접→임원면접' 순으로 진행하던 기존의 3단계 채용 절차를 2015년부터 5단계로 바꿨다. 열린 채용을 내걸고 학점 제한도 철폐해 문턱을 낮췄지만, 대신 새로 도입한 절차가 있다. 창의성 평가다. 2015년부터 삼성의 채용 절차는 '직무적합성평가→삼성직무적성검사→실무 면접→창의성 면접→임원 면접' 5단계로 확대됐는데, 눈길을 끄는 게 바로 '창의성 면접'이다.

지난날 대기업 입사를 위해선 출신 대학, 학점, 어학 능력 등 객관적 스펙을 쌓는 게 결정적이었지만, 이제 창의성이 중요한 역량이 되었다. 기업과 사회가 점점 더 개인에게 창의적 능력을 요구하고 있는 배경에는 크게 세 가지 이유가 있다.

첫째, 컴퓨터와 인공지능 기술의 발달로 인해 점차 창의적인 일만 사람의 일로 남게 되기 때문이다. 이미 창의적이지 않고 반복적인 업무들은 속속 자동화와 로봇에 대체되고 있다. 미국 듀크대학교 니르 자이모비치 교수 팀의 2015년 연구에 따르면, 2000년대 이후 미국 노동시장에서 정형화된 직무는 계속 줄어들었고, 비정형적인 일자리만 늘어났다. 정형화된 직무는 매뉴얼과 규칙에 기반해 처리하는 업무이고, 비정형적 업무는 매번 상황이 달라 담당자가 항상 다른 방식으로 처리해야 하는 일이다.

둘째, 사회가 전체적으로 더 복잡해지면서 예측 불가능성과 불확실성이 높아지고 있다는 점이다. 미래는 초연결 사회인데, 연결점이 많아질수록 네트워크 복잡도는 기하급수적으로 증가한다. 복잡도가 증가하게 되면 기존의 처리 방식으로 문제를 해결하는 게 불가능하다. 새로운 해결 방법을 만들어내고 불확실성에 대응하려면 창의력이 필요하다.

셋째, 스마트폰과 인터넷 때문에 창의성이 희소해지고 있다. 똑똑한 도구와 연결된 삶은 결과적으로 깊은 생각을 하지 않고 살아가는 방식을 퍼뜨리고 있다. IT 미래학자 니콜라스 카는 《생각하지 않는 사람들The Shallows》에서 현대인이 인터넷에 의존하게 되면서 성찰과 창의성을 잃어버리고 사고 기능이 얄팍해지고 있다는 다양한 사례와 논리를 제시했다.

미국의 시사주간지 〈뉴스위크Newsweek〉는 2010년 10월 '창의성의 위기'라는 특집 기사를 실어 디지털 환경에서 창의성이 점점 하락하고 있다는 연구 결과를 소개했다. 김경희 윌리엄메리대학교 교수가 미국 성인과 아동 30만 명의 데이터를 분석해, 생활환경 개선과 더불어 지능지수는 계속 높아져 왔지만 1990년 이후 출생한 아이들의 창의성은 오히려 하락해 왔다는 역설적 현상을 발표했다. 창의성 하락 추세는 유치원부터 초등학교 6학년까지 창의성이 가장 활발한 연령대에서 두드러졌는데 특히 아이들이 부모의 계획대로 살고, 시험 점수와 성적에 집착하고, 디지털 미디어를 몰입적으로 사용할수록 창의성이 떨어지는 걸로 나타났다.

인공지능 시대에 창의성이 어느 때보다 강조되고 있지만, 현실에서 창의적 능력이 희소해지고 있다는 이야기는 한국에서 더욱 주목해야 할 대목이다. 우리나라는 부모가 자녀에게 기대하는 학습 목표가 분명하고 디지털 기기 사용 몰입도가 더 높은 환경인 까닭이다. 창의성은 지식과 기술 훈련을 통해 길러진다기보다 깊은 성찰을 바탕으로 다양하게 생각하는 데서 출발한다. 자유로운 독서와 사색을 통해, 스스로 생각하는 능력과 습관을 통해 오랜 시간에 걸쳐 숙성되는 게 창의성이다.

011

검색엔진

"그대 앞에만 서면 나는 왜 작아지는가." 김수희, 〈애모〉

디지털화와 인공지능 기술에 기반한 로봇과 알고리즘의 시대가 열리면서, 인간이 스마트폰에 압도당하는 현실이 곳곳에서 벌어지고 있다. 산업혁명 이후 선보인 기계문명은 인간의 노동력을 일찍이 능가했고 계산기와 컴퓨터는 인간 고유의 능력이라고 여겨져 온 연산 능력을 추월한 지 오래다. 컴퓨터가 발달하더라도 수식화된 연산이나 구조화된 요청에만 응답할 수 있을 따름이고, 인간 고유의 영역은 침범당하지 않을 것이라는 예상은 이미 오래 전에 깨졌다.

체스의 최강자인 그랜드마스터 자리를 16년간 유지하며 체스의 신으로 불려오던 가리 카스파로프가 1997년 IBM의 컴퓨터 '딥블루'와 체스 대결을 벌였다. 1996년까지 사람과 컴퓨터의 체스 대결에서 우승자는 줄곧 사람이었지만, 이 대결에서는 딥블루가 승리했다. 2011년 2월 미국 방송의 퀴즈쇼 〈제퍼디〉에서 IBM의 컴퓨터 '왓슨'은 인간 퀴즈 챔피언들을 꺾고 우승했다. 단순한 계산이나 기억과 달리, 체스나 퀴즈처럼 사고와 판단력이 중요한 영역에서 사람은 컴퓨터에 대한 우위를 상당 기간 유지할 수 있을 것이라고 예상해왔지만, 허망한 기대였다. 2016년 3월 서울에서 열린 이세돌 9단과 알파고 간의 바둑 대결은 전 세계에 인공지능의 위력을 확인시킨 이벤트였다.

인간의 지식 체계와 지적 능력은 검색의 시대를 맞아 근본적으로 재편되고 있다. 더 이상 전화번호나 지도를 암기할 필요가 없다. 학창 시절 시험을 위해 억지로 외우느라 골머리를 앓던 지식 대부분을 이제 손끝에서 즉시 찾을 수 있다. 상식이 풍부해 '걸어다니는 사전'이라고 상식을 뽐내던 이들도 스마트폰 앞에서 왜소해졌다.

똑똑한 정보화 기기를 통해 방대한 지식이 공유되는 환경에서 새로운 질문이 던져진다. 고성능 컴퓨터이자 전 세계 정보망과 상시 연결된 상태인 스마트폰을 휴대하는 세상에서 인간 고유의 지적 능력은 과연 무엇일까?

최근 로봇과 알고리즘이 현재의 직업 상당 부분을 대체할 것이라는 전망이 잇따르는 걸 보면, 편리하고 강력한 컴퓨터 기술의 발달을 반기기만도 어렵다. 현재의 직업 절반은 20년 안에 사라지고, 2030년까지 일자리 20억 개가 없어진다는 게 미래학자들의 예측이다.

특히 검색 기술의 눈부신 발달은 그동안 인간이 주요하게 간주해온 지적 능력의 재구성을 통한 인간만의 새로운 차별성 확보를 요구하고 있다. 무엇이든지 검색엔진에 물어보면, 즉시 답이 나오는 세상이다. 왓슨이 퀴즈 왕을 꺾은 것처럼, 정답 찾기에서 사람이 검색엔진을 앞설 수 없다. 컴퓨터와 검색엔진이 할 수 없는 기능을 찾아야 로봇과 인공지능 시대에 사람 고유의 능력과 존엄함을 지킬 수 있다. 직업적·사회적 성공은 말할 것도 없다. 스마트폰 환경에서는 언제 어디서나 질문을 던질 수 있다. 사회관계망 서비스를 활용하면 혼자서 검색을 통해 해결할 수 없던 문제들까지 직접 전문가들에게서 식견 높은 답변을 얻을 수 있다.

컴퓨터가 할 수 없고 사람만 할 수 있는 기능은 '질문하기'다. 사람은 다른 어떠한 생명체도 갖지 못한 호기심과 인지적 불만족을 지닌 존재다. 사람들이 알베르트 아인슈타인에게 천재성의 비밀을 물어볼 때마다 아인슈타인은 "나는 별다른 재능이 없다. 다만 호기심이 왕성할 따름이다"라고 답했다.

다행히 스마트폰 환경에서는 "왜 그런데? 왜 그래야 하는데?"라고 묻는 것으로도 실마리를 풀 수 있다. 즉시 답변해주는 기계를 거느리고 사는 환경에서는 '똑똑하게 질문하는 법'을 가르치는 게 교육과 인간 개발의 새로운 목표가 되고 있다.

012

실시간 검색어

'오마하의 현인'으로 불리는 워런 버핏은 내재가치 위주의 장기 투자로 막대한 부를 일궈낸 투자계의 '살아 있는 전설'이다. 수십 년간 지속된 경이적 수익의 배경으론 주식시세 단말기, 컴퓨터 등의 정보화 기기가 없는 버핏의 사무실도 거론된다. 버핏은 "40년 넘도록 나의 정보 원천은 기업 연차보고서다. 빠른 정보보다 좋은 정보가 중요하다. 우편물과 주식시세를 3주 늦게 받아도 아무런 지장이 없다"라고 말했다. 인터넷 접속 속도에 좌우되는 '초단타 매매스캘핑'가 판치는 투자 현실과 대비된다.

'실검'은 2005년 다음과 네이버가 도입한 이후 국내 포털의 특성으로 자리 잡은 서비스였다. '포털 실시간 인기검색어'는 애초 수많은 이용자의 관심사 변화를 실시간으로 보여주려 출발한 서비스로, 상당한 인기를 끌었다. 검색엔진 이용자가 구글에서는 각자의 필요에 따른 '검색'을 했다면, 다음과 네이버 등 국내 포털에서는 '실검'을 통해 다른 사람들의 관심사를 추적했다.

'실검'으로 뜬다는 것은 대중의 관심을 집중시키는 스포트라이트를 의미했다. 실시간 인기검색어에 대한 관심이 높아지면서 가수를 띄우려는 팬클럽에서부터 정치사회적 이슈를 부각시키려는 집단에 이르기까지 다양한 조작 시도가 일어났다. 돈을 받고 작전을 펼치는 곳도 생겨났다. 수시로 조작 의혹이 일었고 포털도 여러 차례 홍역을 치렀다. 포털은 이름도 '실시간 급상승 검색어'로 바꾸고 노출 배제 기준과 변화 추이를 제공하며 외부 전문가들의 검증도 받았지만 이용자들의 의구심이 사라진 것은 아니다.

실시간 검색어는 뉴스 생태계를 황폐화시키며 공론장의 기능을 훼손하기도 했다. 실검은 선정적 기사를 쏟아내는 일부 언론의 어뷰징조회수 조작 도구이기도 했다. 실검이 포함된 기사는 내용의 중요도나 사실 여부와 무관하게 조회 수가 보장됐다. 포털은 수시로 조작 논란에 휩싸였다.

네이버는 2021년 2월 '실시간 급상승 검색어' 서비스를 없앴다. 이용자들이 능동적으로 다양한 정보를 추구하는 추세라는 게 표면적인 '실검 폐지' 사유다. 다음은 이보다 앞서 2020년 2월 실검을 없앴다. "실시간 검색어가 결과의 반영이 아닌 현상의 시작점이 돼버렸다"라는 게 다음이 밝힌 폐지 사유였다.

페이스북도 2016년 도입한 '트렌딩 토픽Trending Topic' 서비스를 2년 뒤 폐지했다. 트렌딩 토픽은 실시간 검색어와 유사한 서비스인데 페이스북의 편집 원칙을 둘러싼 논란이 커지고 가짜뉴스의 도구로 쓰였다는 비판이 높아지자 없애기로 한 것이다.

실시간 검색어나 트렌딩 토픽은 수많은 이용자의 마음속을 실시간으로 들여다볼 수 있는 신기한 도구지만 일부 집단의 악용 시도를 막아내지 못했다. 강력한 기술의 부정적 효과를 통제하지 못하면 피해는 이용자가 입는다. 플랫폼 사업자도 결국 같은 운명이 된다.

최고의 쌍방향 도구인 인터넷으로 인해 개인과 사회는 실시간, 즉 현재에 과도하게 반응하고 있다. 미디어 비평가 더글러스 러시코프는《현재의 충격Present Shock》에서 이를 "현재라는 순간을 향해 모든 게 재배열된 상태"라고 규정한다. 실검은 정보의 수동적 이용을 부추겼고 이를 악용하는 세력을 키웠다. 무엇보다 이용자의 소중한 주의력을 지나치게 선정적이고 순간적인 데 허비하게 만들었다.

2002년 노벨 경제학상을 받은 행동경제학자 대니얼 카너먼은 저서《생각에 관한 생각 Thinking Fast and Slow》에서 두 가지 방식으로 작동하는 인간의 사유 구조를 설명했다. 각각 본능과 이성으로 지칭되는 '빠르게 생각하기'와 '느리게 생각하기' 기능이다. 인간의 소중한 능력인 '느리게 생각하기'가 실시간 반응 위주의 인터넷 환경에서 점차 희소해지고 있다.

^{013} TMI

'지나치게 많은 정보'라는 의미의 '티엠아이TMI, Too Much In-formation'라는 줄임말이 대화나 채팅창에 등장하는 경우가 많다. 자신의 일상에 대해서 또는 누군가에 대해서 지나치게 사소하고 굳이 알 필요 없는 정보를 이야기하는 상황에서 듣는 사람이 "TMI"라고 말한다. "그건 사생활 침해 수준이야" 또는 "그런 정보는 알고 싶지 않아"라는 반응이다. 물어보지도 않았고 궁금하지도 않다는 '안물안궁'이라는 약어와 유사하다.

왜 'TMI 현상'이 생겨났을까. 정보 과잉 사회에서 부적절한 정보 사용이 늘어난 게 배경이다. TMI는 글자 그대로 '과잉 정보'라기보다는 정보의 부적절한 쓰임을 의미한다. 사람은 본능적으로 더 많은 정보를 추구해왔으며 이는 더 나은 기회와 판단으로 이어졌다. 인류 역사 대부분의 기간 동안 정보는 희소한 자원이었다. 더 많은 정보는 더 강한 권력을 의미했고, 생존의 가능성을 높여주는 도구였다. 우리 뇌가 새로운 정보를 만날 때 쾌락에 관여하는 신경전달물질인 도파민을 분비하도록 진화한 것도 생존을 위한 적응이었다.

하지만 희소한 정보가 넘쳐나기 시작하더니 인류는 그것을 주체할 수 없는 시기를 살게 되었다. 디지털 세상은 컴퓨터칩의 처리 능력이 약 24개월마다 두 배로 증가한다는 '무어의 법칙'의 영향을 받는다. 컴퓨터칩 성능의 개선은 정보처리 속도를 빠르게 만들고 저장용량을 늘리는 방향으로, 끊임없이 계속되고 있다. 점점 더 많은 정보가 쏟아지고, 우리가 무한한 정보의 바다에 빠지게 되는 기술적 배경이다.

이런 환경에서 새로운 정보를 추구하는 인간의 본능은 우리에게 인지적 과제를 던졌다. 지금까지 인간 본능은 더 많은 정보를 추구해왔는데, 무한 정보 환경에서는 정보 선별 능력이 어느 때보다 중요해졌기 때문이다. 정보사회의 딜레마는 무한한 정보 증가에 비해 사람의 시간과 주의력은 제한적이라는 점이다. 정보가 늘어나고 접근 문턱이 낮아질수록 유용하고 적절한 정보를 찾아내 제한된 주의력을 할당하는 일은 어려운 작업이 된다.

인간의 정보 추구 성향을 '과잉 정보'라며 부정적으로 볼 일은 아니다. 문제는 정보 자체가 아니라 해당 정보를 부적절한 상황에서 사용하는 것일 따름이다. TMI 현상은 우리의 습관적인 정보 생활에서 불필요하고 부적절한 정보유통으로 인해 불쾌감을 유발하는 상황이 늘고 있음을 보여준다.

불필요한 정보이지만 인터넷 세상에서는 검색 한 번으로 손쉽게 찾아내 유통할 수 있다. 그런 과잉 정보 댓글로 누군가의 명예를 훼손하거나 사생활을 침해하기도 너무 쉽다. 정보 접근과 유통의 문턱이 낮아져 개인은 편리함과 영향력을 누리고 있지만, 스마트폰을 자유자재로 쓴다고 해서 정보유통자로서의 힘과 영향력을 적절하게 사용하는 방법을 저절로 익히게 되는 것은 아니다. 무한 정보 환경에서 새로운 정보 선별과 판별 능력이 필요해졌지만, 정보화 세계의 초기인 지금 개인과 사회는 정보 선별 능력을 본능화하지 못했고, 필요한 교육체계도 갖추지 못한 상태다.

TMI라는 말이 널리 쓰이는 상황은 모든 정보가 늘 유용한 것도, 적절한 것도 아니라는 것을 알려준다. 정보사회에서 중요한 것은 무한한 정보 속에서 제한된 주의력을 알맞은 곳에 사용하는 능력이다.

2019년 1월 숨진 미국 시인 메리 올리버는 "주의를 기울인 다는 것은 끝없이 적절한 일To pay attention, this is our endless and proper work"(시 〈-Yes! No!〉)이라며 '인생 사용 설명서'에서 "관심을 기울이라, 한 껏 놀라라, 그에 대해 이야기하라Instructions for living a life: Pay attention. Be astonished. Tell about it"(시〈Sometimes〉)라고 노래했다. TMI는 정보사회에서 주의력의 소중함을 일깨운다.

번역기

최근 한 지인이 중학생 자녀가 영어 숙제를 하는 것을 보고 화를 낸 얘기를 했다. 아이는 스마트폰 번역기를 이용해 영작 숙제를 하고 있었다. 그는 "앞으로는 스마트폰을 이용해 영작 숙제를 하지 않겠다"라는 아이의 다짐을 받아냈다고 말했다.

서울의 한 대학교에서 불문학을 가르치는 교수를 만났더니 자동번역 사용과 관련한 난감한 상황을 토로해왔다. 전공 학생들에게 불어 작문 과제를 내주면 이따금 학생들이 인터넷에서 번역기를 사용해 제출하는 경우가 있는데 교수 눈에는 번역기 사용 여부가 보인다는 것이다. 이전에는 학생을 불러 교수가 지적하면 학생들이 잘못을 인정했다고 한다. 그런데 최근 학생들의 태도가 달라졌다. 번역기로 과제를 한 학생들을 불러 잘못을 지적하면 그동안의 학생들과 달리 올해 가르친 학생들은 상당수가 "그게 왜 잘못됐는데요? 번역기를 쓰는 게 왜 안 좋은 것인가요?"라고 반발하는 상황이 벌어진다는 것이다. 이세돌 9단과 알파고 덕분에 인공지능에 대한 이해가 확대됐고, 구글 번역과 네이버 파파고의 서비스 수준은 끊임없이 개선되고 있다. 교수는 학생들로부터 뜻밖의 반발을 접하면서 교수방법에 대한 고민에 빠졌다고 말했다. 번역 도구의 발달로 인해 기존의 교육 방법을 유지할지 바꿔야 할지에 대한 고민이다.

수학 교육에서는 전자계산기와 수식 계산 소프트웨어 등장으로 일찌감치 경험한 문제다. 고교 시절 수학 선생님은 "미국 학생들은 전자계산기를 이용해 수학 문제를 푸니 계산 능력이 떨어져 한국 학생들과 수학 실력이 비교가 안 된다"라고 말하곤 했다. 국내에서도 한동안 인도에선 구구단 대신 19단을 외운다며 21세기에 암산 능력 교육 강화를 주장한 이들도 있었다. 인공지능과 4차 산업혁명 열풍이 불면서 암산 능력을 강조하던 목소리는 이내 사라졌다.

점점 편리해질 번역 프로그램과 수식 계산 소프트웨어를 사용하지 않고 사는 것은 불가능해 보인다. 시간은 한정돼 있는데 정보와 서비스는 늘어나고 할 일은 넘쳐난다. 도구를 사용하는 인간인 '호모 파베르'가 더 개선된 도구를 만들어 쓰는 것은 자연스럽다. 하지만 학습과 교육은 지금 당장 가장 효율적인 결과를 얻는 게 목적이 아니다. 사용자가 도구의 작동 원리를 배우고 익혀야 나중에 더 효과적인 도구를 만들어낼 수 있다. 도구가 똑똑해지고 강력해질수록 그 도구를 만들고 사용하는 사람이 제대로 알아야 현명하게 도구를 쓸 수 있다. 자동번역 시대에도 번역기의 결과물을 판단할 수 있는 능력은 여전히 소중하다.

보통 유머스러운 내용을 담고 있는 '짤방'이라고 불리는 인터넷 이미지 중에는 자동번역을 소재로 한 사례도 많다. 어느 뷔페식당의 메뉴판에서 '매생이 전복죽'이 'Every Life is Ruined'라는 음식명으로 번역되어 있는 사진도 그러한 유머의 하나다. 대부분의 사람들이 남해안의 겨울철 인기 메뉴를 자동번역이 철학적으로 해석했다고 웃어넘기지만, 그 이상의 의미를 내포하는 사례다. 영어를 모르는 누군가는 'Every Life is Ruined'로 자동번역된 결과를 보고 의심 없이 그대로 사용했을 것이다. 누군가는 번역의 정확도가 의심스럽다고 생각하면서도 매생이 전복죽에 이런 뜻이 담겼나 보다 하고 사용했을 것이다. 그리고 누군가는 엉터리 자동번역의 사례라며 사진을 찍어 인터넷 유머로 올렸다.

2020년 아카데미 영화제에서 작품상과 감독상 등 네 개 부문을 수상한 봉준호 감독의 〈기생충〉도 번역의 중요성을 알려준다. 영어 자막번역가 달시 파켓은 송강호가 "야…. 서울대 문서위조학과 뭐 이런 거 없나?"라고 말하는 장면에서 명문대의 대명사인 서울대학교를 '옥스퍼드대학교'로 옮겨서 외국인들의 완벽한 이해를 도왔다. 달시 파켓은 서울대를 세계적 유명대학으로 번역하는 과정에서도 "하버드는 예측되지만 옥스퍼드는 기억에 남는 단어"라 선택했다며 숨은 의도를 설명했다. 자동번역이라면 서울대학교를 'Seoul National University'로 정확하게 옮길 뿐이었을 것이다. 자동번역 시대에도 그 결과물에 대한 사람의 선택과 판단은 변함없이 중요하다는 것을 알려주는 사례이다.

2016년 3월 이세돌 9단과 알파고의 대국을 현장에서 취재하면서, 제대로 몰랐던 알파고의 능력에 놀라기도 했지만 주목하지 않아온 인간 능력에 대해서도 새롭게 깨닫는 계기가 됐다.

한국기원은 2016년 2월 22일 이세돌 9단과 알파고와의 대국을 발표하는 첫 기자회견에서 대국의 의미를 설명했다. "4개월 전 기보로 보건대 알파고는 나와 상대할 실력이 못 된다." 승패 전망을 묻는 질문에 대해 이세돌 9단은 자신만만했다. "5 대 0으로 이길 수 있을 것"이라며 승리를 낙관했다.

앞서 구글 딥마인드의 대표 데미스 하사비스는 2016년 1월 영국의 세계적 과학학술지인 〈네이처Nature〉에 알파고 논문을 공개해 주목받았다. 어려서부터 체스 신동으로 불린 컴퓨터 과학자인 하사비스가 인공지능 바둑 알고리즘을 개발해, 유럽 최고의 프로바둑기사를 상대로 승리를 거뒀다는 내용이었다. 〈네이처〉 논문에 알파고의 알고리즘과 기보가 공개됐다. 알파고 논문엔 2015년 10월 유럽 프로바둑 챔피언인 판 후이 2단과 대결한 다섯 판의 기보가 실렸다. 이세돌 9단이 승부를 전망한 근거였다. 이 9단은 "알파고가 4개월 전보다 업그레이드됐겠지만, 4개월이라는 짧은 기간 동안 내 수준에 도달할 수는 없다"라고 말했다.

하지만 대국을 하루 앞둔 3월 8일 기자간담회에서 이세돌은 하사비스가 알파고의 알고리즘을 설명하는 걸 듣더니 다른 태도를 보였다. 이세돌은 "알파고가 인간 직관을 어느 정도 모방할 수 있다는 얘기로 들린다. 그렇다면 조금 긴장된다"라며 "5 대 0은 아닐 것 같다"라고 물러선 모습을 보였다. 하사비스가 알파고는 모든 경우의 수를 다 계산하지 않고 유효한 경우의 수만 계산하는 '정책망' 구조라고 설명한 데 대한 반응이었다.

1997년 IBM의 딥블루가 체스 챔피언 가리 카스파로프를 상대로 승리를 거뒀지만, 바둑은 체스와 달리 인공지능이 사람을 이기기 어려운 분야로 예견되었다. 체스는 한 경기에서 일어날 수 있는 경우의 수가 많아도 유한하지만, 바둑은 19×19 줄의 바둑판에서 모든 돌이 제거되고 다시 놓일 수 있어 경우의 수가 사실상 무한하기 때문이다.

이세돌은 컴퓨터가 사람의 바둑을 능가할 수 없는 이유로 인간의 직관을 꼽아왔는데, 기계가 직관을 모방할 수 있다면 게임의 승부가 달라질 수 있다는 핵심을 알아차린 것이다. 우리는 모든 것을 세밀하게 계산하는 복잡한 과정을 거치지 않고도 사람이라면 누구나 가진 능력을 통해 사물의 핵심을 알아차린다. 사람은 개와 고양이를 순간적으로 판별하고, 남자와 여자의 얼굴도 쉽게 식별한다. 본능적이어서 우리가 어떻게 그런 판단 능력을 지니게 됐는지 논리적으로 설명하기 매우 어렵고, 따라서 컴퓨터에 가르치기도 힘든 기능이었다.

하지만 우리가 직관이라고 불러온 기능을 인공지능 연구자들은 다양한 층의 '논리판단 구조심층 신경망'로 해독해, 재구성하는 데 성공했다. 제프리 힌턴 캐나다 토론토대학교 교수의 선구적 연구가 2012년 구글의 고양이 사진 판별 기능으로 진전됐고, 알파고에서 심화됐다.

이런 인공지능이 사람을 모방하기 위해 직관을 재구성하는 구조를 보면 신비롭게 여겨져 온 인간 직관의 특성도 윤곽이 드러난다.

그것은 무수한 정보 중에서 중요한 것만 골라내고 불필요한 나머지를 과감하게 버리는 능력이다. 모든 것을 버리고 진정 소중한 것만 찾아 최소한으로 소유하는 게 인간 인식의 특성이고 우리는 그 구조를 본능화했다. 추상하는 능력과 창의력도 세부적인 것을 버림으로써 얻게 되는 통찰력이다.

°¹⁶ 디지털 미디어 리터러시

    2020년 11월 미국 대통령 선거와 관련해 위키피디아에선 '편집 전쟁'이 벌어졌다. 2020년 8월 12일 당시 조 바이든 민주당 대통령 후보가 카멀라 해리스 상원의원을 부통령 후보로 지명한 이후, 위키피디아의 해리스 항목은 수시로 수정됐다. 지명 뒤 이틀 동안 해리스의 '흑인' 서술을 놓고 내용 수정이 300번, 토론은 2만 회 가까이 이뤄졌다. 자메이카 출신 흑인 아버지와 인도 태생 어머니 사이에서 미국 이민 2세대로 태어난 해리스는 '아프리카계 미국인'이 아니라는 게 트럼프 대통령 지지자들의 주장이다. 해리스가 흑인의 미국식 지칭인 '아프리카계 미국인African American'이 아니라는 주장을 통해 흑인층 지지를 차단하려는 트럼프 지지자들의 시도가 온라인 편집 전쟁으로 나타난 것이다.

소셜미디어와 온라인이 주된 정보유통 도구가 되면서 온라인 곳곳은 여론 전쟁의 최전선이 됐다. 거짓 정보를 퍼뜨리는 세력이 조직화함에 따라 가짜뉴스의 영향력은 커지고 있다. 2016년 미국 대선과 영국 브렉시트는 가짜뉴스의 영향력을 알려준 계기였다. 그해 영국 옥스퍼드 사전은 '탈진실Post Truth'을 2016년의 단어로 선정했다.

가짜뉴스는 정치적인 영역을 넘어 생명과 관련된 영역으로 확산되고 있다. 백신 유해설이 대표적이다. 미국과 영국 등에선 "백신 접종이 자폐를 부른다"라는 왜곡된 정보 때문에 홍역이 집단 부활했다. 2018년 세계보건기구WHO는 전 세계 홍역 감염자가 1년 전보다 50% 넘게 급증했다며 일부 부자 국가들의 '백신 유해설'을 경고했다. 백신이 소아자폐를 유발한다는 주장은 백신 접종과 자폐 진단이 시간적으로 선후 관계를 갖고 일어난다는 사실을 부각시키며 소셜미디어를 통해 번졌다. 홍역 백신은 첫돌 무렵 첫 접종이 이뤄지고 자폐증이 처음 나타나는 시기는 대개 돌을 지나 걸음마 할 즈음이므로, 시기상 바로 이어진다는 사실만으로 둘 사이에 인과관계가 있는 듯 주장한 것이다.

국내에서도 일부 언론이 백신 접종 뒤 사망 사례를 부각하며 독감백신 유해설과 공포를 확산시킨 바 있다. 2020년 가을 독감백신 접종 뒤 며칠 안에 숨진 사례가 100건 넘게 발생했지만, 백신과 연관성 있는 경우는 한 건도 없었다. 가짜뉴스는 코로나19 상황에서 '인포데믹'정보전염병 현상으로 확산되어, 국민의 생업과 안전을 위협하고 있다. 국내외 인터넷 기업들도 인공지능까지 동원해 허위 정보를 막고 있지만 별 효과가 없다. 그런데 가짜뉴스를 기술적·법적 접근을 통해 해결하는 데는 한계가 명확하다. 아무리 기술과 법적 처벌을 강화해도 가짜뉴스 유통 세력이 변화한 법규와 기술에 더 빨리 적응하기 때문이다.

가짜뉴스를 생산하고 유포하는 세력은 기본적으로 소셜미

디어와 디지털 정보에 대한 기술적 전문성을 갖추고, 지능정보사회의 정보유통 구조와 영향력을 악의적으로 활용할 줄 아는 집단이다. 이에 비해 가짜뉴스를 소비하고 영향을 받는 일반 대중은 정보기술과 소셜미디어의 속성에 대해 이해가 낮은 '디지털 리터러시Digital Literacy' 취약층이다. 두 집단 간의 디지털 리터러시 격차가 가짜뉴스 확산과 피해의 주된 배경이다. 취약층 보호를 위해 기술과 법적 수단을 강화하는 것보다 중요한 것은 정보 이용 주체의 리터러시 능력 향상을 돕는 일이다.

최근 정부와 일부 정치인들이 디지털 환경에 맞는 새로운 문해력과 미디어 활용 능력을 높이기 위한 디지털 미디어 문해력리터러시 교육 강화에 나선 것은 주목할 만하다. 신종 사기꾼이 출몰하고 법과 기술에 의존한 대응의 한계가 뚜렷한 상황에서 가장 효과 높은 방법은 이용자들의 비판적 미디어 수용 능력을 향상시키는 것이다. 디지털 환경에서 조작과 편집 기술은 빠르게 변화하고 있고, 기술을 악용하려는 세력은 조직화하고 있다. 누구나 디지털 미디어 속에서 살고 있지만, 강력하고 매력적인 디지털 미디어가 어떻게 작동하고 개인과 사회에 영향을 끼치는지에 대한 교육은 거의 이뤄지지 않고 있다. 가짜뉴스 창궐의 진짜 이유다.

⁰¹⁷ 디지털 문맹

북한은 2015년 5월 잠수함 발사 탄도미사일SLBM 실험 사진을 공개했는데, 우리 정보 당국의 분석이 엇갈렸다. 실제 잠수함에서 수중발사 실험을 한 것인지, 수중 바지선을 통한 것인지에 대한 논란이었다. 처음 보도한 〈노동신문〉의 사진에서는 발사 현장에 선박이 없었는데, 뒤에 보도된 〈조선중앙TV〉 동영상에서는 선박이 있었기 때문이다.

정보가 핵심인 군사 분야에선 사진과 같은 증거를 놓고 상대 전력을 분석하고 평가하는 능력이 매우 중요하다. 위장과 기만은 오래된 정보전의 전술이다. 임진왜란 때 이순신 장군은 유달산 노적봉을 짚으로 둘러 왜적에게 식량 더미처럼 보이게 만들었고, 권율 장군은 오산 세마대에서 흰쌀을 말에 끼얹어 목욕시키는 것처럼 보이도록 해 왜적이 성 안에 물이 풍부한 것으로 오판하고 포위를 포기하게 만들었다.

디지털 환경은 사이버공간을 새로운 전장으로 확대했고, 정보전에도 새로운 모습을 추가했다. 2008년 7월 9일 이란은 장거리 탄도미사일 발사 실험 사진을 공개했다. AFP통신은 이란혁명수비대의 홍보 기관인 〈세파뉴스Sepah News〉에서 사진을 제공받아 배포했고 〈뉴욕타임스The New York Times〉, 〈BBC〉 등 세계 주요언론은 이를 보도했다. 네 기의 미사일이 동시에 발사 성공한 모습이 사진에 실려 있지만, 조작된 사진임이 보도 이후 밝혀졌다. 세 기만 발사에 성공했고, 한 기는 미사일과 발사 화염을 각각 '포토숍'으로 조작한 것이 확인됐다. '복사해 붙여

넣기copy and paste'가 명확한 허술한 '포샵'이었지만, 당시 세계 유수의 언론사들은 이를 감지하지 못했다. 의도적으로 공개하는 무기실험 사진과 그 조작 가능성에 대한 이해와 주의가 부족했다.

2008년 7월 9일 이란혁명수비대가 공개한 장거리 탄도미사일 발사 실험 사진을 그대로 실은 《뉴욕타임스》.

"미디어는 메시지다"라고 주창한 미디어 이론가 마셜 매클루언은 일찍이 1962년 《구텐베르크 은하계The Gutenberg Galaxy》를 펴내, 라디오와 텔레비전 등 전자매체의 등장으로 '구텐베르크 은하'로 상징되는 문자 중심 문화의 종언을 선언했다. 디지털 시대는 문자보다 사진 등 이미지가 지배하는 세상이다. 전문장비로 고해상도 사진이나 고화질 동영상을 만들어도 전송비용이 비싸 활발히 유통되지 못했던 시대가 더 이상 아니다. 누구나 디지털 이미지를 향유하고, 편리해진 도구를 이용해 직접 만들고 유통시킨다.

헝가리 출신으로 독일 바우하우스 교수를 지내며 현대 사진

예술에 큰 영향을 끼친 라슬로 모호이너지는 일찍이 1930년대에 "미래엔 글을 모르는 사람이 아니라 사진을 못 읽는 자가 문맹이 될 것"이라고 예견한 바 있다.

일상에서 지배적이면서 의존성이 높은 기술은 그 활용 능력 보유 여부가 커다란 격차로 이어진다. 과거에는 글을 읽고 쓸 줄 아는 능력이 핵심적이어서 문맹 탈출이 우선되는 교육의 목표였지만, 정보화시대의 문해력은 이미지가 지배하는 디지털 콘텐츠에 대한 이해와 활용 능력을 말한다. 초기에 포토숍은 주로 디자이너와 일러스트레이터 등 전문가의 도구였지만, 이제는 문서 작성 프로그램처럼 보편적인 도구가 됐다. 누구나 '포샵'의 전문가가 될 필요는 없지만, 디지털 이미지가 포토숍을 통해 손쉽고 다양하게 재창작된다는 것은 알아야 한다. 디지털 사진은 겉으로 보이는 이미지말고도 촬영 위치의 위·경도값, 촬영 시점, 렌즈 정보 등 다양한 메타데이터를 지니고 있다는 것도 상식이 되고 있다.

'구텐베르크 은하'에서 제도교육을 마친 세대는 '디지털 은하'에서 새로이 배우지 않으면 살면서 점점 더 이해하기 어려운 세상을 만나게 된다. 디지털 이미지 문해력도 그 하나다.

⁰¹⁸ 인포데믹

박경리의 대하소설 《토지》는 전염병이 창궐할 때 정보를 판별하는 힘에 따라 운명이 엇갈리는 사례로 긴 이야기를 시작한다. 최참판 일가는 권력과 부를 가졌지만 괴질의 정체를 몰라서 죽음을 피하지 못한다. 반면 서울을 드나들며 호열자콜레라가 세균을 통해 전염된다는 정보를 안 조준구는 음식물을 끓여 먹으며 살아남는다.

당면한 문제의 해결책과 정체를 모르는 불안한 상황일수록 새로운 정보에 대한 욕구는 크다. 신종 코로나 관련 가짜뉴스가 창궐하는 이유다. 세계보건기구가 2020년 신종 코로나바이러스와 관련한 허위 정보가 심각하다며 '정보전염병infodemic'을 경고했다. 의학적 대응에 분주한 세계보건기구가 허위 정보가 보건을 위협하는 사태마저 대비해야 하는 상황이다.

인포데믹은 정보information와 전염병epidemic을 합성한 용어로, 왜곡 정보가 미디어와 인터넷을 통해 전염병처럼 빠르게 번지는 현상을 가리킨다. 미국 전략분석기관 인텔리브리지를 설립한 데이비드 로스코프가 2003년 5월 〈워싱턴포스트〉 기고에서 처음 사용한 합성어인데, 이후 대중화됐다.

인포데믹은 정보사회의 역기능을 일컫는 용어로 주로 루머나 왜곡 정보가 금융시장을 요동치게 만드는 상황을 설명할 때 사용되어 왔는데, 코로나19 상황에서는 진짜 바이러스처럼 보건을 위협하는 모양새가 됐다. 코로나19 바이러스의 유래와 관련해 터무니없는 음모설이 끊이지 않고 있으며 건강을 위협할 엉터리 치료법이 난무하고 있다. 2020년 봄 경기도 성남시의 한 교회는 소금물 소독이 코로나 예방에 효과가 있다는 주장을 믿고 신도들 입에 소금물을 분무한 뒤 두 차례 예배를 강행했다가 집단감염을 발생시켰고, 경기도 남양주의 한 시민은 공업용 알코올인 메탄올을 물과 섞어 소독제로 썼다가 가족 세 명이 중독 증상을 일으켜 병원 치료를 받았다. 비슷한 시기 미국에서는 도널드 트럼프 대통령이 클로로퀸이라는 물질이 코로나19 치료제로 쓰일 수 있다고 말한 뒤에 60대 남성이 어항 청소용 '클로로퀸 인산염'을 복용하고 사망하기도 했다.

　　미심쩍은 정보를 검증하기가 어느 때보다 간편해졌지만 왜곡 정보의 영향력과 위험성은 어느 때보다 커졌다. 코로나19로 인한 인포데믹 상황은 거짓 정보를 가려내는 능력이 정보사회에서 핵심 능력이 되었다는 것을 알려준다. 가짜뉴스는 변종 바이러스처럼 계속해서 진화하고 빠르게 확산되기 때문에 박멸이 어렵다. 그럴수록 장기적이고 본질적인 접근이 요구된다. 사람은 원래 사실과 거짓을 구별하는 능력이 뛰어나지 못하다는 점을 자각해야 한다. 영어에는 "진실이 바지를 챙겨 입기도 전에 거짓말은 지구를 반 바퀴 돈다"라는 표현이 있다. 의도적으로 만들어진 허위 조작 정보는 실제로 일어난 일보다 훨씬 설득력이 높다. 사실 그대로 보여주는 다큐멘터리보다 플롯과 긴장감을 갖춘 드라마가 흥미롭고 인기 많은 것이 그 사례다.

　　허구를 만들어내고 믿는 능력은 인간 고유의 특징이다. 유발 하라리는 현생 인류의 '허구를 만들어내고 믿을 수 있는 능력'이 세상을 지배하게 만든 능력이라고 말한다. 달리 말하면 허위 정보는 인간 상상력과 창의력의 그늘이기도 하다. 똑똑한 도구들이 개발되고 교육 기간이 늘어났지만, 가짜를 가려내는 인간의 능력은 실질적으로 거의 진화하지 않았다.

중요하고 매력적으로 다가온 정보를 적극적으로 받아들이는 것은 본능이다. 그러나 그런 정보일수록 비판적으로 따져보고 수용하는 능력은 본능이 아니다. 비판적 사고를 길러 정보 판별 능력을 갖추는 게 생존을 위한 개인적·사회적 과제가 된 이유다.

⁰¹⁹ 솔로몬의 역설

허위 조작 정보가 난무하는 현실이 걱정스러운 것은 가짜뉴스가 황당한 헛소리임이 드러나 저절로 사라지지 않기 때문이다. 오히려 가짜뉴스가 풍부한 사회 경험과 학식을 지닌 사람들 사이에서도 유통되고, 이런 상황이 거짓 정보 확산의 논리로 활용되곤 한다. 실제로 현명한 사람이 사기를 당하거나 어리석은 결정을 하는 사례도 적지 않다. 직장생활이나 가정생활, 사회관계 등에서 현명하게 처신하는 사람들이 왜 허위임이 명백해 보이는 사기와 거짓 정보에 빠져 어리석은 선택을 하는 것일까.

과학계엔 '노벨병'이란 게 있다. 노벨상을 받은 탁월한 과학자가 수상 이후 황당한 이론을 개발하는 사례다. 유전자 증폭 기술로 1993년 노벨화학상을 받은 캐리 멀리스, DNA의 이중나선 구조를 밝혀낸 제임스 왓슨이 대표적이다. 캐리 멀리스는 중합효소 연쇄반응을 발명해 오늘날 DNA 대량 복제를 가능케 한 혁신적 연구를 한 천재 과학자이지만 점성술을 신봉하고 자신이 외계인에 납치되었다는 황당한 주장을 펼쳤다. 그는 에이즈가 인간면역결핍 바이러스HIV 에 기인한다는 과학적 사실을 부인하고 있다. 제임스 왓슨은 프랜시스 크릭과 함께 DNA의 이중나선 구조를 규명해 유전자 연구를 획기적으로 발전시킨 공로로 1962년 노벨 생리의학상을 받았지만, 이후 '노벨병' 현상으로 맡고 있던 여러 직위에서 쫓겨나고 과학계에서 사실상 축출되었다. 왓슨이 "흑인과 백인 사이엔 평균적인 지능 차이가 존재하고 이는 유전적인 것"이라는 인종차별적이고 비과학적 발언을 일삼은 대가였다.

〈뉴 사이언티스트New Scientist〉 기자인 데이비드 롭슨의 저서《지능의 함정Intelligence Trap》은 "왜 똑똑한 사람이 멍청한 결정을 내릴까"를 탐구했다. 펜실베이니아대학교 심리학 교수 애덤 그랜트도《싱크 어게인Think Again》에서 지능이 높은 사람일수록 고정관념에 빠져들기 쉽고 똑똑한 사람일수록 자기 믿음을 수정, 보완하기 어렵다고 말한다. 남들보다 대상의 패턴을 빠르게 인지하기 때문이다. 정신분석학을 비판한 저명한 심리학자 한스 아이젱크는 "과학자는 자기 전문 분야를 벗어나면 다른 사람과 마찬가지로 평범하고 고집 세고 비상식적인 사람일 뿐"이라며 "더욱이 머리가 좋아 원래의 편견이 더 위험해지기 일쑤"라고 말했다.

3000년 전 이스라엘의 솔로몬왕은 누구보다 지혜로운 사람으로 알려져 있지만, 개인적 삶은 현명함과 거리가 멀었다. 성경이 금지한 수백 명의 이교도 첩과 후궁을 두었고, 왕위를 계승할 자식 교육에 실패해 왕조를 패망에 이르게 했다. 다른 사람의 딜레마에 대해서만 현명한 판단을 하는 이런 현상을 캐나다 워털루대학교 심리학자 이고르 그로스만은 '솔로몬의 역설'이라고 이름 붙였다.

그로스만이 지혜를 연구하기 위해 동원한 실증적 측정 방법은 가짜뉴스가 넘쳐나는 현실에서 눈길을 끈다. 스마트폰과 편리한 검색 덕분에 필요한 지식에 얼마든지 접근할 수 있는 환경은 각자가 스스로 충분한 지식과 지혜를 갖췄다고 여기게 만들 수 있다. 그로스만은 의사결정 테스트에서 정치적·개인적 문제 등 다양한 딜레마에 처한 개인이 얼마나 상반되는 관점을 모색하고 불확실한 상황을 수용하려고 하는지를 측정했다. 또한 자신의 무지를 인정하고 더 많은 정보를 알고 싶어

하는가를 통해 지적 겸손의 정도를 측정했다. 그로스만은 개인적·정치적 문제에 있어 자기 생각과 상반되는 관점으로 생각해보고 자신의 문제를 벗어나 다른 사람의 삶에 관해 토론한다고 생각하는 게 솔로몬의 역설을 벗어나는 비결이라고 주장했다.

또한 롭슨은 "지능은 자동차 엔진과 같다. 구동력이 커지면 목적지에 더 빨리 도착할 수 있지만 조향장치, 속도계, 내비게이션이 모두 작동할 때만 가능하다. 그렇지 않으면 제자리를 빙빙 돌거나 낭떠러지로 떨어지게 될 것이다"라고 말한다.

2장

기술의 빛과 그림자:
알고리즘의 윤리론

020 잊혀질 권리

2018년 10월 개봉한 영화 〈암수살인〉은 개봉을 앞두고 '잊혀질 권리'와 관련한 법적 다툼이 진행되어 화제였다. 범죄가 발생했지만 신고와 주검 등이 없어 수사가 이뤄지지 않고 용의자 신원도 파악되지 않아 공식 범죄통계에 집계되지 않은 암수범죄暗數犯罪, hidden crime가 영화 소재다. 영화는 몇 년 전 부산에서 일어난 실제 범죄 사건을 다뤘으나, 피해자 유족이 동의 없이 사건이 영화화된 것에 대해 피해를 주장하며 상영금지 가처분 신청을 했다. 유족 측은 "유족들이 기억을 더 이상 환기하지 않고, 대중매체를 통해 대중이 알지 않게 할 '잊혀질 권리'가 있다"라고 주장하며 상영 금지를 요구했다. 결국엔 유족과 영화제작사 간의 합의가 이뤄져 영화가 상영되었다.

'잊혀질 권리'는 인터넷 검색 기능이 강력해지고 편리해지면서 떠오른 권리다. 잊혀질 권리가 법적 권리로서 보장받을 수 있을지에 대한 국제적 논란이 있었지만, 2014년 5월 13일 유럽연합의 최고법원인 유럽사법재판소에서 '잊혀질 권리'를 인정하는 역사적 판결이 내려졌다. 이로써, 개인 신용정보 등 시효가 지나 부적절해진 정보가 검색엔진에서 계속 노출되는 것에 대한 개인의 삭제 요청권이 인정받게 됐다.

그동안 프라이버시 보호와 개인정보 자기결정권을 우선시하는 유럽 각국에 맞서 구글과 페이스북 등 미국 정보기술 기업들은 잊혀질 권리가 일종의 검열이라며 표현의 자유와 인터넷의 기술 특성을 옹호했다. 국경을 초월해 이용되는 인터넷 특성에 맞게 각 국가의 법을 수정할 것이냐, 나라별 법적 규제에 맞춰 검색엔진의 서비스 방식을 바꿀 것이냐의 문제로 토론이 벌어졌고 '잊혀질 권리'의 판결은 그 정점에 있었다. 논쟁은 오랜 줄다리기 끝에 구글의 패배로 매듭지어졌다.

오랜 시간이 지나면서 더 이상 적절하지 않은 개인정보가 검색엔진에서 노출되어 피해를 일으키는 현상은 기술의 편리함 뒤에 드리운 그늘이다. 검색엔진이 정보를 손쉽게 찾아주다 보니 그동안 감추어져 있던 정보들이 드러나면서 생겨나는 부작용이다. 신용정보법은 파산·연체·체납 등의 사유가 사라지면 해당 정보를 5년 안에 삭제하고 이용할 수 없도록 했다. 한때의 신용상태가 인생 전체를 옭아매지 못하게 한, 일종의 잊혀질 권리 보호장치다. 인터넷에 올린 게시물이 삭제되지 않아 어린 시절에 쓴 치기 어린 글이 평생을 따라다닌다면 성인이 된 후 새 출발에 걸림돌이 될 수밖에 없다.

잊혀질 권리는 프랑스에서 유래했다. 18세기 프랑스대혁명 이후 제정돼 근대 사법제도의 기틀이 된 프랑스형법은 최초로 '형의 실효'를 도입했다. 형이 집행되고 일정 기간이 지나면 형벌의 소멸과 복권을 규정해 전과자로 겪어야 할 각종 제약이나 불이익을 없애주고 정상적인 사회 복귀를 지원하는 제도다. 처벌을 받은 전과자가 새 출발을 할 수 있게 해준 제도로, 우리 형법에도 반영돼 있다. 무기징역도 형벌을 이수한 지 10년이 지나면 자동으로 형의 실효가 이뤄지게 되어 있다.

범죄와 관련자에 대한 사회적 합의는 시대에 따라 달라진다. 과거 언론은 범죄 가해자는 물론 피해자의 신원과 거주지, 사진까지 상세하게 보도했으나 2008년 대법원 판결로 획기적인 변화가 일어났다. 이른바 '이혼소송 주부 청부폭력 오보' 사건 판결이다. 한 언론이 이혼소송 중인 아내가 남편을 상대로 청부폭력을 행사했다며 상세하게 보도

했지만, 완벽한 오보였다. 이 판결에서 대법원은 "범죄 보도는 공익에 속하지만 범죄 자체를 보도하기 위해 반드시 범인이나 혐의자 신원을 명시할 필요가 있는 게 아니고, 범인과 혐의자에 대한 보도가 범죄 자체에 대한 보도와 같은 공공성을 가질 수 없다"라고 판결했다. 국내에서 범죄 익명보도 원칙이 확립된 계기다. 하지만 인터넷 검색을 통해서는 이 판결 이전에 작성되어 범죄 피해자와 가해자의 신원이 구체적으로 드러난 기사도 손쉽게 찾아볼 수 있다는 문제가 여전하다.

'잊혀질 권리'는 모든 게 기억, 소환, 공개되는 인터넷 환경에서 존엄한 삶을 누리기 위한 필수적 권리로 여겨지는 추세다. '잊혀질 권리'는 기술 발전으로 인한 결과를 당연하게 받아들이는 대신, 어떻게 그 환경을 좀 더 인간답게 만들 수 있는가를 생각하게 한다.

설명을 요구할 권리

1950년대 미국 신문엔 아기가 엄마에게 담배를 권하는 광고가 실렸었다. 담배 포장지에 폐암 병변 등 끔찍한 경고 사진이 실리는 지금은 상상하기 힘들지만, 당시엔 규제가 없었다. 요즘 가공식품엔 성분 정보를 비롯해 1회 섭취량, 칼로리, 알레르기 정보가 표시된다. 과거엔 제조 일자와 유통기한 정도만 표시했지만, 2006년 식품표시제 시행 뒤 달라졌다. 펀드나 보험 등의 금융상품은 계약을 맺었어도 '불완전 판매'라는 금융감독 당국의 판단이 내려지면 계약이 무효가 된다. 계약 때 수익률이나 손실 가능성 등을 제대로 알리지 않은 금융상품으로 많은 피해자가 잇따르자 나온 대책이다.

기업으로서는 일종의 규제인데, 이들의 공통점은 처음부터 마련되었거나 업계 스스로 도입한 게 아니라는 것이다. '정보 비대칭' 상황을 악용한 사업자들로 인해 소비자 피해가 잇따르자 전문가들과 소비자단체가 끈질기게 요구해 쟁취한 결과다.

유럽연합이 2018년부터 적용할 개인정보보호규정GDPR은 알고리즘으로 처리된 결과에 대해 '설명을 요구할 권리Right to explanation'를 도입했다. 정보 주체가 프로파일링을 포함한 자동화된 의사결정 알고리즘에 대해 설명을 요구할 수 있다는 법적 근거다. 인공지능이 효율성을 위해 불공정하고 차별적인 결과를 가져올 수 있다는 우려 때문에 투명성과 책임성을 부과한 것이다.

인공지능을 재판, 채용, 대출 심사 등에서 활용할 때 효율성은 높아질 수 있지만 불이익을 받았다고 여기는 사람들이 생겨날 수 있다. 인공지능은 판단 근거와 이유를 말하지 않기 때문이다. 인공지능이 전기처럼 모든 산업과 생활영역에 활용되는 범용 도구가 될 것이라는 기대가 높아지면서 '설명 가능성'이 인공지능 기술의 성공 관건으로 주목받고 있다. 인공지능은 바둑, 체스, 스타크래프트 등에서 과시한 능력을 현실 세계에 그대로 적용할 수 없기 때문이다. 알파고 개발자도, 알파고를 대리해 돌을 놓은 프로기사 아자 황도, 바둑 중계를 해설한 프로기사들도 알파고가 왜 그 돌을 놓았는지 설명할 수 없었다.

하지만 규칙과 결과가 한정된 게임의 영역과 달리, 채용이나 대출 심사 등은 판단의 결과가 지속적이고 중대한 영향을 끼쳐 최종 결정을 사람이 내리고 책임져왔던 영역이다. 인공지능의 판단 결과에 사람이 동의할 수 없으면 인공지능은 활용되기 어렵다. 딥러닝 기술은 최근 비약적 발전과 뛰어난 성과물을 내놓고 있지만, 보이지 않는 층위에서 수많은 매개 변수가 만들어내는 기술적 속성으로 인해 인공지능을 들여다볼 수 없는 '블랙박스'로 만들었다.

'설명가능 인공지능XAI, Explainable AI'은 개발 단계에서 기술적 오류를 발견할 수 있게 하고, 결과물에 인과 관계를 제공해 사용자와 영향을 받는 사람들이 결과를 수용할 수 있도록 도와준다. 정책 입안자에게는 공정성과 투명성을 확보할 수 있도록 해 법률과 실행의 근거를 제공한다. 개발사 입장에서도 설명력을 갖춘 제품은 매력적이다. 자율주행 차량의 경우 주행 판단의 근거와 원리를 설명할 수 있으면 사고 시 책임 범위 산정만이 아니라, 차량 구매와 운행 단계에서도 소비자 신뢰를 높일 수 있다.

시민사회는 정보 주체의 권리 확대라고 반기지만, 기업들은 인공지능 개발과 혁신을 저해한다고 비판한다. 알파고처럼 인공지능 알고리즘은 효율성이 높지만 왜 그런지 설명할 수 없는 경우가 많다. 기계가 정보를 처리하는 구조가 인간의 인지 방식과 다르기 때문이다. 하지만 지금 당장 설명할 방법이 없다고 해서 설명을 요구할 권리 자체가 부정되어서는 안 된다. '설명을 요구할 권리'는 점점 더 강력해지는 인공지능과 알고리즘을 사회적으로 통제하기 위한 시도로, 우리도 적극 검토해야 할 새로운 권리다.

^{022} 모바일 신언서판

외교와 통신에서는 프로토콜protocol 준수가 필수다. 프로토콜은 '상호 합의한 규약'이라는 의미로, 외교와 통신에서는 프로토콜을 따르지 않으면 앞으로 나아가는 것이 불가능하다. 외교의 경우 국가 정상의 방문만 해도 국빈 방문, 공식 방문, 실무 방문, 개인적 방문 등 종류에 따라 상대국의 프로토콜이 달라진다. 각각의 행동에 대해 상호 간에 약속을 정해놓지 않으면 소통이 되지 않고 불필요한 마찰과 긴장이 생기기 때문에 외교에서는 회담의 내용 못지않게 프로토콜이 중요한 의미를 지닌다. 통신도 마찬가지다. 오랜 옛날 불과 연기로 신호하던 봉화부터 짧은 전류와 긴 전류를 이용해 알파벳과 숫자를 표현하던 전신에 이르기까지, 보내는 쪽과 받는 쪽이 특정 신호가 무엇을 의미하는지에 대한 약속을 한 뒤에야 비로소 통신이 가능했다. 무전기를 이용한 대화에서는 말 한마디를 마칠 때마다 '로저roger, 알았다'나 '오버over, 이만 끝' 같은 고유한 규약을 사용해 혼선과 오해를 줄였다.

통신에서는 발신 장치와 수신 장치가 연결되는 기계끼리 공통의 규약이 필요한 것처럼 그 기기를 이용하는 사람들 간에도 일종의 프로토콜이 필요하다. '여보세요' '헬로' '모시모시'처럼 어느 문화권이나 공통의 전화 예절이 있는 이유다. 하지만 스마트폰 상용화 이후 오랜 전화 예절도 달라지고 있다.

전통사회에서는 '신언서판身言書判'이 상식으로 여겨졌다. 사람 됨됨이를 평가할 때 몸가짐을 본 뒤 말하는 태도와 글 맵시, 판단력을 차례로 살폈다면, 지금은 스마트폰이 그 역할을 한다. 상대의 통화 태도와 문자 내용을 보면 사람됨이 드러나기 마련이다. 휴대전화는 기본적으로 발신자 위주의 통신 수단이다. 유선전화는 회의 중이거나 화장실에서 전화를 받는 상황이 기본적으로 불가능했지만 휴대전화는 다르다. 24시간 응대가 가능하다 보니 새로운 전화 에티켓이 빠르게 확산되고 있다. 통화가 연결되면 곧바로 "지금 전화 받기 괜찮으세요?"라고 묻는 게 예의가 됐다. 좀 더 센스 있는 사람들은 통화에 앞서 미리 문자메시지를 보내, 언제가 통화하기 좋은 시간인지를 물어보기도 한다.

새로운 통화 예절은 무신경한 발신자에게만 해당하는 것도 아니다. 함께 대화 중인 사람을 어이없게 만드는 무신경하고 배려가 부족한 수신자들도 많다. 회의나 대화 도중에 걸려오는 전화에 응답하느라 논의가 중단되고, 요란한 벨 소리에 분위기가 훼손되는 경우가 다반사다.

전화마다 긴급함과 중요도가 달라 무조건 전화를 안 받기도 어렵고 우리나라처럼 위계질서가 강한 사회에서는 윗사람의 전화에 "나중에 다시 전화해 주십시오"라고 말하기도 쉬운 일이 아니다. 하지만 불가피할 때는 미리 상대에게 양해를 구하거나 통화를 마친 뒤에 자신의 무례에 대해서 해명하는 게 좋다. 대화하고 있는 상대가 휴대전화를 받느라 잠시 어색해지는 경험은 이제 드문 일이 아니다. 그렇지만 불쾌감을 주지 않는 경우도 꽤 있다. 미팅 전에 언제 전화가 걸려올지 모르는데 긴한 일이라서 꼭 받아야 하니 통화하게 되더라도 양해해 달라고 미리 말하는 경우다. 새로운 에티켓이다.

지위가 높거나 연장자일수록 이런 예절에 무심해지기 쉽다. 회의 주재자가 말하는 도중에 걸려온 전화를 받는 경우다. 연장자 또는 상급자라는 이유로, 동석자들에게 양해나 설명 없이 넘어가는 경우도 흔하다. 사실은 나이나 지위와 무관하게 부끄러워해야 할 무례함이자 무신경이다. '모바일 신언서판'인 세상에서 스마트폰 프로토콜이 교양인의 필수적 에티켓으로 자리 잡고 있다.

023 소프트웨어 의존 사회

　　미국 뉴욕주의 해변 휴양지로 유명한 롱아일랜드에 1930년 대부터 1970년대까지 건설된, 도로 위를 지나는 200여 개의 고가도로는 유난히 높이가 낮다. 버스의 높이보다 고가도로가 낮아 고가도로 아래를 통과해 존스 해수욕장으로 가는 버스 노선은 아예 만들어질 수 없었다. 이런 독특한 설계는 당시 뉴욕의 도시 설계와 공공건설을 주도한 공직자 로버트 모지스가 버스를 주로 이용하는 유색인종과 저소득층이 해변으로 진입하지 못하도록 하려는 의도 때문이었다는 게 나중에서야 알려졌다.

　　최초의 상업용 웹브라우저인 넷스케이프의 창업자이자 벤처캐피털 투자자인 마크 앤드리슨은 2011년 8월 미국의 경제지 〈월스트리트 저널The Wall Street Journal〉에 '소프트웨어가 모든 것을 집어삼키고 있다'라는 기고를 실었다. 앤드리슨의 말처럼 소프트웨어와 알고리즘의 영향력이 갈수록 확대됐으며, 몇 해 뒤엔 '4차 산업혁명'이 피할 수 없는 미래로 다가왔다. 디지털과 인공지능 세상에서는 소프트웨어가 보편어 노릇을 한다며, 운전 기술이나 외국어처럼 누구나 익혀야 하는 기능이 되고 있음을 강조하는 이들도 많다. 코딩 교육이 부상하는 배경이다. 소프트웨어 교육에서 가장 중요한 것은 컴퓨터 프로그램은 설계 의도대로 작동한다는 것이고, 그로 인한 영향 역시 설계 단계에서 고려되어야 한다는 점이다.

2015년 '디젤 게이트Diesel Gate'가 전 세계를 떠들썩하게 만들었다. '디젤 게이트'란 독일의 자동차 회사 폭스바겐이 미국의 강화된 환경 기준 심사를 통과하기 위해 디젤엔진 차량의 배출가스를 감소시키는 소프트웨어 알고리즘을 조작해오다 발각된 사건이다. 미국 환경안전청의 강화된 환경 기준은 디젤엔진 차량이 연비와 환경 두 가지 기준을 동시 만족시킬 것을 요구한다. 폭스바겐 등이 제작하는 디젤엔진 차량은 미세먼지의 주범인 질소산화물 배출을 줄이는 배기가스 저감장치 LNT를 탑재해야 한다.

　　그런데 연비도 높고 환경 유해물질 배출도 줄인 '클린 디젤엔진'을 장착했다는 폭스바겐의 홍보는 사기극으로 드러났다. 폭스바겐의 배기가스 저감장치는 배기가스 인증 통과를 위한 시험시설 안에서는 제대로 작동했다. 하지만 일상적 주행 환경에서는 장치가 작동하지 않았다. 그렇게 알고리즘을 설계했던 것이다. 주행 중에 이 장치를 끄면 연비를 크게 높일 수 있다. 미국 환경안전청의 조사 결과, 폭스바겐은 주행 중 질소산화물 배출이 인증시험 때보다 약 30배까지 늘어났다. 수년간 폭스바겐 불매운동과 리콜로 이어진 사건이다. 그런데 폭스바겐이 이런 대담한 범죄를 시도할 수 있었던 배경은 이 장치가 소프트웨어 기반이라는 점이다. 해당 장치는 특정 환경에서만 작동하는 알고리즘에 의해 움직이는데 소프트웨어와 알고리즘의 특성상 설계자 외에는 그 특성과 작동 방식을 알 수 없다. 즉 '블랙박스' 속 기술이라는 점 때문에, 장기간에 걸쳐 1100만 대에 해당하는 대규모 기만극이 진행될 수 있었다.

　　2015년 10월 방한 때 만난 구글의 지주회사 알파벳의 회장 에릭 슈미트는 "폭스바겐은 여러 차례 질문을 받으면서 바로잡을 기회가 있었지만 조직적인 거짓말로 기회를 날려버린 대가를 비싸게 치르게 될 것"이라며 "구글은 실수가 있으면 인정을 하자는 것이고 내부에 보는 눈이 많아 속이는 것도 어렵다. 만약 구글이 그런 기만극을 벌인다면 기업이 살아남지 못할 것"이라고 말했다. 사회적 감시를 위한 투명성 제공과 접근성 보장 대신 "우리들은 선량한 기업이니 믿어달라"는 식의 답변이었다.

하지만 기업의 선언과 내부의 자율 감시만으로는 충분하지 않다. 소프트웨어의 힘이 커졌기 때문이다. 기업의 기밀인 알고리즘 내부를 검증하기란 결코 쉽지 않다. '커다란 힘에는 커다란 책임이 따른다'라는 볼테르의 말처럼 거대한 권력에 사회적 감시를 적용할 방법과 관심이 요구된다.

⁰²⁴ 자동화 의존

2015년 4월 14일 일본 히로시마공항에서 아찔한 착륙 사고가 발생했다. 아시아나항공 162편이 착륙 도중 활주로를 이탈해 풀밭에 반대 방향으로 처박힌 것이다. 활주로 300m 앞에 있던 6m 높이의 전파발신 시설이 충돌로 부서지고 항공기 보조날개 두 개와 왼쪽 엔진 등이 파손됐지만, 다행히 사망자는 없었다. 착륙 사고의 배경으로 악조건의 기상상황과 함께 자동화 기기에 대한 의존이 거론됐다. 이 사고는 IT 미래학자 니콜라스 카가 《유리 감옥The Glass Cage》에서 역설한 자동화 기술 과잉의존에 따른 위험성을 드러낸 사례로 지목된다.

사고 여객기는 착륙 당시 뒤에서 불어오는 센 바람 때문에 평소 방향과 반대로 활주로를 동쪽에서 서쪽으로 진입했는데, 이때 공항의 계기착륙장치ILS 신호를 이용할 수 없었다. 히로시마공항은 '카테고리3CAT3'의 정밀도 높은 계기착륙장치를 갖추고 있어 악천후에서도 착륙이 가능하지만, 활주로를 반대편으로 진입할 때는 착륙 각도 등을 알려주는 이 기기가 무용지물이 된다. 이때는 착륙보조장치의 도움 없이 조종사가 판단해 수동 착륙해야 한다.

위험하고 복잡한 일을 사람이 처리할 필요 없이 컴퓨터와 알고리즘에 의해 '안전하게' 수행되도록 하는 '자동화'는 기술의 미래다. 전기자동차 업체 테슬라의 최고경영자 일론 머스크는 자율주행 자동차가 대중화되는 미래에는 "인간이 자동차를 모는 것은 너무 위험하다는 이유로 이를 불법화하는 세상이 올 수 있다"라고 말했다. 전 세계에서 1년간 교통사고로 숨지는 사람은 100만 명이 넘는다.

자동차에서 운전자의 판단과 조작을 대신하는 자동화 기술은 점점 확산되고 있다. 에어백이나 미끄럼 방지 브레이크ABS 작동, 정속 주행크루즈 컨트롤 기능 등에 이어 최근에는 자율주차와 차선이탈 알림 및 충돌방지 기능을 장착한 차량이 늘고 있다.

항공운항은 자동 운전오토파일럿, 자동 착륙오토랜딩 시스템 등 자동화 의존이 높은 분야다. 편리하고 안전하지만 자동화 기술에 지나치게 의존해 조종 능력이 퇴화하면 예상치 못한 상황에서 대형 사고로 이어질 수 있다. 자동화 기기가 오작동하거나 작동하지 않는 빈틈이 생기는 경우, 또는 사람이 자동화 시스템과 그 정보를 잘못 읽는 경우다. 2013년 7월 6일 미국 샌프란시스코공항에 착륙하다가 활주로 앞 방파제를 들이받으면서 세 명의 승객이 숨진 아시아나항공 214편 사고, 2009년 2월 25일 네덜란드 스히폴공항에 착륙하다가 아홉 명이 사망한 터키항공 1951편 사고가 대표적 사례로 지목된다. 〈월스트리트 저널〉은 항공사고 조사 전문가들이 아시아나 214편 사고를 전형적인 '자동화 중독 automation addiction' 사고로 본다고 보도했다.

이 사고 직전인 2013년 1월 4일 미 연방항공국FAA은 항공사들에 '안전 경고'를 보내 "항공사들이 적절할 때에 조종사들에게 수동 비행을 홍보할 것을 권장한다"라고 안내한 바 있다. 긴급 사태가 발생해서 자동비행 상태가 풀리면 수동으로 여객기를 몰아야 하는데, 조종사들이 자동조종장치에 너무 의존해 수동 비행 경험이 많지 않으면 상황을 오판하고 적절한 대처를 못 해 대형사고로 이어질 것에 대한 우려 때문이다.

자동화 시대에도 여전히 기기를 수동으로 다룰 줄 아는 능력이 중요하다는 사실을 알려주는 것도 항공사고다. 2009년 1월 15일 뉴욕 라과디아공항 이륙 직후 새 떼와의 충돌로 두 개의 엔진이 모두 정지해 동력을 상실한 채 추락하던 미국 유에스US에어웨이스 1549편의 사례다. 공군 조종사 출신 기장 체슬리 슐렌버거 3세는 참사가 예고된 상황에서 허드슨강에 기체 손상 없이 수평 착륙하는 노련한 조종술로 155명 탑승객 전원을 생환시킨 '허드슨강의 기적'을 만들어냈다. 자율운행 자동차는 머지않아 실용화되겠지만 그렇더라도 상당 기간 사람의 운전 기술은 중요한 가치를 지닐 것이다.

025

유령노동

구글 인공지능 음성 비서의 목소리와 응대 수준은 사람과 식별이 거의 불가능하다. 인공지능 스스로 마술을 구현한 게 아니다. 개발자 외에 언어학 전문가들이 중심인 피그말리온 팀이 음성 비서를 위한 언어 데이터를 만들고 훈련시켰다. 〈가디언The Guardian〉은 2019년 6월 구글이 간접 고용한 피그말리온 팀의 장시간 저임금 노동 실태를 고발했다. 정보기술 서비스의 데이터 수집과 관리엔 여전히 사람이 필요하다. 지도 서비스를 위한 운전과 사진 촬영, 소셜미디어와 동영상 서비스에서 문제 콘텐츠 차단, 도서관 소장 자료 스캔 등의 작업이 필수지만 구글·페이스북 등은 이들을 직접 고용하지 않는다. 구글에서만 이런 일자리가 10만 개에 이른다.

아마존 '메커니컬 터크Mechnical Turk'는 집수리, 수식 계산, 디자인 등 다양한 작업을 수요자와 공급자 간에 직거래하는 일거리 장터인데, 애초 인공지능 이미지 식별 정확도를 높이기 위해 출범했다. 기계가 인식할 수 있도록 사진마다 '고양이' '개' '파란색' 따위의 식별 태그를 일일이 사람이 입력하는 일자리를 중개했다. 메커니컬 터크는 활용되지 않는 자원을 활용하고 수요와 공급을 연결해주는 일거리 중개소로 각광받았다. 하지만 메커니컬 터크에서 대부분의 직무당 임금은 세계 최저 수준에 수렴했다. 메커니컬 터크가 사진에 태그를 붙이는 직무를 일거리로 올려놓으면 전 세계에서 가장 싼 값에 수행할 수 있는 사람에게 그 일이 할당되는 경쟁 구조이기 때문이다.

기술은 발전할수록 그 작동 구조가 보이지 않게 된다. 처음 개인용 컴퓨터가 등장했을 때만 해도 컴퓨터 사용을 위해서는 컴퓨터 프로그래밍 언어를 배우고 암호와 같은 도스 명령어를 숙지해야 했다. 이후 매킨토시, 윈도와 같은 그래픽 기반의 사용자 환경User Interface이 등장하면서 컴퓨터 명령어는 대부분 사라졌다. 스마트폰은 과거의 PC보다 훨씬 강력한 컴퓨팅 기능을 갖고 있지만, 명령어를 사용해 조작한다는 개념 자체가 사라졌다.

최근 각광받는 인공지능 딥러닝은 '은닉 층Hidden Layer'에서 작동하는 게 특징이다. 기술의 구조가 눈에 보이지도, 이해되지도 않지만 결과는 비할 수 없이 효율적이다. 그러나 기술만 숨어버린 게 아니다. 기술 발달은 사람의 존재도 보이지 않게 만들고 있다. 인공지능 또는 자동화 기술의 편리함에는 많은 경우 사람의 노동이 가려져 있다. 이런 '그림자 노동'을 인공지능 환경에선 아예 드러나지 않는다고 해서 '유령노동'이라고 부른다.

지금은 고인이 된 노회찬 의원은 6411번 버스 첫차 탑승을 통해 대형 건물의 깔끔함과 화려함에 감춰진 청소 노동자들의 존재를 드러낸 바 있다. 서울 외곽에서 강남으로 가는 시내버스 6411노선 새벽 첫차는 항상 만원이다. 첫차의 승객 대부분은 서울 강남의 대형 건물로 청소하러 가는 사람들이었다. 웬만한 대형 사무실은 언제나 깔끔하게 청소되어 있고 쾌적한데, 사무실 청소는 거의 눈에 띄지 않게 이뤄진다. 날마다 직원들이 출근하기 한참 전인 새벽 시간대에 청소가 완료되기 때문이다. 청소 장면과 청소 노동자가 보이지 않는다고 해서, 청소 없이 저절로 사무실이 깨끗해지지는 않는다. 보이지 않는 '그림자 노동'이 일상을 매끄럽게 움직이고 있다. 보이지 않는다고 해서 존재하지 않는 것이 아니다.

　　보이지 않는 것을 볼 수 있는 방법을 찾아내며 과학과 사회는 발달했다. 뉴턴과 맥스웰의 발견을 통해 비로소 인류는 중력과 빛의 세계를 이해하고 이용할 수 있게 되었다. 《어린 왕자》에서 사막여우는 "중요한 것은 눈에 보이지 않아"라고 우리를 일깨워준다. 인공지능 서비스와 플랫폼 경제의 편리함과 광휘에 가려져 있는 사람의 역할을 보이게 만드는 것이 앞으로의 과제다.

026

비밀번호

오래전 회원으로 가입한 사이트에 접속해 서비스를 이용하려다가 또 상당한 시간을 허비했다. 비밀번호가 기억나지 않아서다. 몇 달 전 접속할 때 보안을 위해서 6개월마다 비밀번호를 바꿔야 한다고 요구해 바꿨는데 어떻게 바꿨는지 도무지 생각나지 않았다. 자주 찾는 사이트가 아니다 보니 몇 자리의 비밀번호였는지 기억해내기도 어려웠다. 처음 가입했을 때는 네 자리 숫자였던 것 같은데, 나중에 영문을 섞은 여섯 자리 이상으로 바꾸라더니 다시 특수문자·알파벳·숫자를 1개 이상씩 포함한 열두 자리 이상으로 변경할 것을 요구했다.

최근 들어서는 알파벳 대문자와 소문자를 병행할 것을 요구하는 곳도 있다. 해당 사이트 한 곳만 이용하는 것도 아닌데, 복잡한 조건의 비밀번호를 만들고 기억하느라 적잖은 신경을 써야 하는 상황이다. 사이트에 접속하기 위해 결국 번거로운 휴대전화 인증을 받고, 비밀번호를 초기화한 뒤 임시 비밀번호를 받아 접속하고 다시 조건에 맞는 비밀번호로 재설정해야 했다. 문제는 이처럼 비밀번호를 변경하도록 요구하는 경우가 특정 사이트 한두 곳이 아니라는 점이다. 대부분의 회원제 서비스가 마찬가지다.

마이크로소프트에 따르면, 전 세계 사람들이 날마다 비밀번호 입력에 소비하는 시간을 더하면 1300년에 이른다. 비밀번호 조건이 갈수록 까다로워지는 것을 고려하면, 비밀번호 입력 시간은 더 늘어난다. 복잡한 문자와 숫자를 섞어 유추하기 힘든 비밀번호를 만들고 정보 유출에 대비해 주기적으로 변경하라는 '비밀번호 가이드라인'은 2003년 미국 국립표준기술연구소 문서에서 비롯했다. 문서를 작성한 보안전문가 빌 버는 2016년 〈월스트리트 저널〉 인터뷰에서 이 비밀번호 가이드라인이 이용자들에게 불편과 시간 낭비를 유발했다며 잘못을 인정했다. 빌 버는 연구가 부족한 상태에서 비밀번호 가이드라인 작성을 서두르라는 당국의 압박 때문이었다고 말했다.

보안은 심리게임의 속성을 지니므로 사람에 대한 이해를 요구한다. 또한 기술이 끊임없이 발달한다는 것은 모든 기술이 불완전하다는 것을 의미한다. 우리가 과신하고 있는 기술일수록 위험한 이유다. 비밀번호 변경과 기억에 들어가는 노력과 시간은 별개로 하더라도, 비밀번호를 자주 바꾸면 과연 보안이 강화될까? 영국 사이버보안센터 NCSC는 사용자로 하여금 정기적으로 비밀번호를 바꾸도록 강요하는 것이 오히려 보안 취약성을 증가시킨다고 지적했다. 비밀번호를 자주 바꾸게 하면 사용자가 기억할 수 없게 되어 비밀번호 변경 규칙을 만들거나 어딘가에 메모하게 만들기 때문에 결과적으로 더욱 보안에 취약해진다는 설명이다.

미국 카네기멜런대학교 로리 크레이너 교수는 2015년 정기적으로 비밀번호를 변경하도록 강요하는 행위가 보안을 강화하기는커녕 오히려 더 취약하게 만드는 결과를 가져온다는 연구 결과를 발표했다. 사람은 규칙 없는 무작위 문자 묶음을 기억하기 어렵기 때문에 특수기호를 요구하면 '!', 숫자를 추가하라고 하면 '1'을 덧붙이는 방식으로 비밀번호를 변경하는 경향을 띠는데, 이런 비밀번호 변경 패턴은 해커에게 유리하게 작용하고 결국 이용자를 취약하게 만든다는 것이다.

미국의 온라인 서점 아마존닷컴은 앞선 상황과 대조적이다.

나는 십수 년 전 아마존닷컴에 가입할 때 만든 비밀번호를 계속 써왔다. 그런데 최근 아마존닷컴은 내 비밀번호가 바뀌었다는 메일을 보내왔다. 내가 써온 이메일과 비밀번호가 인터넷상에 노출되었기 때문에 보안을 위해서 강제로 변경했으니 절차를 밟으라는 안내였다. 이용자 불편을 최소화하면서도 실질적으로 보안을 강화하는 방법은, 주기적으로 비밀번호를 바꾸라고 강요하는 게 아니라 기업이 스스로 보안 능력을 강화하는 것이다.

027 시빅 해킹

2016년 박근혜 정부 시기 우병우 청와대 민정수석 문제를 정국의 핵으로 만든 실마리는 진경준 검사장의 '수상한 주식 대박'을 보도한 언론보도였다. 〈대한민국 관보〉에 실린 공직자 재산 공개에서 진 검사장이 넥슨 주식 80만 1500주를 팔아 126억 원을 현금화했다는 내용을 보도한 이후 실타래가 풀려나갔다. 우 수석이 393억 원을 신고한 재산 내역에서 가족 다섯 명이 '정강'이라는 비상장 법인의 주식을 나눠 보유한 게 드러나 검증의 단서가 됐다.

정부가 날마다 발간하는 〈대한민국 관보〉에는 법령과 정부의 각종 공표문이 실리며 공개 대상인 고위공직자의 재산 내역도 게재된다. 그런데 관보에는 PDF 파일 형태로 실리기 때문에, 전자관보 사이트gwanbo.go.kr에 접속해 해당 문서를 열어본 경우에만 텍스트 검색을 할 수 있다. 어느 사이트의 어느 날짜에 게시된 문서에 어떤 내용이 실려 있는지 아는 사람에게만 활용 가능한 정보다. 대부분의 이용자가 이용하는 검색엔진에서는 아예 검색이 되지 않는다. 모래밭에서 바늘 찾기에 가깝다. 공직자윤리법과 정보공개법에 따라 중요한 정보가 공개되지만, 정보가 공개된다고 해서 바로 이용이 가능해지는 것은 아니다.

정보공개 활동조직인 코드나무와 인터넷언론 〈뉴스타파〉는 2016년 6월, 그동안 〈대한민국 관보〉에 실린 자료를 내려받아 이용하기 편리한 형태로 가공한 '고위공직자 재산 정보 공개' 사이트jaesan.newstapa.org를 열었다. 덕분에 고위공직자의 이름과 연도를 입력하면, 관보에 실린 그대로 상세한 재산 공개 내역을 볼 수 있다. 관보 사이트에서만 접할 수 있던 고위공직자 재산 정보를, 관심 있는 시민 누구나 쉽게 찾아볼 수 있도록 만든 것이다. 여론에 밀려 정부가 고위공직자 재산 공개 등의 정책을 시행하게 됐지만 원활한 이용이 불가능하도록 해놓은 파일을 쉽게 검색하고 이용할 수 있도록 변환한 것이다.

디지털 기술을 이용해 사회 현상을 개선하고, 문제를 해결하려는 이러한 시도를 '시빅 해킹Civic Hacking'이라고 부른다. 공익적 목적을 위한 시민운동 차원의 해킹이라는 의미다. 2009년 시작된 미국의 '코드 포 아메리카Code for America'가 대표적이다. 이 단체는 미국 정부가 입안하고 축적한 각종 정보를 오픈소스 앱으로 만들어 시민들이 자유롭게 활용하도록 정보 개방 운동을 펼쳤다. 한국 정부가 2015년 메르스 발병 정보를 공개하지 않자 시민들이 제보와 자료 조사를 통해 자발적으로 구축한 '메르스 확산 지도', 정치인의 발의안과 발언 내용을 보여주는 '대한민국 정치의 모든 것' 사이트 등도 국내 시빅 해킹의 사례다.

이 분야에서 앞선 나라는 대만이다. 대만에서 1981년 태어난 오드리 탕은 여러 호칭으로 불린다. 천재 프로그램 개발자, 자유 소프트웨어 운동에 적극적인 시빅 해커, 타고난 성별을 여성으로 바꾼 트랜스젠더 활동가, 대만 민주화 지도자, 대만 정부의 디지털정책장관 등이 그의 호칭이다. 오드리 탕은 2014년 대만의 민주화 운동에 참여하면서 디지털 기술로 시민의 참여를 끌어내 정치를 바꾸는 일에 본격적으로 뛰어들었다.

2016년 디지털정책장관이 된 오드리 탕은 처음엔 이색적 경력으로 눈길을 끌었지만, 본격적으로 그의 존재가 전 세계에 알려진 시점은 코로나 홍역을 치른 2020년이다. 대만은 세계에서 코로나19 방역을 가장 잘한 나라의 하나로 꼽혔다. 특히 초기부터 방역에 디지털 기술을 적극 활용해 감염을 최소화했다. 정부가 앞장서서 방역 대책을 주도했는데, 그 중심에 오드리 탕 장관의 역할이 있다. 2020년 초 코로나19 확산으로 마스크 수요가 높아지자 탕 장관이 디지털 마스크 배급 시스템을 만들고, 이 시스템에 시민 개발자가 만든 '마스크맵'을 결합한 게 효과를 본 것으로 나타났다. 오드리 탕이 장관으로 입각하기 이전부터 시빅 해커로 활동해온 경험과 철학이 반영된 결과다. '시빅 해킹'은 디지털 기술의 영향력이 커짐에 따라 각종 사회 문제 해결에 개발자들의 역할도 확대되고 있음을 알려준다.

⁰²⁸ 프라이버시 디바이드

2013년에는 축구 국가대표인 구자철, 기성용 선수가 앞서거니 뒤서거니 결혼식을 올렸다. 막역한 사이로 알려진 두 스포츠 스타의 결혼식은 사뭇 달랐다. 유명 방송인을 아내로 맞은 기성용 선수의 연애와 결혼 과정은 파파라치 언론과 기성용 선수의 자발적 공개로 인해 상세히 중계됐다. 구자철 선수도 하객들 앞에서 식을 올렸지만 결혼식 사진도, 신부가 누구인지도 거의 알려지지 않았다. 신부가 비공개 예식을 요청한 까닭이다. 일반인이 유명인과 결혼하게 되면 어쩔 수 없이 어느 정도 프라이버시 침해를 감수해야 하는 것으로 여겨졌던 인식에도 변화가 생겼다. 이후 유명인의 가족들 중 사생활 보호를 이유로 이름이나 얼굴을 방송에 공개하기 거부하는 사례가 많이 눈에 띈다. 물론 부부 사이의 은밀한 사정이나 가정에서 일어나는 사적인 이야기를 방송에서 기꺼이 공개하는 사람들도 여전히 많고, 이런 '사생활 들여다보기' 형태의 방송 프로그램이 인기를 끄는 것도 현실이다.

이처럼 프라이버시에 대한 태도는 개인차가 크다. 각종 방송 프로그램에 나와 거침없이 속내를 드러내는 일반인이 있는가 하면, 사생활 공개를 극도로 꺼리는 연예인도 드물지 않다. 지상파 방송 앵커로 활동하던 한 여성을 만났더니 일상의 불편함을 토로했다. 여느 주부처럼 물건값을 흥정하거나 학부모 모임에 참석할 때마다 주위에서 "○○○ 앵커 아니세요?"라고 알은 체를 하는 통에 수시로 난처했다는 얘기였다. 대중에 노출되는 삶을 선택한 이들이 감수해야 할 몫이다.

2013년 가수 이효리 씨가 동료 뮤지션 이상순 씨와 올린 결혼식은 독특하게 진행됐다. 결혼을 준비하면서 두 사람은 제주에 땅을 구입한 뒤 상당한 기간 동안 집을 짓고 그 집에서 가족과 소수의 지인들만을 초청해 결혼식을 올렸다. 대형 예식장에서 동료 연예인들을 비롯해 많은 하객의 축하 속에 화려하게 치러지는 유명 연예인들의 결혼식과는 대조적이었다. 이효리 커플의 결혼식은 취재를 위해 몰려든 연예 매체들의 극성스러운 접근도 차단한 채 '비공개 가족 행사'로 소박하게 치러졌다. 이효리 씨는 결혼식 이틀 뒤에야 자신의 팬카페에 스스로 고른 몇 장의 결혼식 사진을 공개했다.

이효리 커플의 결혼식이 프라이버시 보호 관점에서 눈길을 끈 것은 정보 주체 스스로 자신이 어떤 정보를 어디까지 공개할지에 대한 명확한 인식과 통제권을 지닌 채 이를 실행한 유명인이라는 점이다. 대중의 관심과 인기에 의존하는 연예인 대부분이 카메라와 방송에 노출되는 것을 불가피한 것으로 여긴 것과 달리, 자신이 최대한 노출 정보를 통제하고자 노력한, 드문 경우이기 때문이다.

법원은 2001년 가수 신해철 씨의 결혼 상대를 실명 보도한 언론에 대해 손해배상 책임을 인정한 판결을 내렸다. 유명인과 결혼한다고 해서 공적 인물이 되는 것은 아니라고 판시해, 유명인 가족에 대한 사생활 권리를 보장한 것이다.

두 축구선수의 아내들 중 누가 더 행복한 결혼생활을 할지는 알 수 없는 일이다. 하지만 남들의 시선에서 벗어나 시장에 가고 카페를 찾는 일상의 즐거움을 누가 더 자유로이 누릴지 상상하기는 어렵지 않다.

디지털 기기 보유와 활용 능력 차이가 삶의 질 격차로 이어진다는 '디지털 격차'가 정보사회의 과제로 부상했다. 하지만 더 시급한 문제는 온라인 시대의 프라이버시 디바이드Privacy Divide다. 한번 인터넷에 노출되면 삭제되지 않고 무한 검색되는 세상이다. 사적 정보 노출이 초래할 장기적 위험을 알고 대처하는 능력이 자유로운 삶을 좌우할 필수 방책으로 떠오르고 있다.

029

디지털 제네바협약

1864년 처음 체결된 제네바협약은 전장에서 부상 군인에 대한 인도적 처우를 규정한 국제협약이다. 1859년 스위스의 은행가 앙리 뒤낭은 이탈리아 북부 롬바르디아 지역을 여행하다가 프랑스군과 오스트리아군이 벌인 전투의 참상을 목격하게 된다. 뒤낭은 국적에 관계없이 부상 군인을 보호하자는 제안을 담아 1862년 《솔페리노의 회상Un souvenir de Solférino》을 자비 출판하고 이 책을 유럽 각국의 주요 정치인과 군인들에게 선물했다. 뒤낭의 주장에 대한 공감과 호응은 제1차 제네바협약과 국제적십자운동으로 이어졌고, 1949년 마침내 전시 민간인 보호를 규정한 제4차 제네바협약으로 귀결했다.

인터넷이 만들어낸 사이버공간은 애초 현실 세계와는 전혀 다른 가상의 공간으로 소개되었고, 시간과 공간이라는 물리적 한계의 구속을 받지 않아 국경이나 문화권도 별 의미가 없을 것이라고 여겨졌다. 당연히 물리적 세계를 기반으로 설계된 지금까지의 각종 법률과 제도, 유무형의 규약과 문화도 사이버공간에서는 전혀 의미가 달라지거나 아예 작동하지 않을 것으로 예측됐다.

한마디로 사이버공간은 자유로움이 특징인 가상의 공간이었다. 특히 정보사회의 모퉁잇돌을 놓은 인터넷과 웹의 설계자들은 사이버공간을 자유의 공간으로 설계했다. 그들은 인간 이성과 기술의 긍정적 영향력을 믿었다. 인터넷 통신규약TCP/IP을 설계한 빈트 서프도, 월

드와이드웹을 고안한 팀 버너스리도 정보의 공유와 개방이 가져올 밝은 미래를 확신했다. 지식과 정보를 장벽 없이 모든 사람이 자유롭게 이용하게 되면 인터넷은 인류의 행복과 자유를 증진하는 도구가 될 것이라고 믿었다. 빈트 서프와 팀 버너스리는 그들이 개발한 인터넷 통신규약과 웹에 대한 지적 소유권을 전혀 주장하지 않았다. 인류 모두를 위한 도구로 쓰여야 한다는 믿음 아래 전면 개방했고, 오늘날 만인이 그 혜택을 누리고 있다.

미국의 정보인권 시민단체인 전자프론티어재단EFF의 활동가 존 페리 발로는 자유로운 사이버공간에 대한 신념과 낙관을 극단까지 밀고 갔다. 발로는 1996년 사이버 독립선언문에서 "우리는 사이버 스페이스에서 마음의 문명을 건설할 것"이라며 사이버 가상공간이 기존의 정부가 만든 세상보다 인간적이고 공정한 세상이 될 것이라고 선언했다.

하지만 정보기술과 인간 이성에 대한 신뢰와 사이버공간에 대한 낙관적 기대는 지나치게 순진했다. 사이버공간이 확대되어 전자상거래 시장과 중요한 여론 형성 마당, 핵심적 소통 수단으로 기능하고 현실 세계에 강력한 영향력을 끼치는 게 확인되면서 현실 세계의 권력들이 사이버공간을 손아귀에 넣고 통제하려는 움직임이 일어났다. 중국과 북한 등이 대표적이다.

독재국가만이 아니라 민주적 진영에서도 땅, 바다, 하늘에 이어 사이버공간을 제4의 영토로 선언하고 사이버사령부를 창설하는 국가가 늘고 있다. 우리나라도 2010년 국군 사이버사령부가 창설됐고 2020년엔 대통령이 사이버공간을 제4의 영토로 선언했다. 전쟁은 영역을 가리지 않는다. 러시아 사이버공격그룹은 2016년 미국 대선에 상당한 영향을 끼쳤고, 국가 간 사이버 전투로 인한 민간인 피해도 증가 추세다. 2015년 유엔의 전문가 그룹은 평화 시 각국 정부가 준수해야 하는 사이버 규약에 합의했고, 미국은 유사시 사이버 방어 전략을 수립했다. 국가 차원의 사이버 군사력 강화는 사이버 군축과 전투규칙 필요성도 낳고 있다.

2018년 미국의 정보기술 전문지 〈MIT 테크놀로지 리뷰MIT Technology Review〉는 병원과 전력망을 사이버 전쟁의 안전지대로 만드는 국제조약이 필요하다는 제안을 했다. 제네바협약이 네 차례 체결되며 보호 범위가 부상병, 전쟁포로, 민간인으로 확대된 것처럼 사이버 전쟁의 예외 영역을 합의해 나가자는 제안이다. 일종의 '디지털 제네바협약'이다.

030

시간의 역설

연말이나 생일을 맞을 때면 많은 사람이 시간의 속도를 실감하고 한탄하곤 한다. "왜 시간은 이토록 빠르게 흘러가는 것일까?" 더욱이 이메일과 문자 채팅, 모바일뱅킹 등 스마트한 기술과 시간 절약 도우미들이 갈수록 다양해지고 있는데 왜 나의 시간은 점점 빨라지고 줄어든 것처럼 여겨질까? 세탁기, 전기 밥솥, 로봇청소기 등 시간을 아껴준다는 자동화 도구를 더 많이 장만했는데 아껴진 시간은 허공으로 사라진 느낌이다.

무한한 흐름의 연속인 시간을 인위적으로 구분하고 계량화한 이후 인류는 더 시간을 의식하게 됐다. 아이작 뉴턴이 공간과 시간을 실재하는 실체로 규정한 것은 근대 과학의 출발점이다. 측정되는 과학의 시간은 균일하지만, 우리가 지각하는 시간은 그 속도가 주관적이다. 《시경》에는 15분가량의 시간이 3년과 같다는 '일각여삼추一刻如三秋'라는 표현이 있지만, 예부터 지나온 세월은 시위를 떠난 화살에 비유됐다.

특히 나이가 들수록 시간이 더 빠르게 흐른다고 느끼기도 한다. 왜 그럴까? 19세기의 프랑스 철학자 폴 자네는 1년이란 세월이 열 살에겐 인생의 10분의 1로 지각되지만, 쉰 살에겐 50분의 1로 느껴지기 때문이라고 설명했다. 네덜란드의 심리학자 다우어 드라이스마는 2001년 《나이 들수록 왜 시간은 빨리 흐르는가Why Life Speeds up as You Get Older》를 펴내 이 궁금증에 대해 다양한 설명을 내놓았다. 시간의 속도가 달리 느껴지는 건 기억을 통해 시간을 인지하는 데서 비롯한다. 과거를 돌아볼 때 망원경으로 멀리 있는 물체를 크게 보는 것처럼, 기억 속 사건 역시 가깝게 인지되기 때문에 시간적 거리가 짧게 느껴지는 것을 '망원경 효과'라고 부른다. 나이를 많이 먹어도 청년기를 생생하게 떠올리는 현상은 인생의 주요 사건들이 그 시기에 집중된 탓에 생기는 '회상 효과'다. 성년, 진학, 취업, 연애, 결혼, 출산 등 처음으로 겪는 기억이 강렬해, 오랜 시간이 지나도 잊히지 않는다는 것이다. 생리학적 연구는 나이가 들수록 생체시계가 느려져 상대적으로 시간이 빨리 가는 것처럼 느껴진다고 설명한다.

미국의 과학저술가 제임스 글릭은 현대인들이 '빨리빨리 병'을 앓고 있다며, 나이 대신 사회적 환경을 통한 설명을 제시했다. 그는 "우리가 더 많은 시간 절약 도구와 전략을 장만할수록 더욱 시간의 압박감에 시달리게 된다"라고 지적한다. 독일의 과학저술가 슈테판 클라인도 《시간의 놀라운 발견Zeit. Der Stoff, aus dem das Leben ist》에서 "시간이 부족하다는 것은 시간과는 별 관계가 없으며 어떤 태도와 관점을 갖느냐에 달려 있다"라고 말한다.

'빨리빨리'의 한국은 어느 나라보다 속도를 중시하는 사회다. 느린 것을 참지 못하고 기다리지 못하는 습성과 문화는 우리나라가 초고속인터넷과 모바일통신의 속도와 스마트폰 보급에서 세계 1등을 추구하게 만든 동력이다. 5세대 통신 기술의 가장 큰 변화로 전문가들은 '실시간성' '대기시간의 소멸'을 든다. 다른 말로 하면 '기다림의 소멸'이다. 현재 통신 속도보다 약 100배 빠른 5세대 통신에서는 다량의 데이터라도 대기시간 없이 생각하는 대로 실시간으로 구현되기 때문에 이전에는 엄청난 트래픽 때문에 구현할 수 없었던 홀로그램이나 촉각 기반의 가상현실 같은 서비스도 실감 나게 제공할 수 있다는 비전을 제시한다.

　　　일부 미래학자는 디지털 기술 발달로 인해 미래에는 '기다림'이라는 개념이 소멸할 것이라고 전망한 바 있다. 기다림은 이미 일상에서 빠르게 줄어들고 있다. 카페에서 친구를 기다리는 사람도, 정류장에서 버스를 기다리는 사람도 사실은 기다리는 게 아니라 스마트폰을 들여다보고 있다. 대부분의 공간에서 기다림의 행위는 모바일 기기 이용으로 대체되고 있다. 무의미한 시간을 적극적이고 생산적인 정보 이용 시간으로 바꾸는 행위일 수 있다. 그러나 기다림이 우리에게 불안과 지겨움만을 가져다준 것은 아니다. 무료함 속에서 자신과 상대를 돌아보게 만드는 계기도 기다림의 선물이었다.

031

정보 비만

음식물은 오랜 기간 인류의 생존을 좌우했다. 인류의 출현 이후 오늘날까지 인류 최대의 사망 원인은 질병과 기아였을 것으로 추정된다. 우리나라 역시 1960년대까지만 해도 먹을 것이 부족해 적지 않은 사람들이 고통스러운 삶을 살았다. 여전히 식량이 부족한 일부 지역이 남아 있지만, 인류가 보편적인 기아 상태를 벗어난 지는 그리 오래되지 않았다. 음식물 부족은 몇십 년 전까지 많은 사람의 생명을 위협해온 요인이지만, 오늘날은 음식물 과잉이 숱한 사람의 건강과 생명을 위협하는 상황이다.

〈BBC〉가 2019년 보도한 바에 따르면, 세계적인 의학 저널 〈랜싯The Lancet〉은 1년에 전 세계에서 음식물과 관련된 사망이 전체 사망의 20%에 해당한다는 논문을 게재했다. 이는 우리가 매일 먹는 음식이 흡연보다 더 큰 사망 원인이라는 얘기다. 특히 음식물 중 최대의 사망 유발 원인은 소금이다. 1년 중 식습관과 연관된 사망 1000만~1100만 건이 심혈관 질환으로 인한 사망이라는 사실은 소금 과다 섭취가 얼마나 심각한 문제인지를 보여준다. 과도한 소금 섭취는 혈압을 상승시켜 심장발작과 뇌졸중 위험을 높인다. 과도한 당분과 지방 섭취가 비만을 유발하고 건강을 위협한다는 것은 이제 상식이다. 하지만 일상적 식단에서 세계보건기구가 권장하는 수준으로 염분, 지방, 당분 섭취를 제한하는 것은 간단한 원칙이고 누구나 알고 있지만, 실제로 이를 일상적인 식

습관으로 만드는 것은 매우 어려운 일이다.

디지털 세상에서는 '정보 비만'이라는 신종 질환이 번지고 있다. 캘리포니아대학교 샌디에이고 캠퍼스의 2009년 연구를 보면, 미국인은 하루 평균 11.8시간을 컴퓨터 등으로 정보를 소비하며 시간을 보낸다. 스마트폰 대중화 이전의 통계인 것을 고려하면 상황은 더 심각하다.

《정보 다이어트The Information Diet》란 책을 펴낸 정보시민단체인 선라이트 랩Sunlight Lab의 디렉터 클레이 존슨은 정보 비만 시대엔 사용자가 의식적으로 정보 다이어트를 해야 한다고 주장한다. 아는 게 힘이고 정보가 곧 권력이지만, 정보가 넘쳐나면서 현명한 정보 취득은 더 어려워졌다. 정보 더미에서 원하는 것을 잘 찾아주는 구글, 나와 관련된 사람을 연결해주는 페이스북의 성공도 정보 과잉 시대의 수요에 잘 대처한 덕이다. 넘쳐나는 정보를 걸러내 알짜를 간추려주는 기술 경쟁도 뜨겁다. 인터넷에서 뉴스와 검색, 쇼핑과 광고 등은 갈수록 필터링, 맞춤화, 큐레이션 기술을 적용하고 있다. 불편한 광고는 빼주고, 필요한 것은 애써 찾지 않아도 모아서 알려주는 개인화 기술은 유용하지만 맹점도 있다. 맞춤화된 정보는 스스로 선택했고 나를 위해서만 만들어진 정보이므로 지나친 소비에 무감각해질 수 있기 때문이다.

몸의 비만은 쉽게 드러나지만, 정보 비만은 다르다. 정크푸드처럼 이윤을 위해 정성과 시간을 들이지 않고 믿을 수 없는 재료로 값싸게 만든 정크 정보가 인터넷의 관문이라는 포털에 널린 세상이다. 연예인의 시시콜콜한 잡담은 물론 방송 드라마와 예능 프로그램의 줄거리가 포털의 주요 뉴스로 걸리고 있다.

다이어트가 어려운 이유는 사람이 오랜 진화의 역사를 거치면서 소금, 설탕, 지방이 들어간 음식을 더 많이 섭취하도록 신체 구조가 적응했기 때문이다. 이러한 본능 덕에 인류는 험난한 환경 속에서도 살아남을 수 있었지만, 이런 음식 성분이 넘쳐나는 현대에는 비만과 성인병의 요인이 되고 있다. 정보 생활도 비슷하다. 정보가 부족하던 시절에 형성된 우리 뇌는 새롭고 자극적인 정보가 주어지면 무조건 주의를 기울이고 도파민을 분비하는 방식으로 작동한다. 기계에 의한 정보 생산과 이용은 점점 더 늘어날 것이고, 무한한 정보를 이용하는 데 나의 제한된 시간과 주의력을 어떻게 적절히 사용하느냐는 문제가 점점 더 중요해진다. 정보 활용법인 디지털 리터러시 교육이 시급한 이유다.

032

업그레이드 피로

디지털 기기는 업그레이드가 중요하다. 온라인을 통한 원격 기능 개선이 디지털 기기의 주요한 특징이다. 소프트웨어 업그레이드업데이트를 통해 오류를 해결할 뿐 아니라 아예 새로운 기능을 추가하거나 활성화할 수도 있다.

애플이 독특한 팬덤 문화를 지닌 기업이 된 배경에는 단순함과 디자인, 직관적인 사용 편의성 말고도 소프트웨어 업그레이드가 있다. 대표적인 게 아이폰 출시 뒤 제공되었지만 아이폰의 차별성을 부각시킨 앱스토어. 앱스토어는 아이폰 출시 1년 뒤인 2008년 개설돼 사용자들을 열광시켰다. 애플은 2008년 9월 미디어플레이어 아이팟터치 2세대를 판매할 때 블루투스 기능을 제공하지 않았으나 6개월 뒤 운영체제 업데이트를 통해 내장된 블루투스 칩셋을 활성화시키며 사용자들을 매료시켰다. 2010년엔 아이폰 운영체제iOS4를 내놓으며 전자책인 아이북 기능을 제공하고 2011년 iOS5 때는 음량 버튼으로 사진 촬영 버튼을 대신할 수 있게 해주고 아이메시지 기능을 추가했다. 2012년 iOS6 때는 음성 비서인 시리를, 2013년 iOS7 때는 제어센터와 에어드롭 등의 기능을 추가하는 등 애플 사용자들은 운영체제 업데이트를 통한 새로운 기능 제공이 애플의 차별적인 사후서비스라고 만족해왔다.

그런데 2017년 애플은 아이폰6 등 출시 2년이 지난 아이폰 모델들의 속도를 고의로 떨어뜨려온 사실이 드러나 비난을 받았다. 그동안 추측으로만 제기되던 의혹이 미국 정보기술 매체를 통해서 사실로 확인되자 애플도 시인했다. 애플은 "아이폰 배터리는 잔량이 적어지면 전력 공급에 차질이 생긴다"라며 원활한 전력 공급을 위해 스마트폰 성능을 낮추는 소프트웨어 업데이트를 했다는 것이다. 팬덤 형성의 배경이던 운영체제 업데이트가 소비자의 뒤통수를 친 격이다. 애플은 2016년부터 이런 업데이트를 해왔지만 외부에서 실험을 통해 확인하기까지 한 번도 언급한 적이 없었다. 〈포브스Forbes〉는 "애플의 사실 은폐는 소비자를 상대로 사기를 친 것과 같다"라고 비판했다.

업그레이드로 새 기능을 얻는 이익도 있지만 이로 말미암은 피로 역시 함께 늘고 있다. 필요성을 느끼지 않는데도 업그레이드에 내몰리기 때문이다. 최신 운영체제로 갱신하지 않고 스마트폰을 구입 당시 환경으로 쓰고 있다면, 사용자는 아무 불편을 못 느껴도 주변에서 '미개인' 취급을 하기도 한다. 디지털화는 최신품이 아닌 것을 낡고 쓸모없는 것으로 규정하면서, 무한 진전하는 게 속성이다. 디지털 경쟁이 격화돼 혁신 속도가 빨라지고 쉴 새 없이 새로운 제품과 서비스가 선보이면서, 이를 따라잡는 삶도 피곤해졌다. 구입하고 뒤돌아서면 구닥다리가 돼 있다.

불편을 느끼지 않아 업그레이드를 꺼리면, 기업이 "왜 더 좋은 서비스가 있는데 안 바꾸려 드느냐"며 고객을 압박하고 '알박기 소비자'라고 힐난하는 경우도 있다. 서비스 품질을 떨어뜨리고 사용자를 불편하게 내몰아 결국 떠나게 하는 방법이 동원될 정도다. 특히 이는 통신기술과 단말기 영역에서 흔하게 일어나는 일이다. 이동통신 기술은 기술 방식에 따라 세대로 구분된다. 음성통화 중심의 1세대아날로그 셀룰러, 디지털 방식의 2세대TDMA, GSM, 데이터통신 위주의 3세대WCDMA, 동영상 위주의 4세대LTE, 속도를 더 높인 5세대5G로 진화했다. 국내 이동통신사들은 2세대 이동통신 서비스를 끝내고 그 주파수 대역에서 4세대 서비스를 하겠다는 정책을 펼쳤는데, 이 과정에서 고의적 서비스 품질 저하와 강제 번호 변경 등 소비자 피해도 유발했다. 컬러 전환, 디지털 전환 등 텔레비전 전파의 송출방식 개선 과정에서도 비슷한 일이 벌어졌다. 기업 경쟁 논리에 이용자 피해가 방치된다면 앞으로 더 잦아질 업그레이드에서 소비자의 권리는 다운그레이드될 것이다.

⁰³³팀 쿡의 애플

  2011년 8월 팀 쿡이 애플의 최고경영자에 오르자, 애플의 정체성과 성공이 유지될지에 관심이 쏠렸다. 애플의 창업자 스티브 잡스만큼 한 개인이 기업 또는 제품과 동일시된 경우는 유례가 거의 없다. 잡스는 기업의 통상적인 제품 발표회를 어떠한 대중 공연 무대보다 흥미진진한 이벤트로 연출했고 세계의 이목을 집중시켰다. 잡스가 무대에서 "그리고 하나 더one more thing"를 외치면, 발표회장은 신흥종교 집회 현장을 방불케 하는 곳으로 변했다.

  2014년 〈월스트리트 저널〉 기자였던 유카리 케인은 잡스 사후의 애플을 '유령의 제국'이라고 표현한 책을 펴냈다. 그는 스타이자 이상주의자인 잡스와 달리 쿡은 무대 매니저이자 현실주의자로, 잡스의 창의성 없이 쿡의 실용주의가 빛을 발하기 어려울 것이라고 전망했다. 애플은 1984년 매킨토시 컴퓨터 광고에서 젊은 여성이 IBM과 좀비 인간들의 세계에 해머를 던져 박살낸다는 메시지를 담았다. 애플의 모토는 '다르게 생각하라'였다. 쿡의 애플은 2014년 7월 잡스가 '타도 대상'으로 삼았던 IBM과 손을 잡고 기업 시장을 함께 공략하기로 했다. 아이패드 미니, 6인치 아이폰 등 잡스가 "출시하자마자 사망Death on Arrival"이라며 독설을 퍼부었던 카테고리의 제품도 내놓으며, 잡스의 '유훈 경영'을 무시했다.

  쿡이 최고경영자를 맡을 2011년 8월 당시 애플의 주가는

54달러였다. 10년이 지난 2021년 4월 애플의 주가는 약 130달러인데 주식이 두 번의 액면 분할2014년 1주→7주, 2020년 1주 →4주을 통해 1주가 28주로 분할된 것을 감안하면 주가가 60배6000% 이상 폭등한 셈이다. 팀 쿡은 10년 만에 정보기술 분야를 넘어 최고 수준의 기업가치를 만들어낸 것이다. 미국 경제전문지 〈포춘Fortune〉은 쿡을 2015년 세계 최고의 지도자로 뽑았다. 〈포춘〉은 쿡을 선정한 이유에 대해 탁월한 기업적 성공과 함께 동성애자임을 밝히고 각종 사회 문제에 대해 적극적으로 발언함으로써 세계적 역할 모델이 됐기 때문이라고 밝혔다.

　　　　미국 앨라배마주 출신의 '조용한 남부 사내'였던 쿡은 애플 사령탑을 맡은 이후 에이즈 방지, 이민 개혁, 교육 접근권, 여권 신장, 사생활 보호 등 인권과 평등에 대한 적극적인 발언과 기부에 나서고 있다. 쿡은 2014년 〈비즈니스위크Bloomberg Businessweek〉 기고에서 "솔직히 사생활을 공개하는 커밍아웃이 내키지 않았다. 다른 사람들을 도울 수 있다는 게 아니었다면 공개하지 않았을 것"이라고 말했다. 그는 "혜택을 많이 받은 사람에겐 많은 요구가 따른다"라며 도덕적 책무에 대해서도 덧붙였다.

　　　　그는 2015년 3월 29일 〈워싱턴포스트〉 기고 '차별적인 종교 자유법은 위험하다Pro-discrimination 'religious freedom' laws are dangerous'를 통해 미국의 20개 넘는 주가 도입하려고 하는 종교자유법이 차별을 정당화한다고 비판하며, 애플은 차별 없이 열려 있음을 강조했다. 쿡이 단순히 애플의 성공을 이어간 잡스의 성공적 후계자라는 걸 넘어 새로운 세계적 역할 모델이 된 진짜 이유는 〈포춘〉이 세계 1위의 지도자로 발표한 이후에 드러났다.

　　　　그는 기부활동을 거의 하지 않던 스티브 잡스와 대조적 행보를 보였다. 쿡은 2015년 열 살짜리 조카에 대한 교육 지원이 끝나는 대로 모든 재산을 사회에 환원하겠다고 밝힌 바 있다. 당시 그의 재산은 8800억여 원으로 추산됐는데, 이후 그 가치는 애플 주식과 함께 폭등했다. 쿡은 이미 조용히 기부를 시작했으며 사후 기증이나 자선단체에 돈을 주는 대신 체계적으로 쓰는 방법을 연구할 것이라고 밝혔다. 앤드류 카네기, 척 피니, 워런 버핏, 빌 게이츠에 이어 미국 기업인 중에서 또 한 명의 기부 아이콘이 예고된 셈이다. 유례 드문 카리스마 리더로부터 '다르게 생각하라'라는 특별한 기업 목표를 전수받은 후계자는 '다르게 행동'하는 것으로, '쿡의 애플'을 만들어가고 있다.

⁰³⁴ 셀카

2013년 말 영국《옥스퍼드 영어사전The Oxford English Dictionary》은 '올해의 단어'로 '셀피Selfie, 셀카'를 선정했다. 이후에도 셀카의 열기는 식지 않고 있다. 새 스마트폰 출시 때마다 제조업체들은 '셀카 촬영 최적화'를 홍보한다. SNS에선 '극한의 셀카'가 인기리에 공유되고 있다. 절벽 끝이나 고층빌딩에 아슬아슬 매달린 사진은 평범한 수준이다. 전투기 조종석이나 스카이다이빙 도중의 셀카에 이어 2013년 12월 24일 지구를 배경으로 한 '우주 셀카' 등장으로 '셀카 올림픽'의 순위 다툼이 종결됐다. 미국 항공우주국NASA의 우주비행사 마이크 홉킨스가 우주 유영 도중 셀카를 찍어 인스타그램에 올린 것이다.

우주비행사 버즈 올드린이 찍은 셀카.

극한의 셀카 후유증도 심각하다. 셀카 촬영으로 인한 비명횡사가 끊이지 않는다. 유라시아대륙 서쪽 끝인 포르투갈 호카곶 절벽에서 폴란드인 부부가 셀카를 찍으려다 추락해 숨진 것을 비롯해, 멕시코시의 한 청년은 총이 장전된 줄 모른 채 권총의 방아쇠를 당기는 셀카를 찍다 사망했다. 러시아 소녀 크세니야 이그나티예바는 철교 위에서 셀카를 찍으려다 감전사했고, 미국 여성 코트니 샌퍼드는 고속도로 운전 도중 셀카를 찍다가 트럭을 들이받고 사망했다. 이탈리아의 한 학생은 해안 절벽에서 셀카를 찍다 18미터 아래로 떨어졌고, 필리핀 파시그시에서는 14세 소녀가 학교 계단통에서 셀카를 찍다 추락사했다. 2018년 6월 〈워싱턴포스트〉는 2011년부터 6년 동안 셀카를 찍다 사망한 사람이 최소한 259명이라는 인도 연구진의 연구를 인용해 보도했다.

자신의 모습을 끊임없이 확인하려는 인간 본능이 스마트폰의 셀카 기능과 디지털 카메라를 만나면서 이런 상황이 생겨났다. 거울이 발명되기 이전의 인류는 평생 자신의 얼굴을 볼 일이 많지 않았을 터이다. 호수와 물웅덩이에 비춰보거나 또는 상대를 통해서 간접적으로 확인할 수 있었을 것이다. 이처럼 억눌렸던 욕구가 스마트폰의 셀카 기능, 디지털 카메라를 만나면서 폭발했다. 여행지에서, 음식 앞에서, 공연장에서 만사를 제치고 셀카를 찍는 사람들이 많은 것은 수시로 거울을 보는 것처럼 뿌리 깊은 인간 본능에서 유래한 행위이다.

스마트폰 이전의 휴대전화에도 카메라 기능이 있었지만 셀카가 유행하고 확산된 배경에는 SNS가 있다. 페이스북, 트위터, 인스타그램 같은 소셜네트워크에서 사진이 공유되기 시작하면서 차원이 다른 셀카 시대가 열렸다. 내 얼굴이 더 예쁘게 나오도록 '찍고 또 찍는' 셀카지만 본질적으로 그 목적은 자기만족보다는 관계 형성에 있어 보인다. 나를 더욱 매력적으로 보이게 만들어 다른 사람들에게 더 인정받고 친밀한 관계를 맺고자 하는 욕망이 셀카의 뿌리다. 그래서 셀카는 '나'를 찍는 자아도취적 행위이지만 동시에 '관계'를 지향한다고 볼 수 있다.

셀카 욕망에 관해서, 일찍이 자신의 얼굴을 열심히 담았던 화가들의 시선을 고려할 필요가 있다. 17세기 네덜란드의 렘브란트와 19세기 프랑스의 반 고흐는 자화상으로 유명한 화가다. 이들은 평생에 걸쳐 자신들의 모습을 담은 자화상을 여럿 남겼고, 미술사에서 높은 평가를 받는다. 렘브란트와 고흐의 자화상이 여느 화가의 자화상보다 높이 평가되는 이유는 아름답거나 사실적이어서만이 아니다. 렘브란트는 몰락한 노년의 쓸쓸한 모습의 자신을, 고흐는 광기에 휩싸여 스스로 자신의 귀를 자른 모습을 화폭에 담았다. 작품에 화가의 내면까지 진솔하고 생생하게 담아낸 치열한 작가정신이 예술사에 뜻깊게 기록된 것이다.

셀카가 자화상은 아니지만, 더 많은 '좋아요'를 위해 극한의 포즈를 취하는 것보다 자신이 셀카를 통해 표현하고 싶은 자신만의 이미지와 의도를 담는 게 중요하다는 것을 자화상의 대가들은 알려준다.

⁰³⁵ 셀카봉

미국의 시사주간지 〈타임TIME〉은 '2014년 최고 발명품' 중 하나로 '셀카봉'을 선정했다. 그러나 셀카봉은 이내 곳곳에서 '민폐 아이템'이 됐다. 2015년 3월 프랑스의 베르사이유 궁전과 영국 런던의 국립미술관은 관광객들의 셀카봉 사용을 금지한다고 발표했다. 파리 오르세미술관은 아예 사진 촬영 자체를 금지한다. 〈르몽드Le Monde〉에 따르면, 루브르박물관과 퐁피두센터도 셀카봉 금지를 검토했었다. 미국 워싱턴디시D.C.의 스미소니언 박물관들은 카메라 휴대와 촬영은 허용하지만 셀카봉 사용을 금지했다. 시카고와 디트로이트의 아트인스티튜트, 뉴욕의 근대미술관MoMA과 메트로폴리탄 박물관, 구겐하임미술관, 로스앤젤레스의 게티센터와 게티빌라도 셀카봉 반입을 금지했다. 오스트레일리아 캔버라 국립미술관도 셀카봉 금지다. 이탈리아 로마의 콜로세움 역시 방문객들이 셀카봉을 휴대하지 못하도록 했다. 이 조처는 두 명의 미국 관광객이 콜로세움 벽에 자신들의 이름을 새긴 뒤 셀카봉으로 사진을 찍다가 체포된 직후 생겨났다.

유적지와 박물관만이 아니다. 2015년 초 도쿄 디즈니랜드는 입장객들의 셀카봉 사용을 금지했다. 영국 최대 실내공연장인 그리니치의 오투아레나도, 싱가포르 국립경기장도 셀카봉을 금지했다. 남미 국가들은 축구장에서 셀카봉 사용을 차단하고 있으며, 브라질 리우카니발 행진에서도 셀카봉은 금지됐다. 여행객의 필수품으로 각광받는 셀카봉이 정작 세계적 관광지에서는 사용이 금지되고 있는 것이다.

　　유명 박물관과 경기장의 셀카봉 금지 정책은 셀카봉의 인기에서 비롯한다. 한두 사람이 아니라, 수많은 사람이 동시에 1m 길이의 쇠막대를 머리 위로 치켜든 상황의 잠재적 위험 때문이다. 유물이나 전시품을 훼손할 수 있다는 우려와 셀카봉 촬영자들로 인해 다른 사람들의 시야가 방해받고 차분한 감상 분위기를 어수선하게 만든다는 관람객들의 불만이 주된 이유다. 경기장과 축제에서는 유사시 흉기로 사용될 수 있다는 우려도 금지 사유에 보태졌다.

　　셀카봉의 잘못이 아니다. 사용자들이 적절한 때와 장소를 구분하지 못한 채, 셀카봉을 아무 데서나 치켜드는 게 문제다. 사실 셀카봉은 새로운 발명품이 아니라 사진 전문가들이 사용하던 모노포드일각대의 한 유형일 뿐이지만 대중화되면서 문제도 함께 나타났다. 과거 카메라와 함께 삼각대나 모노포드를 갖고 다니는 사람들은 어떤 상황에서 도구를 사용해야 하는지에 대한 판단과 경험이 풍부한 경우가 많았다. 이젠 달라졌다. 셀카봉은 값도 싸고, 휴대도 간편하다. 사용법은 따로 익힐 필요도 없을 정도로 간단해 누구나 휴대하고 다룰 수 있다.

　　디지털 기술 발전과 개인화 추세도 배경이 되었다. 기기들은 더욱 손쉬운 휴대가 가능해져서 늘 지니거나 몸의 일부처럼 부착하게 된다. 도구가 더욱 개인화되어 신체의 일부처럼 늘 휴대하게 되는 상황은 기술의 사용에 관해 새로운 문제를 던진다. 나는 개인적 도구로 사용하고 있지만 그 쓰임은 나의 목적을 넘어 사회적으로 영향을 끼치는 상황이 된다. 나의 '개인적 용도'가 다른 사람들의 이익이나 안전 또는 심리에 새로운 위험이 될 수 있기 때문이다.

　　그래서 신기술을 실생활에 활용하는 상황에서는 사용자의 성찰과 에티켓도 필요하지만, 설계와 개발 단계에서부터 그것이 미칠

사회적 영향에 관한 다양한 고려가 필수적이다. 기술이 실제 사용되는 상황에서 나타날 사회적 영향을 충분히 고려하지 못하면, 그 기술은 개발자의 확신이나 기대와 달리 사용자들에게 외면당하게 된다.

⁰³⁶ 구글안경

2014년 12월 대만 타이베이시에서 열린 아시아비트를 둘러 봤다. 성공을 꿈꾸는 정보기술 분야의 아시아 5개국 스타트업들이 참가해 첨단 기술과 창의적 아이디어의 서비스를 알리는 행사였다. 사회관계망과 스마트폰의 다양한 기능을 활용한 서비스를 선보였는데, 동작을 감지하는 피트니스 기능의 웨어러블 기기들과 사물에 통신 기능을 부착한 사물인터넷 서비스 등은 곧 닥칠 미래의 생활상을 그려볼 수 있게 했다.

그중에서도 동전만한 크기의 통신 단말인 비콘beacon을 활용한 서비스가 눈길을 끌었다. 비콘은 블루투스나 사람에게 들리지 않는 영역대의 주파수를 활용해 약속된 단말과 정보를 주고받는 위치기반 서비스 장치다. 단추전지 하나로 1년 동안 작동하고 크기가 작은데다 스티커와 같은 형태로 변형도 가능해, 사물인터넷 서비스의 기대주다. 기존의 이동통신사 기지국이나 와이파이보다 정교한 위치 파악을 실시간으로 할 수 있고, 복잡한 통신 기능 없이도 작동해 활용범위가 넓다. 결제 등 다양한 부가기능을 위해 스마트폰에 탑재되는 근거리무선통신칩 NFC과 달리, 별도의 접촉 없이도 비콘을 인식할 수 있는 앱을 설치한 스마트폰 등 단말이 있으면 서비스 영역 안에서 정보를 제공해준다.

이 행사에서 한 업체는 비콘을 활용한 위치정보 앱을 전시했다. 가족 간 위치 공유를 통해 안전을 높이는 서비스다. 24시간 동안의 이동 경로를 가족끼리 공유하고, 긴급 상황에서 구조신호를 보낼 수 있고, 택시 탑승 시 탑승 정보를 보내는 안심귀가 기능 등이 있다. 휴대전화를 갖고 있지 않은 아이의 외투 속에 비콘을 넣어놓거나, 치매 증세의 어르신 신발에 부착해 그들의 행방을 몰라 애태우는 일을 없게 만들겠다는 계획도 서비스 목록에 있다. 반려동물의 목줄에 비콘을 부착해놓으면, 강아지와의 산책은 더 자유로워질 수 있다. 이런 특징 때문에 애플, 페이팔, 퀄컴, SK텔레콤 등 많은 업체들이 비콘을 활용한 사업에 적극 뛰어들고 있다. 비콘을 설치한 상점 앞을 지나갈 때 저절로 쿠폰이 발급되고, 자전거나 가방 등에 비콘을 부착해 놓으면 분실 시 위치추적이 가능하다.

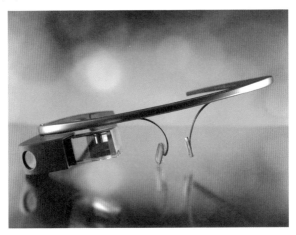

댄 레베일이 찍은 구글안경(출처: twitter.com/danlev).

하지만 이런 편리한 기술은 초기 단계에서부터 기술이 다양한 용도로 사용될 가능성을 함께 고려해야 안착이 가능하다. 스토킹이나 범죄 목적으로 상대의 차량 어딘가에 동전 크기의 비콘 하나만 숨겨놓으면, 누군가에게 현 위치와 이동 경로가 고스란히 제공될 수도 있기 때문이다. 악용 의도에 대비하지 못한 채 기술의 한쪽 면만을 보고 서비스하고 개발하면, '사악한 도구'가 될 수 있다. 2010년 출시된 '오빠믿지'

라는 국내 개발 앱은 전화번호만 입력하면 상대방의 동의 여부와 상관없이 개인의 위치정보를 알려줬다. 개발사는 연인의 위치를 실시간으로 파악할 수 있다고 홍보했고 실제로도 높은 인기를 끌었지만, 결과는 스토킹을 위한 '악마의 앱'이었다. 결국 '오빠믿지'는 사생활 침해 혐의로 개발자가 입건되고 서비스는 중단됐다.

미국 〈타임〉이 '2012년 최고의 발명품'으로 선정한 구글안경은 2014년 일반 소비자용으로 1500달러약 160만 원에 시판이 됐지만, 거의 팔리지 않았다. 〈비즈니스 인사이더Business Insider〉는 2014년의 실패한 기술로 구글안경을 꼽았다. 구글안경은 눈에 보이는 모든 것을 동영상과 사진으로 촬영하고 인터넷으로 즉시 공유할 수 있는 상품이다. 구글안경의 실패 이유는 기능이나 가격과 같은 개발자와 판매자 중심의 관점만을 반영했기 때문이다. 사용자들의 문화와 사회규범을 충분히 고려하지 못한 채 개발된 제품의 한계다. 구글안경을 착용한 사람이 카페 한 구석에 앉아 있다고 생각해보면, 이 기기의 실패 이유를 이해하기 쉽다. 사람을 먼저 생각해야 기술도 성공할 수 있는 법이다.

⁰³⁷ 웨어러블

　　최근 한 동료와 식사를 하던 중 주위에서 시냇물이 흐르는 것 같은 소리가 들려 잠시 두리번거렸다. 마주한 동료가 자신의 스마트폰에서 나는 소리라고 알려주었다. 탄산이나 당분 등 첨가물이 들어간 음료 대신 물을 충분히 마시는 게 건강에 좋다고 해서 스마트폰에 '물 마시기 앱'을 깔았다는 것이다. 때가 되면 물 흐르는 소리를 통해 물 마실 시간을 알려주고, 하루 목표량과 마신 양을 관리할 수 있게 해주는 앱이다.

　　툰드라 지역에 사는 이누이트족은 눈 덮인 벌판을 수십 킬로미터씩 개 썰매로 이동하면서 사냥으로 생활해왔다. 위치 식별에 도움을 줄 만한 큰 산이나 강이 없고 눈 폭풍에 수시로 지형이 변화하는 곳이지만, 이누이트족은 지도나 나침반 없이 수천 년 삶을 이어왔다. 그들의 언어에서 유독 눈을 가리키는 표현이 많은 것에서 알 수 있듯이 이누이트족은 기후, 조수, 천체의 움직임에 대한 지각을 발달시켜 고유한 길 찾기 능력을 전승해왔다. 하지만 2000년대 이후 설상차와 위성항법장치 GPS가 보급되면서 이누이트족이 길을 잃고 사망하는 경우가 늘어났다. 첨단 기기에 의존해 악천후에 사냥을 나갔는데 기기가 고장 난 탓이다.

　　자동화 기기와 서비스가 생활을 바꾸면서 이에 대한 의존도가 높아지고 있다. 엘리베이터는 힘들이지 않고 고층 건물을 오르락내리락할 수 있게 하고, 지하철 계단도 에스컬레이터로 대체되고 있다. 몇 계단 안 되는 곳도 에스컬레이터가 설치되면 보행자들은 줄을 서서 기계를 이용하고 이전처럼 계단을 이용하지 않는 경향이 있다. 하지만 근육과 감각기관을 덜 사용하게 만드는 기기가 항상 최선의 기술은 아니다. 기술은 수고로움 없이 목표에 도달할 수 있게 해주지만, 과도한 의존은 생존과 건강에 필수적인 근력과 감각을 퇴화시킨다.

최신 스마트워치와 같은 착용형웨어러블 기기는 심박센서, 혈중 산소포화도 측정 등 의료용 기기 기능도 지닌다. 스탠퍼드대학교 연구진이 2017년 미국 50개 주에서 8개월 동안 애플워치 사용자 41만 9000여 명을 대상으로 실험을 진행했는데, 애플워치 심박센서가 건강해 보이는 사람 일부에게서 심장박동 이상을 감지해냈다고 발표했다. 심방잔떨림심방세동이라는 심장 이상 증세인데, 심방이 불규칙적으로 가늘게 떨리는 부정맥 증상을 일컫는다. 이 증상이 만성화하면 심장에서 혈전이 생겨나 뇌경색을 유발할 수도 있다. 증상이 확인되면 혈액을 묽게 만드는 약을 처방해 심장이 효율적으로 작동하도록 조처한다.

하지만 영국의 과학전문지 〈뉴 사이언티스트〉는 "스마트워치로 심장을 모니터하는 것은 건강에 오히려 악영향을 끼칠 수 있다"라고 보도했다. 의사에 의한 정식 진단이 아니라 비공식적인 방법백도어을 통한 대규모 자동 모니터에는 긍정적 측면과 부정적 측면이 병존하는데, 실제로는 부정적 효과가 훨씬 더 크다는 논리다. 이런 기기 사용을 통한 심박 모니터링에서 기대할 수 있는 최대 효과는 질병을 초기에 발견해 나쁜 결과를 피할 수 있게 해준다는 점이다. 하지만 최악의 경우에는 질병 발견 자체보다 이러한 기기를 통한 자가 모니터링으로 인해 건강상태에 대해 그릇된 낙관을 갖게 만들거나 불필요한 걱정과 과잉 치료를 유발할 수 있다.

영국 국가보건국의 지침은 명확하다. "심방세동을 모니터하지 말라"라는 것이다. 영국 국가보건국이 심방세동 증상을 치료해온 의학적 증거를 기반으로 내린 판단이다. 영국 국가보건국은 웨어러블 기기를 통해 심방세동을 모니터하는 행위가 국민 보건에 결코 효과적이지 않다고 본다. 심장 이상을 조기 발견하고 치료에 들어가는 행위로 인해 가져올 편익이 있긴 하지만, 이는 아무런 증상 없는 수많은 사람들을 위험에 처하게 하는 행위보다 절대 크지 않다는 것이다.

⁰³⁸3D 프린터

    3D ^{3차원} 프린터가 다양한 제품을 손쉽게 만들어내며, 물건 제조의 오래된 형태를 바꿔가고 있다. 공장과 설비, 전문 인력을 갖춘 대량생산 위주였던 산업사회의 제품 생산 방식을 3D 프린터는 개인이 일상공간에서 오픈소스를 활용해 손쉽게 손수 제조^{DIY}할 수 있는 형태로 바꿔가고 있다.

    3D 프린터란 컴퓨터디자인^{CAD} 프로그램으로 만든 설계도대로 입체적 물체를 만들어내는 기계다. 프린터 노즐에서 잉크 대신 합성수지나 금속성 물질을 분사해 얇은 막을 쌓아 올리거나 레이저를 이용해 플라스틱, 금속, 콘크리트 등을 설계도대로 깎아낸다. 주로 산업용 모형 제작이나 교육용으로 활용되어 왔는데 1000달러 안팎의 제품까지 나왔다. 유튜브에는 플라스틱 모형을 비롯해 동력장치를 갖추고 비행하는 모형항공기에 이르기까지 3D 프린터로 만들어낸 다양한 물체의 동영상이 있다.

    미국 시사주간지 〈타임〉은 3D 프린터를 2012년 최고의 발명품에 포함시켰고 외교전문지 〈포린 폴리시^{Foreign Policy}〉도 2013년 주목받을 10대 국제 뉴스에 3D 프린터를 선정했다. 인터넷에 여러 제품의 컴퓨터 설계도와 제조 방법이 공개되어 있고, 3D 프린터를 이용해 누구나 설계도대로 제품을 만들어내는 새로운 가내공장^{home fabrication}의 시대가 가능하다는 예측이다. 오픈소스와 3D 프린터를 활용한 프로젝트 '파브앳홈www.fabathome.org'은 '모든 걸 만들어보자'는 게 구호다.

마셜 매클루언은 일찍이 프린터의 등장을 보고 "구텐베르크는 만인을 독자로 만들었고 제록스는 만인을 발행인으로 만든다"라고 말했다. 프린터가 누구나 매체의 발행인이 될 수 있도록 했다면, 3D 프린터는 누구나 원하는 것을 집 안에서 손수 만들어낼 수 있는 미래를 예고한다.

현재는 제품 모형Mock up이나 장난감 제작용, 교육 실습용으로 주로 활용되고 있지만, 점점 활용 범위가 확대되고 있다. 3D 프린터는 공장도 없이 정교한 부품을 만들어내는 것을 넘어, 의료용 장기 제조, 주택 건설에 도전하고 있다. 특히 미래에는 우주선 안에서 직접 부품을 만들거나 화성에 인간 거주 시설을 건설하는 등 우주시대를 열어갈 핵심적 도구로 기대받고 있다.

실제로 미 항공우주국은 3D 프린터를 활용해 로켓의 일부분을 만드는 작업에 성공했으며, 화성 등 장거리 우주비행 때 고장 난 부품 수리나 필요한 물건을 3D 프린터로 직접 만들어 쓰는 방법을 연구 중이다. 1970년 달 착륙 비행 중이던 아폴로 13호가 산소탱크 폭발로 위기에 빠지자 우주비행사들이 우주선 안의 잡동사니를 모아 공기필터를 긴급 제조한 덕분에 무사히 귀환한 사례를 떠올리면 우주공간에서 3D 프린터는 필수품이다. 미 항공우주국은 최소한의 부품으로 우주선을 발사하고 필요한 부품은 우주에서 직접 만들어 사용하는 우주비행을 꿈꾸고 있다. 미국의 '메이드 인 스페이스Made In Space'는 2016년 국제우주정거장ISS에 3D 프린터를 설치해 우주선 수선용 공구렌치 스패너를 프린팅하는 데 성공한 바 있다.

하지만 3D 프린터에 이런 긍정적인 측면만 있는 것은 아니다. 거대한 자본과 첨단 기술, 전문 인력 없이도 누구나 손쉽게 '손수 제조'를 할 수 있기 때문에, 마음먹기에 따라 위험한 도구도 얼마든지 만들 수 있다. 미국에선 3D 프린터가 총기 규제 논란에 가세하고 있다. 2012년 3D 프린터를 이용해 순수 총을 만든 사실이 공개된 뒤, 플라스틱 총기 제작 사례가 늘고 있는 상황이다. 실탄 발사 뒤 변형이 생기는 등 아직은 실제 총기와 성능 차이가 크지만, 총기 규제 반대론자들은 순수 총을 만들 수 있는 환경을 총기 규제 불가의 이유로 내세우고 있다. 3D 프린터는 편리한 만큼 모두를 위협하는 기술의 모습을 갖고 있다.

⁰³⁹ 양자컴퓨터

　　자율주행 자동차와 사물인터넷이 일상이 될 미래는 효율화와 편리함의 세상으로 기대되지만 지금과 차원이 다른 재앙도 도사리고 있다. 누군가 사악한 의도로 정보를 해킹하거나 알고리즘을 조작할 경우, 피해 규모를 상상하기 어려운 대재앙으로 연결될 수 있기 때문이다.

　　컴퓨팅과 통신의 미래는 디지털을 넘어 양자 기술을 향하고 있다. 세계 각국은 양자 기술을 선점하기 위해 치열한 경쟁을 하고 있으며, 미국과 독일, 중국 등은 국가적 차원의 지원을 확대하고 있다. 한국도 양자 기술 개발에 박차를 가하고 있다. 중국은 여러 해 전에 정부 차원에서 집중 개발하기로 한 5대 기술에 양자 기술을 포함시켰고, 2016년 세계 최초로 양자암호통신 인공위성을 성공적으로 발사하기도 했다.

　　양자 컴퓨터는 0과 1을 동시에 나타낼 수 있는 큐비트Qubit라는 양자 비트Quantum bit를 사용한다는 점이 0과 1만을 사용하는 현재의 디지털 컴퓨터와 다르다. 큐비트는 00, 01, 10, 11 등 상태가 중첩될 수 있어 복잡한 작업을 빠르게 처리할 수 있고, 큐비트가 늘수록 양자 컴퓨터의 연산 속도는 기하급수적으로 빨라진다.

　　양자 컴퓨터의 핵심인 양자 프로세서**양자칩** 경쟁도 치열하다. 구글은 2019년 10월 과학학술지 〈네이처〉에 양자컴퓨터가 현존하는 가장 강력한 슈퍼컴퓨터를 능가하는 양자 우월성Quantum Supremacy에 도달했다는 논문을 발표해 관심을 끌었다. 구글은 당시 54큐비트 양자컴퓨터칩 '시카모어Sycamore'가 가장 빠른 슈퍼컴퓨터인 IBM의 서밋이 1만 년 동안 풀어야 할 문제를 단 3분 20초 만에 풀었다고 주장했다. 구글은 이어 72큐비트 양자칩 '브리슬콘Bristlecone'을 공개했다. IBM은 2019년 최초의 20큐비트 상용 양자컴퓨터 'System Q'를 출시한 데 이어 2020년엔 클라우드 기반의 65큐비트 허밍버드Hummingbird칩을 공개했다. IBM은 2023년 말까지 1000큐비트 양자칩을 출시하겠다고 밝혔다. 구글은 "양자컴퓨터 기술이 제약, 에너지 관련 소재 개발에 활용될 수 있고 개발 시간을 더욱 앞당길 것이며 고효율의 태양전지, 산업 프로세서, 배터리 등을 만드는 데도 활용될 것"이라고 장밋빛 전망을 내놓으면서도 앞으로 10년 정도의 연구 기간이 필요하다고 덧붙였다.

양자컴퓨터는 기존의 슈퍼컴퓨터를 뛰어넘는 강력한 연산 능력으로 과학 연구와 신물질 개발에도 새로운 장을 열 것으로 기대된다. 하지만, 현재 양자컴퓨터로 인해 가장 큰 타격을 받을 영역은 보안이다. 현재 사용되고 있는 소인수 분해 방식의 암호체계RSA 암호가 기본적으로 양자컴퓨터라는 개념을 상정하지 않은 환경에서 만들어진 것이기 때문에 양자컴퓨터가 실제로 사용 가능해지는 시점에서는 일거에 무력화되는 일이 벌어진다.

미국과 중국이 이 분야에 막대한 자금을 쏟아 부으며 경쟁을 벌이고 있는 배경엔 상대 국가의 양자컴퓨터에 의해 군사 암호체계가 무력화될 가능성에 대한 대비 목적도 있다. 아예 새로운 차원의 보안 시스템에 대한 연구도 병행되고 있다. 이 때문에 양자 우월성에 도달했다는 논문이 발표된 직후 비트코인 등 가상화폐의 암호체계가 뚫릴 것이라는 우려로 인해, 가상화폐 시장이 한때 폭락한 적도 있었다.

기존 암호체계가 청동 방패라면 양자컴퓨터는 강철 창의 등장이라고 볼 수 있다. 하지만 너무 걱정할 필요는 없다. 춘추전국시대

'모순矛盾의 고사'는 완벽한 창과 완벽한 방패가 동시에 존재할 수 없다는 사실을 일깨운다. 기술의 세계는 완벽한 창과 완벽한 방패 개념 자체가 불가능한 것임을 알려준다. 아무리 강력한 기술을 만들어도 이를 뛰어넘어 무력화시키는 신기술이 끊임없이 개발되기 때문이다. 아인슈타인이 말한 대로, 과학의 세계는 하나의 문제가 해결되면 새로운 문제 열 가지가 생겨나는 구조다.

머신 비전

"몸이 천 냥이면 눈이 구백 냥"이란 말처럼, 두뇌의 60% 이상은 시각 처리를 담당하고 인간 인지는 외부 정보의 80% 가까이를 시각에 의존한다. 기계가 얼마나 정교하게 이미지를 인지하고 식별하느냐는 인공지능 연구에서도 핵심이다. 자율주행 기술, 위성 이미지 분석, 암 진단 등의 분야에서 인공지능이 최근 괄목할 성과를 내놓는 것도 '기계 눈 Machine Vision'의 이미지 처리 기능이 개선된 영향이 크다. 사람의 눈은 빛이 있을 때 가시광선을 기반으로 이미지를 인식하는 것과 달리 머신 비전은 다양한 방법을 동원해 이미지를 인식하고 재구성해낸다. 머신 비전은 사람 눈으론 볼 수 없는 레이저, 초음파, 적외선도 활용해 시각적 이미지로 재구성해낸다. 각종 센서를 통해 시각적 이미지를 만들어내는 라이다LiDER 장치는 자율주행차 기술 경쟁의 핵심이다.

인공지능과 결합한 머신 비전은 얼굴인식을 통해 사람을 식별하는 용도로도 폭넓게 활용되고 있다. 출입국이나 금융거래 시 신원 확인, 출입문과 스마트폰 잠금 해제 등 얼굴인식은 갈수록 활용 범위가 확대되고 있다. 정확도도 높다. 구글의 얼굴인식 인공지능 시스템인 페이스넷은 99.96%, 페이스북의 얼굴인식 프로그램 딥페이스는 정확도 97.25%의 얼굴인식률을 자랑한다.

미국 스탠퍼드대학교 미할 코신스키 교수는 2016년 얼굴 사진을 분석해 그가 동성애자인지 이성애자인지를 높은 정확도로 식별할 수 있다는 논문을 발표했다. 연구진은 딥러닝 기반의 인공지능을 이용해 미국의 유명 데이트 사이트에 공개된 사진 3만 5000장을 분석한 결과 남성은 91%, 여성은 83%의 정확도로 동성애 여부를 식별해냈다. 사람의 식별률보다 월등히 높은 결과다. 코신스키는 적합한 데이터가 있다면 인공지능을 활용해 개인의 지능이나 정치적 견해 같은 민감한 정보도 사람보다 높은 정확도로 식별할 수 있다고 밝혔다.

　　　　2015년 구글이 출시한 스마트폰용 포토 앱은 사진을 인식해 자동으로 분류하고 태그를 붙이는 기능을 선보였다. 하지만 구글 포토는 출시 직후인 2015년 6월, 미국에 사는 흑인 남성이 흑인 친구와 찍은 사진을 구글 포토가 '고릴라gorillas'라고 분류한 사실이 당사자의 고발을 통해 공개됐다. 알고리즘에 의한 '인종차별' 논란으로 이어졌고, 구글은 곧바로 "매우 잘못된 일"이라고 사과하고 수정을 약속했다. 하지만 약속과 달리, 구글은 이 기능을 제대로 수정하지 못했다. 해당 오류를 고치지 못하고 결국 문제의 키워드와 분류를 구글 포토에서 아예 삭제하는 방식으로 '땜질' 했다.

　　　　사진 인식과 관련해 유사 사례가 적지 않다. 니콘 카메라의 얼굴인식 소프트웨어는 아시아인의 경우 뜬 눈을 깜빡이는 것으로 잘못 인식했고, 휴렛팩커드가 만든 노트북의 웹캠은 흑인을 아예 인식하지 못했다. 백인의 경우에는 유사 사례가 없어 소프트웨어가 인종차별을 한다는 비판을 받았다.

　　　　머신 비전 기술은 인공지능과 산업 발달의 동력인 만큼 막을 길이 없다. 이용자들이 SNS에 올리는 사진과 동영상은 갈수록 늘어나고 있으며, 이 데이터는 디지털 경제의 화폐로 기능한다. 조지타운대학교 프라이버시기술센터가 공개한 얼굴인식 관련 보고서에는 첨단 기술의 위험성이 생생하다. 시카고시와 디트로이트시 등은 시내 곳곳에 설치된 감시카메라를 범죄자 사진 데이터베이스와 연결해 감시 시스템을 구축했지만 제대로 감독할 수 있는 투명성을 갖추고 있지 않다. 고해상도 카메라와 인공지능 머신러닝의 얼굴인식은 수만 관중 속에서도 친구를 찾아주는 편리함을 가져다주지만, 이는 조지 오웰의 《1984》와 같은 고도의 감시사회를 낳을 수 있다.

⁰⁴¹ 딥페이크

인공지능이 범죄와 만나고 있다. 2019년 3월 영국의 한 에너지 기업 대표는 상사인 독일의 모회사 사장으로부터 22만 유로약 2억 9천만 원를 헝가리 공급자에게 1시간 안에 송금하라는 전화를 받았다. 상사의 전화는 평소 음색, 독일어 억양, 끊어 말하는 습관 그대로였다. 이메일로도 같은 내용이 전달돼 의심 없이 바로 송금했지만 사기였다. 범죄에 성공한 사기범은 다시 전화를 걸어 추가 이체를 요구했는데 피해자가 오스트리아 번호인 것을 의심하고 모회사 사장에게 확인한 결과 사기임을 알게 됐다. 하지만 송금액은 이미 멕시코를 거쳐 인출된 뒤였다. 조사 당국은 딥페이크Deep Fake기술을 활용한 사기로 추정했다.

딥페이크는 인공지능을 이용해 실제와 구별되지 않는 동영상, 음성을 만들어내는 기술이다. 15초 분량의 샘플만으로도 완벽한 가짜를 만들 수 있다. 2017년 미국 온라인 커뮤니티 레딧의 한 회원이 '딥페이크'라는 아이디로, 기존 영상에 유명인의 얼굴을 합성한 조작 영상을 공유해 널리 확산된 게 딥페이크의 출발점으로 알려져 있다. 딥페이크의 기술적 기반은 2014년 개발된 인공지능 머신러닝의 한 방법인 '생성적 대립 신경망GAN' 기술이다. 생성적 대립 신경망 기술은 '경찰-도둑'처럼 서로 대립하는 두 학습모델이 서로의 방법을 모방하고 학습하며 상호 발전하는 구조다. 이 과정을 반복하면 원본과 식별이 거의 불가능한 수준의 정교한 위조 영상이 만들어진다.

이보다 앞선 2018년 5월 순다르 피차이 구글 최고경영자는 구글의 연례 개발자대회에서 인공지능 음성 비서 '듀플렉스'를 공개했다. 인공지능이 식당과 미용실에 전화를 걸어 직원과 자연스럽게 대화하며 상황에 따라 서비스를 예약할 수 있는 기술이었다. 동영상 시연을 본 청중은 음성이나 대화 내용, 맥락에 대한 이해와 용건 처리 방식 등에서 전화를 건 상대편이 사람이 아닌 인공지능이라고 의심할 수 없었다. 사람과 식별할 수 없는 완벽한 수준으로 전화를 걸어 업무를 수행해내는 인공지능 음성 비서의 출현에 개발자들은 경탄과 환호를 쏟아냈다. 하지만 구글은 개발자들에게 약속한 대로 해당 서비스를 출시하지 못했다. 속임수와 범죄에 활용될 수 있다는 비판을 넘어서지 못했기 때문이다. 엔지니어들은 사람과 식별되지 않는 인공지능 비서를 만들어 전화 예약하는 사람의 역할을 대체하는 기술을 개발하는 데 성공했다. 하지만 강력한 첨단 기술이 가져올 부작용에 대해서는 생각해보지 않았다.

이는 기계와 기술의 문제가 아니다. 해당 기술에 대해 사람들이 어떻게 반응할지에 대한 문제이다. 기술이나 기계와 달리 사람의 반응은 한 방향으로 나타나지 않아 예측하기 어렵다. 구글은 전화를 받은 사람이 상대편이 사람인지 인공지능인지 전혀 식별할 수 없는 상황이 펼쳐질 때 어떤 일이 벌어질지 전혀 생각해보지 않았다. 구글은 듀플렉스가 전화를 걸 때 '사람이 아닌 기계'임을 밝히겠다고 부랴부랴 개선책을 내놓았지만, 우려와 비판이 쏟아졌다. 결국 구글은 서비스를 보류했다. 하지만, 해당 기술은 개발되었고, 전화 사기범은 이런 기술을 발빠르게 범죄에 활용한 것이다. 그동안 주로 포르노나 가짜뉴스 영상 제작에 쓰인 딥페이크가 금융 사기에 활용된 사례다.

딥러닝 인공지능은 멈춤과 퇴보 없이 지속 학습하며 인간의 인지 능력을 넘어서고 있다. 기계와 달리 사람은 인지 능력을 바뀐 환경에 맞게 업그레이드하기는커녕 유지하기도 벅차다. 인간의 인지적 관행과 인공지능 간의 격차는 갈수록 커지고 있으며, 그 격차는 전에 없던 불평등을 낳기도 하고 범죄가 싹트는 공간이 되기도 한다. 인공지능 기술이 가져올 불평등과 범죄 활용 가능성에 대한 논의와 대응이 시급하다.

042 자율주행

차량 자율주행 기술은 단순히 사람이 운전하는 수고를 덜어
주고 사고율을 현저히 떨어뜨리는 것만이 아니라 그동안 비효율적으로
작동해온 운송과 교통 문화를 전면적으로 혁신할 기술로 기대를 모았
다. 전 세계에서 1년에 교통사고로 숨지는 사망자는 100만 명이 넘는데
사망 원인의 90%는 운전자의 실수이다. 모든 자동차가 자율주행차로
대체되면 해마다 100만 명의 목숨을 구하고 막대한 경제적·사회적 손실
이 사라지는 셈이 된다.

저명한 미래학자 제러미 리프킨은 2014년 펴낸《한계비용 제
로사회The Zero Marginal Cost Society》에서 모든 자가용 승용차를 공유차
량으로 활용한다면 현재 자동차 수의 80%를 감축하더라도 동일한 수
준의 서비스를 제공할 수 있다는 미시간대학교의 연구 결과를 소개했
다. 미국의 경우 평균적으로 자동차가 주행하지 않고 차고에 있는 시간
이 전체 시간의 90%를 차지하고 차량 한 대를 유지하는 데 가구소득의
20%가 들어간다. 자율주행 기술이 실용화되면 안전거리 없이 밀착한
상태로 운행할 수 있기 때문에 도로상의 빈 공간이 80~90% 사라질 수
있다. 주차장도 사람이 타고 내릴 공간이 필요 없어 15% 이상 효율이 높
아질 것이라고 각종 연구 결과는 예측하고 있다.

더욱이 자율주행차가 차량 공유 서비스와 연결되면, 유지비
와 세금, 주차와 관리에 많은 시간과 비용이 들어가는 현재의 차량 구매

와 이용방식도 근본적으로 달라지게 된다. 차량을 소유하지 않아도 언제든 필요할 때면 자율주행차가 내가 있는 곳으로 와서 나를 태우고 목적지로 데려다줄 수 있다. 굳이 개인이나 가정마다 차량을 소유할 필요가 크게 줄어든다.

그러나 자율주행 시대에 이러한 연구 결과와 예측이 실현될지는 알 수 없다. 미래 시점에서 사람들의 의도와 선택을 고려하지 않은 채 이뤄진 연구이기 때문이다. 2018년 3월 AP 통신은 미국의 차량 공유 서비스인 우버와 리프트가 오히려 교통정체를 유발한다는 연구 결과를 보도했다. 미국 노스이스턴대학교 크리스토 윌슨 컴퓨터공학 교수가 보스턴의 차량 공유 서비스 이용자 944명을 조사한 결과 60%가 "우버나 리프트가 없었다면 대중교통이나 자전거, 도보를 이용했거나 외출을 취소했을 것"이라고 응답했다. 차량 공유 서비스가 기대와 정반대로 도로 혼잡도를 높이는 결과로 이어진 것이다.

이는 자율주행 차량이 대중화되면 도로와 주차장, 교통신호 등이 효율적으로 운영되어 교통 혼잡을 크게 감소시킬 수 있다는 기대가 전혀 실현되지 않을 것이라는 예측과도 통하는 연구다. 자율주행차가 도입되면 그동안 운전을 하지 않았던 노인이나 미성년자 또는 무면허자 등도 손쉽게 차량을 이용할 수 있어 교통 혼잡이 오히려 심화될 것이라는 전망이 있다.

이는 교통 혼잡을 해소하기 위해 도로를 신설, 확장하고 도심지 내 주차장을 확대하는 정책이 도로 혼잡을 부추기는 결과로 이어지곤 한다는 역설적 결과와도 통하는 얘기다. 미국 교통부는 도시에서 도로 용량을 축소하는 정책이 교통사고를 줄이고 교통 흐름 개선효과를 가져온다며, '도로 다이어트' 정책을 전파하는 캠페인을 펼친 바 있다. 미 연방도로관리국FHA 보고서가 아이오와주 포트 매디슨시의 사례를 소개한 바에 따르면, 도로 용량 증가는 새로운 교통 수요를 불러 오히려 교통 혼잡4%과 교통사고율14% 증가를 가져왔다. 반대로, 4차선 도로를 3차선으로 줄였더니 평균적으로 교통사고가 약 29% 감소하는 결과로 이어졌다.

이는 새로운 기술과 도구가 사회와 이용자에게 수용될 때 반드시 표면적으로 드러나는 수치나 설계 의도대로 받아들여지는 것은 아니라는 사실을 알려준다. 기술이 지닌 특성의 일면을 강조하기보다 기술을 사용하는 사람들의 다양한 반응과 의도를 연구하고 조정해내는 일은 디지털 세상에서 더욱더 중요하다.

⁰⁴³ 다크 패턴

남자화장실 소변기엔 과녁이나 벌레가 그려진 경우가 많다. 네덜란드 스히폴공항의 소변기에 파리 한 마리를 그려 넣은 게 변기 사용 안내문구보다 훨씬 효과적이었다고 시카고대학교 행동경제학자 리처드 탈러가 《넛지Nudge》에서 발표한 이후 생겨난 현상이다. '넛지'는 팔꿈치로 슬쩍 찌른다는 뜻인데 탈러는 "타인의 선택을 유도하는 부드러운 개입"이라고 새롭게 정의하고, 심리학적 연구를 통해 의도된 행동을 자연스럽게 이끌어낼 수 있는 일상 속 환경의 중요성을 강조했다. 행동경제학은 인간이 주어진 정보를 합리적으로 판단하는 경제적 인간이라기보다 한정된 시간과 제한된 합리성 상황에서 심리적 영향에 좌우되는 존재라는 것을 설명해냈고, 탈러는 2017년 노벨 경제학상을 받았다.

나라마다 시민들의 장기기증 의사는 차이가 큰데, 그 차이가 주로 의사 표시 방법을 질문하는 방식에서 생긴다는 주장은 흥미로움을 넘어 허망할 정도다. 사후 장기기증 의사에 대해 오스트리아 시민은 99%가, 덴마크는 4%가 '기증에 동의한다'고 응답했다. 이러한 현격한 격차는 운전면허증 양식에서 비롯했다. 오스트리아 운전면허증은 기본 설정을 '사후 기증 동의'에 체크하고 이에 동의하지 않는 사람만 '비동의'에 표기하도록 했다. 덴마크 운전면허증은 오스트리아와 반대로 기본이 '비동의'였다.

사람이 무의식적으로 행동하는 습관에 대한 연구는 각종 서비스에 활용되고 있다. 웹사이트와 온라인 서비스 설계에서는 기대한 선택을 이용자로부터 끌어내는 방식이 성패의 열쇠다. 쇼핑과 예약 사이트의 정보 제공은 노골적이다. "남아 있는 상품은 네 개뿐입니다." "이 상품을 함께 보고 있는 사람이 264명입니다." "오늘 24시까지만 이 가격으로 판매됩니다." 구매 패턴을 알고 있는 판매자들은 잠재적 구매자들이 가장 유혹을 느낄 만한 정보를 제시한다.

이용자 눈에 보이지 않지만, '넛지'와 유사하게 교묘하게 의도된 행동을 이끌어내는 기만적 웹사이트 설계를 '다크 패턴'이라고 일컫는다. 프린스턴대학교 연구진은 1만 1천 개 쇼핑사이트에서 추출한 데이터를 조사해 사이트 운영자가 이용자들의 인지를 통제하기 위해 사용하는 15가지 방법을 목록화했다. 이 대학 연구진은 쇼핑사이트가 제공하는 '마감 임박' 정보의 상당수가 근거 없다는 것을 밝혀내고, 쇼핑사이트의 10%가 한 개 이상의 다크 패턴을 사용하고 있다고 보고했다. 웹페이지 플러그인과 코드를 분석한 결과, 마감 임박 숫자가 무작위 생성되거나 시간 경과에 따라 줄어들도록 설정되어 있었다. 쇼핑사이트 운영자는 이용자 반응에 관한 방대한 데이터를 기반으로 이용자에게 의

도된 행동을 유도할 수 있는 지위에 있으며 교묘한 '다크 패턴'까지 적용하고 있다.

소셜미디어와 웹서비스는 이용자들에게 약간씩 다른 디자인을 제공하는 A/B 테스트를 통해 사용자들의 반응도를 실시간으로 체크하며 몰입도를 높이는 정교한 장치를 둔다. 예를 들어, 페이스북에서 더 많은 개인정보를 제공하는 것에 '동의'하는 버튼은 호감을 주는 '밝은 파란색'이지만, 동의하지 않는 버튼은 '특색 없는 회색'이다. 일종의 '다크 패턴'이다.

그동안 각종 웹사이트와 기기에서 이용자들에게 특정한 방향으로의 반응을 유도하거나 배제하는 '기술적 장치'는 서비스 제공 기업이 주로 결정하는 구조였고, 이용자들의 관심도 낮았다. 스팸메일이나 개인정보 제공 동의 약관에서 어떤 상태를 '초기 설정디폴트 세팅'값으로 제공할지를 놓고 제한적 논의가 있었을 따름이다. 하지만 거대 인터넷 기업들이 이용자 태도와 행동에 영향을 주기 위해서 '다크 패턴'과 같은 '설득적 기술'을 사용하고 있는 사실이 알려지면서, 이에 대한 관심과 감시의 목소리가 함께 커지고 있다.

⁰⁴⁴ 디폴트 세팅

미국 법무부가 2020년 10월 구글을 독점금지법 위반 혐의로 제소했다. 구글 검색을 '선탑재'하는 조건으로 스마트폰 제조사와 이동통신사에 거액을 제공하는 불공정행위를 해왔다는 혐의다. 안드로이드 스마트폰을 구입하면 이용자가 따로 설정하지 않아도 첫 페이지에 '구글 검색'이 기본으로 제공되어 있는 것은 '선탑재' 때문이다. 제프리 로젠 미 법무차관은 "이를 막지 못하면 미국은 앞으로 제2의 구글을 영원히 보지 못하게 될 것"이라며, 공정 경쟁을 가로막는 독점 행위로 지목했다.

선탑재는 세계 모바일 검색 시장의 95%를 차지한 독점기업 구글의 주요 무기다. 미국의 경제전문지 〈비즈니스 인사이더〉는 구글이 아이폰에 구글 검색을 선탑재하는 대가로 2018년 90억 달러, 2019년 120억 달러를 지불했다고 보도했다. 구글 모회사인 알파벳 연 수익의 3분의 1에 이르는 거액이다. 이러한 거래를 통해 구글 모바일 검색 트래픽의 절반이 애플 기기를 통해 발생했다.

검색 앱 선탑재는 '초기 설정디폴트 세팅'의 효과를 잘 보여준다. 아이폰의 웹브라우저 사파리는 이용자에게 구글, 야후, 빙, 덕덕고, 에코시아 등 다섯 종류의 검색엔진 설정 메뉴를 제공하고 있다. '디폴트 세팅'이 구글로 돼 있을 뿐 얼마든지 바꿀 수 있지만 굳이 설정 메뉴에 들어가서 다른 검색엔진으로 바꾸는 사람은 거의 없다.

선탑재는 국내 이동통신사와 스마트폰 제조사에서 두드러지는 관행이다. 방송통신위원회 조사에 따르면, 국내 이동통신 3사의 최신 스마트폰엔 평균 58.3개의 앱이 선탑재돼 있다. 삭제되지 않는 앱도 평균 10개가 넘는다. 구글도 안드로이드 운영체제를 통해 10개 앱을 선탑재했다. 아이폰 운영체제에는 사파리가, 안드로이드 폰에는 크롬 브라우저와 함께 구글 검색창이 기본으로 설치되어 있는데 삭제할 수 없다.

비판이 제기되자, 구글은 "선탑재가 성공을 보장하는 것은 아니다"라며 실패한 사례를 들고 나왔다. 페이스북의 경쟁 서비스였던 구글 플러스는 구글의 역점 서비스로 안드로이드 폰에 선탑재됐지만 결국 2019년 퇴출됐다. 하지만 선탑재와 디폴트 세팅의 차이는 크다. 선탑재가 성공을 보장하지는 않지만 선탑재된 앱이 초기 설정된 경우에는 광범한 사용으로 이어진다.

경쟁 방해 행위를 다루는 미국 법무부의 제소는 '디폴트 세팅' 권한에 대한 감시가 핵심이다. 디지털 서비스의 약관도 마찬가지다. 복잡하고 긴 내용으로 된 약관은 형식적으로 이용자의 동의 절차를 거치지만, 현실에선 '습관적 동의'가 이뤄진다. 이용자들은 초기 설정 바꾸기를 꺼리거나 조작 방법을 잘 모른다. 결과적으로 업체가 제공한 '초기 설정값'대로 이용하기 마련이다. 디폴트 세팅의 힘이 커짐에 따라 이에 대한 공정성 감시가 중요해지는 까닭이다.

일반적으로 소프트웨어와 인터넷 서비스의 디폴트 세팅은 가장 많은 이용자들이 설정하는 '인기 설정'처럼 보이지만 항상 그런 것은 아니다. 이용자와 서비스 기업의 이해가 일치하는 경우에는 그렇지만, 둘의 이해가 어긋난다면 이용자는 적극적인 선택을 해야 한다.

디폴트 세팅은 사용자가 스스로를 위해 맞춤형으로 설정한 것이 아니다. 사업자의 이익을 위해 개발되었거나 설정된 경우가 대부분이다. 사용자가 자신의 용도에 맞게 또는 프라이버시 보호를 위해 초기 설정값을 변경할 수 있도록 선택권이 주어지더라도 대부분의 사용자는 디폴트 세팅을 그대로 유지하는 경우가 많다. 사람들의 비합리적인 선택을 설명해주는 이러한 일상의 습관을 심리학에서는 '현상유지 편향Status quo Bias'이라고 부른다. 더욱이 기술의 구조를 모르거나 이해하지 못할 경우, 또 알더라도 게을러서 수정하지 않는 경우 사용자들은 사업자들이 만들어놓은 디폴트 세팅의 덫에 걸려든 먹잇감이 될 수 있다.

045 구글링

　　2002년 미국방언학회는 '구글google하다'를 올해의 어휘로 선정했다. 2006년엔 영국의 《옥스퍼드 영어사전》과 미국의 《메리엄-웹스터Merriam-Webster》 사전도 '구글하다'를 표제어로 실었다. 특정 기업의 상표가 '인터넷에서 검색한다'는 뜻의 일반용어가 되어, 사전에 실린 경우다. 상품명이 보통명사가 되는 경우는 기업으로서는 큰 영예다. 해당 상품이나 서비스 자체를 대표하는 제품이 되었다는 점에서 애써 홍보하지 않아도 브랜드 가치가 최고로 인정된다는 걸 상징한다. 스카치테이프, 크리넥스, 호치키스, 지퍼, 클랙슨, 지프, 엘리베이터, 나일론, 워크맨, 포클레인, 제록스 등이 비슷한 사례다. 다른 브랜드의 제품을 쓸 때도 특정 상표로 해당 제품을 지칭하는 일이 생긴다.

　　하지만, 정작 당사자인 구글은 이런 상황을 반기지 않았다. 주요 사전들이 표제어로 올리자, 구글은 "'구글하다'는 실제로 구글을 이용해 검색하는 경우에만 쓰는 게 맞다"라고 밝혔다. 구글의 부정적 반응에는 배경이 있다. '구글하다'라는 말이 '인터넷에서 검색한다'라는 의미 외에 부정적 뜻으로도 흔히 쓰이기 때문이다. '구글링'은 단순한 인터넷 검색뿐만 아니라 '구글을 이용해 신상털기를 하다'라는 의미로도 많이 쓰인다. 이런 이유로 구글은 '구글하다'의 사전 등재에 대해 우려를 표시한 것이다.

　　국내 상황은 조금 다르다. 2021년 기준 네이버와 다음이 검색

시장의 절반 이상을 차지하고 있어 구글이 인터넷 검색의 대명사로 쓰이지는 않는다. 오히려 "네이버에 물어봐"라는 표현으로 인터넷 검색을 가리킨다. 결과적으로 국내에서는 '구글링'이란 말이 구글 바람대로 쓰이고 있다. 국내 누리꾼들은 구글을 통해서만 검색되는 경우를 '구글링'이라고 부른다. 구글에서는 국내 검색엔진 등 다른 곳에서는 잘 찾아지지 않는 내용까지 검색되고, 특히 사생활과 관련 있는 부분도 검색이 비교적 용이하다.

국내에서 유독 구글이 누군가의 과거 사생활 관련 정보를 찾기 위한 용도로 널리 쓰이는 데에는 몇 가지 요인이 있다. 글로벌 검색시장 점유율이 90%를 넘는 구글의 검색 정확성과 이용자 만족도도 한 요인이지만, 다른 측면도 있다. 바로 구글 고유의 특징인 '저장된 페이지'와 '미국 기준의 광범한 표현 원칙'이다.

검색엔진은 검색 결과 화면에서 '저장된 페이지cached' 또는 '미리보기'라는 이름으로, 검색 결과의 사본을 자체 서버에 저장해두고 서비스한다. 구글만 아니라 검색엔진 일반의 기능인데, 이용자의 검색 편의를 위한 것이다. 해당 사이트에 접속이 원활하지 않을 경우나 과도한 방문이 몰릴 경우 등에 대비해 빠르고 좀 더 안정적인 서비스를 제공하기 위해서 '저장된 페이지'가 필요하다는 게 검색엔진 쪽의 주장이다. 구글만이 아니라 네이버, 다음이 있지만 일부 웹문서에서 제한적 형태로만 서비스한다. 검색엔진이 자체 서버에 검색 결과를 옮겨다 놓는 '저장된 페이지'는 저작권 논란이 있었지만, 저작권 침해에 해당하지 않는 '공정이용'이라는 판결이 내려졌다. 웹페이지 문서 제작 때 메타태그 설정을 통해서 얼마든지 이 서비스를 거부할 수 있다는 게 주된 근거였다.

또한 국내 검색엔진은 관련자가 명예훼손이나 사생활 침해를 이유로 검색 결과 삭제를 요청하면 '임시조치'를 통해 손쉽게 검색 결과에서 제외되지만, 전 세계를 상대로 서비스하는 구글은 표현의 자유를 강조하며 관련 정보 삭제에 거의 응하지 않는다. 누군가 인터넷에 올렸다가 지운 내용이라도 구글 검색에서는 제삼자가 자신의 페이지에 옮겨놓은 것이나, 구글의 '저장된 페이지'를 통해 찾아지는 경우가 많다. 이에 소위 '구글링'이 가능해지는 것이다. '구글링'의 사례는 인터넷에서 표현의 자유나 사생활 보호와 같은 특징이 불가피한 게 아니라, 검색 기술구조의 설계 방식에 따라 얼마든지 달라질 수 있는 사회적 합의의 영역이라는 것을 일깨워준다.

⁰⁴⁶ 매크로

2015년 쇼팽 콩쿠르 우승자인 피아니스트 조성진의 공연은 표 구하기가 하늘의 별 따기다. 온라인 매표가 시작되면 1~2분 만에 매진돼 버리고 만다. 2017년 4월 록밴드 콜드플레이의 내한공연 예매엔 동시 접속자 90만 명이 몰리는 대란이 빚어졌다. 이런 상황이면 예매가 개시되는 시각을 기다리다가 아무리 빠르게 클릭해도 성공하기가 하늘의 별 따기다. 표의 상당량이 매크로를 돌린 암표꾼들에게 돌아가기 때문이다. 매진된 표는 10배 넘는 가격으로 중고거래 사이트에 매물로 올라온다.

매크로Macro는 일련의 컴퓨터 명령어 실행을 반복적으로 수행하도록 한 간단한 프로그램을 말한다. 문서작성기나 엑셀과 같은 수식 계산 프로그램에서 매크로를 만들어 쓰면 단순 반복 작업을 하지 않아도 돼 업무 효율이 올라간다. 매크로를 자유자재로 쓰는 직원은 '엑셀의 달인'으로 불린다. 학기 초마다 벌어지는 대학교 수강신청 경쟁에도 매크로가 동원되고 있다. 선착순으로 로그인과 인증, 페이지 이동 등 여러 화면 조작과 정보를 입력하는 과정을 매크로 프로그램으로 만들면 키보드 조작 한 번으로 원하는 결과를 얻을 수 있다. 많은 학생이 선호하는 과목과 시간대의 수강신청 경쟁은 점점 치열해지고, 매크로를 동원한 수강신청이 알음알음 확산되면서 수강신청에 실패한 학생들의 불만이 높아졌다. 이제는 대부분의 대학이 매크로 사용을 금지하고 위반 시

적발하고 있는 상황이다.

　　온라인 게임에서는 일찍부터 매크로가 문제시됐다. 게이머의 조작 없이 캐릭터를 키우거나 게임을 진행하는 '자동사냥'에 매크로가 활용된다. 자동사냥은 PC 게임에서는 허용되지 않고 단속 대상이었는데 모바일 게임에서는 사정이 달라졌다. 자동사냥을 탑재한 몬스터 길들이기 게임이 성공한 뒤 자동사냥은 모바일 게임의 기본 기능이 됐다. 모바일 게임을 할 때 이용자가 손가락으로 일일이 조작하지 않고 영화를 감상하듯 대부분의 시간 동안 화면을 지켜보고 있는 이유다. 좁은 모바일 화면에서 복잡한 조작을 수행하기 어렵다는 점이, 금기시되던 자동사냥을 수용하게 만들었다.

　　사용자가 거쳐야 하는 인증이나 정보 입력 과정을 매크로처럼 프로그램이 대체하는 현상이 생겨나면서 이를 막기 위해 개발된 장치가 '캡차CAPCHA'다. 대부분의 캡차는 기계가 판독하지 못하게 글자나 숫자를 비틀어놓은 뒤 입력을 요구하는 방식이다. 매크로와 로봇이 사람을 대신해서 절차를 통과하는 것을 막기 위해 개발된 '캡차'이지만, 이 또한 완벽한 방패가 되지는 못한다. 2017년 11월 학술지 〈사이언스〉는 미국의 인공지능 기업 바이케리어스가 개발한 프로그램이 캡차의 문자인증 체계를 근본적으로 무력화시켰다는 논문을 실었다. 인공지능은 문자인증 체계인 리캡차, 봇디텍트, 페이팔을 각각 66.7%, 64.4%, 57.1%의 정확도로 뚫었다. 캡차는 로봇의 해독률이 1%만 넘으면 뚫린 것으로 간주된다.

　　온라인 예약 사이트는 인기 공연 예약 때마다 매크로 사용을 금지하기 위해 많은 노력을 기울이지만, 완벽한 대응은 어렵다. 휴대전화 번호 인증 등 실제 이용자 인증을 위한 여러 기술적 노력을 기울여 매크로 사용을 차단하고 있지만, 최근에는 전체 예약 절차 중 일부분에만 매크로를 사용하는 '하이브리드형'도 출현하고 있어 사람인지 기계인지 판단이 불확실한 경우도 많다.

영국의 수학자 앨프리드 화이트헤드는 "문명이 진보한다는 것은 사람이 의식적 노력 없이 자동적으로 수행하는 활동이 늘어난다는 것을 의미한다"라고 말했다. 그러나 매크로를 비롯한 각종 자동화 도구의 증가가 문명의 진보 대신 새로운 병폐와 모순을 만들어내고 있다. 기술이 편리해지고 자동화될수록, 공동체가 기술의 작동 방식과 영향을 파악해 통제하지 못하면 불행한 결과로 이어지기도 한다.

택시 앱

최근 가족 모임에서 택시 탑승과 관련해 상반된 경험담이 화제에 올랐다. 70대의 부모님이 "얼마 전 시내에서 저녁 모임을 가진 뒤 택시를 잡는데 평소보다 훨씬 힘들었다. 가까이 다가오는 택시를 향해 손을 들어도 '예약' 표시를 한 채 그냥 지나치는 경우가 많았다. 한참을 기다린 뒤에야 겨우 탑승할 수 있었다"라고 말했다. 40대의 딸은 반대였다. "요즘엔 택시 이용이 훨씬 편해졌다. 스마트폰에 깔린 앱을 활용하면 약속한 시간에 아파트 현관 앞까지 와 주기 때문에 아이를 데리고 큰 길까지 가지 않아도 된다"고 말했다.

택시에서 기사들과 카카오택시 등 택시 호출서비스를 화제로 얘기를 주고받는 경우가 있는데, 연령대에 따라 반응이 다르다. 60대 이상의 나이 든 기사들은 서비스를 사용하지 않는다는 답변이 더러 있지만, 젊은 기사들은 덕분에 손님이 늘었다고 반긴다. 정보화 서비스 활용 능력의 차이가 일상의 편의와 수입에 영향을 끼치는 풍경이다.

기술을 잘 활용하는 기사와 승객들 사이에서도 줄다리기 현상이 나타나고 있다. 얼마 전 택시로 이동하던 중 한 기사가 "요즘엔 앱으로 예약한 승객이 목적지에 도착하기 전에 중간에 내려달라는 경우가 많다. 처음부터 거짓으로 행선지를 입력하는 경우인 것 같다"라며 불만을 토로했다. 늦은 밤 택시 수요가 많은 지역에서는 장거리가 아니면 승차가 더 힘들다는 승객들의 불만도 많다. 택시 앱 이용자들 사이에서는 택시 잡기가 유난히 힘든 주말 도심지에서 택시 잡는 노하우라며 단거리의 경우 행선지를 일부러 멀리 입력하거나, 처음부터 얼마 더 준다고 웃돈 제공을 제시하라는 얘기가 공유되고 있다. 상대에 대한 '정보 우위'를 자신에게 유리하게 이용하려는 상황은 택시 앱을 이용하는 일부 기사들도 비슷하다. 선호하는 행선지의 고객을 골라 태우는 경우인데, '승차 거부'를 적용할 택시와 승객이 특정되지 않아 처벌이 쉽지 않다.

　　고속열차 KTX를 이용하는 풍경도 비슷하다. 역마다 창구에서 줄을 서서 기다리는 사람들은 대부분 노년층이다. 그들은 주말 등 승객이 많을 때는 원하는 시간대의 열차표를 구하기 힘들어졌다고 말한다. 한번 구입한 열차표를 변경하려면 절차가 복잡해 바꾸지도 못한다. 젊은 사람들은 거의 대부분 종이티켓 없이 앱으로 열차표를 구매하고, 스케줄 변동에 따라 스마트폰에서 편리하게 시간을 변경하고 좌석도 선호하는 위치를 골라 이용한다.

　　영화관이나 패스트푸드점, 고속도로 휴게소 등도 창구 직원을 줄이거나 없애고 대신 자동주문 단말기키오스크를 늘리는 경우가 점점 많아지고 있다. 대형 마트에 무인계산대도 생겨나 일부 고객들은 긴 줄에서 차례를 기다리지 않고, 고객 스스로 바코드를 찍어 빠르게 지불 절차를 마무리한다. 공항의 출입국 심사나 신원 확인 절차도 자동화해서 사전에 지문을 등록하면 무인화 기기를 통해 신속히 처리할 수 있게 하고 있지만, 이용자들은 대부분 젊은 사람들이다.

　　다양한 정보기술과 자동화 서비스를 통해, 디지털 시대의 삶은 갈수록 편리해지고 있다. 하지만 택시 앱, 열차 앱, 각종 키오스크 사용 사례에서 볼 수 있듯, 첨단 디지털 기기와 자동화로의 전환을 모두가 반기는 것은 아니다. 택시 앱은 불필요한 기다림이나 손님 찾기와 같은 자원 낭비를 줄일 수 있는 편리한 기술이지만, 기술만으로 풀 수 없는 새로운 문제도 드러냈다. 기술 사용이 익숙지 않은 노년층 등은 더욱 서비스로부터 소외되는 결과를 가져왔다. 기술 개발은 항상 불필요한 자원의 낭비를 막고 좀 더 효율적인 결과를 지향하지만, 택시 앱의 사례는 가장 효율성 높은 기술의 전면적 시행이 사회 구성원 모두에게 만족스러운 결과는 아니라는 것을 보여준다. 그래서 설계자가 서비스를 만들지만, 인간적 기술을 위해서는 다양한 이해관계자들이 참여하는 대화를 통해 기술에 대한 사회의 다양한 요구를 반영하는 게 필요하다.

048 인터넷의 종말

2015년 1월 에릭 슈미트 당시 구글 회장은 스위스 다보스에서 열린 세계경제포럼WEF의 패널 토론에서 "미래에는 인터넷이 사라지게 될 것"이라는 전망을 내놓았다. 슈미트의 전망은 말 그대로 인터넷이 사라진다는 뜻이 아니다. 인터넷이 일상생활 모든 영역에 깊이 스며들고 일부가 되어서, 사용자들이 이를 인터넷이라고 인식하지 않게 된다는 의미이다. 슈미트는 "너무 많은 인터넷 주소IP가 생겨나고 많은 기기와 센서, 몸에 걸치는 물건, 당신이 상호작용을 하면서도 느끼지 못하는 물건들이 등장할 것"이라고 설명했다. 사람이 옷이나 신발을 착용한 게 오히려 자연스럽고 벌거벗은 상태에 당혹감을 느끼게 되는 것과 유사하다.

이미 시작된 사물인터넷Internet of Things 시대는 주위의 사물 대부분이 인터넷에 연결되는 세상이다. 1988년 제록스 팔로알토 리서치센터PARC의 마크 와이저 박사는 유비쿼터스 컴퓨팅의 이론적 토대와 개념을 제시하며, 그 특성을 "가장 심오한 기술은 사라져버리는 기술이다. 뛰어난 기술은 일상생활 속으로 녹아들어가 식별할 수 없게 된다"라고 설명한 바 있다. 사물인터넷이 바로 와이저 박사가 예견한 유비쿼터스 컴퓨팅이다.

사물인터넷은 빅데이터와 인공지능 기술을 통해 기계 스스로 인지하고 판단하는 환경이다. 센서를 통해 신호를 주고받고 자동 제어하는 기존 기술과 다른 점은 사물인터넷에서는 기계 간의 통신이 인간 사이의 통신량을 압도한다는 점이다. 〈뉴욕타임스〉 하루치 신문에 실린 정보가 지난 세기 영국인이 평생 접하는 정보량보다 많다고 하는데, 대부분의 사물에 인터넷 주소가 할당되고 연결되어 정보를 주고받는 사물인터넷 세상에서는 정보가 두 배로 증가하는 속도가 몇 시간 단위로 바뀐다. 점점 가속도가 붙으니, 사람이 주도하거나 의식하는 통신은 미미해지고 소통 대부분은 기계에 의해 이뤄진다. 기계 간의 통신 대부분을 사람은 알 수 없게 된다.

사람 두뇌의 신경망 구조를 모방한 딥러닝은 은닉층에서 판단이 이뤄진다. 하지만 사람은 인공지능이 은닉층에서 처리한 내용을 알 수 없다. 인공지능에 데이터를 입력하고 결과를 출력하지만 딥러닝 방식은 인공지능이 어떤 과정을 거쳐서 결과를 출력한 것인지 설명할 수 없다. 하지만 결과는 알파고처럼 효율적이고 완벽해 사람들이 기꺼이 채택할 수밖에 없는 것이다. 강력하지만 작동구조가 보이지 않고 그 원리를 알 수 없는 힘, 우리는 그것을 마법이라고 부른다.

《2001 스페이스 오디세이2001: A Space Odyssey》의 작가 아서 클라크도 "고도로 발전한 기술은 마법과 구별할 수 없다"라고 말했다. 기술은 점점 더 복잡해져도 사용은 편리해진다. 최신형 스마트폰은 과거 슈퍼컴퓨터 수준의 연산 능력을 갖게 됐지만, 이제 프로그래밍 언어나 도스 명령어에 대한 지식이 없어도 누구나 손쉽게 조작할 수 있게 됐다. 전자기술을 대거 채용한 최근의 승용차도, 기능은 복합적이 되고 향상됐지만 사용법은 더 간단해졌다.

존재를 숨긴 기술은 사용자에게 편리해 보이지만, 기술의 막강한 속성을 이해하지 못하거나 존재를 의식하지 않고 사용하는 사람을 위험에 빠뜨린다. 정보 비대칭을 이용해 설계자들과 권력자들은 우리의 일상을 지배하도록 기술을 설계하고 운용하기 때문이다. 사용자는 SNS

에서 쉴 새 없이 '좋아요'를 누르면서 자신의 상태를 드러내고, 알고리즘이 추천하는 '당신이 알만한 친구'를 확인한다. 사용자는 자신이 선택한 행위라고 여기지만, 그 매트릭스는 사용자들로 하여금 더 많은 데이터를 제공하도록 한 설계자의 의도에 따라 만들어졌다. 인터넷은 눈에 띄지 않을 뿐 사라지지 않는다. 숨어버린 기술의 지배를 받지 않으려면 기술의 구조와 성향을 의식하고 사용자인 우리가 좀 더 적극적으로 기술과 서비스에 인간적 욕구를 요청해야 할 것이다

049 대체불가토큰NFT

'대체불가토큰NFT'이 디지털 시대 미술품 소장과 거래 방식을 근본적으로 바꿀 것이라는 기대와 함께 투기 광풍을 불러일으키고 있다. 2021년 3월 11일 뉴욕 크리스티 경매에서 디지털 아티스트 비플의 작품 〈에브리데이즈: 첫 5000일Everydays-The First 5000 Days〉가 6930만 달러약 785억 원에 낙찰됐다. 생존 화가로는 제프 쿤스, 데이비드 호크니에 이어 세 번째로 높은 경매가 기록이다. 비플이 2007년부터 날마다 온라인에 올려온 이미지 5000개를 콜라주로 만든 작품이다. 비플은 디지털 파일JPG로 된 해당 작품은 공개하고 낙찰자에게 '대체불가토큰NFT'형태의 '진품 증명서'를 발행했다.

대체불가토큰은 'Non Fungible Token'의 약자로, 일종의 '디지털 진품 증명서'다. JPG·GIF·오디오 등 다양한 디지털 파일에 대한 소유권을 위변조가 불가능하고 탈중앙화한 블록체인 형태로 발행해 보관하는 기술이다. 블록체인은 누구나 열람할 수 있는 장부에 거래 내역을 투명하게 기록하고 수많은 컴퓨터에 분산 저장하는 탈중앙화 데이터 저장 기술로, 위변조가 불가능해 가상화폐의 기술적 수단으로 활용된다. 트위터의 '불탄 뱅크시' 팀은 이날 비플 작품의 경매 직전 얼굴 없는 그래피티 화가인 뱅크시의 판화 〈멍청이Morons〉를 불태워버리는 이벤트를 유튜브 영상으로 공개했다. '불탄 뱅크시' 팀은 뱅크시 판화를 9만 5천 달러약 1억 700만 원에 구매한 뒤 이를 스캔해 대체불가토큰으로 전환하고, 원본을 불태운 것이다. 불탄 뱅크시의 작품 이미지를 디지털로 변환한 대체불가토큰은 경매에서 가상화폐ETH로 약 4억 3000만 원에 팔렸다. 원본의 네 배가 넘는 가격이다.

대체불가토큰은 원본과 복제본이 구별되지 않는 디지털 작품에 대해 블록체인을 활용해 고유성과 희소성을 부여하고 가치를 만들어내는 구조다. 발터 벤야민은 《기술복제시대의 예술작품Das Kunstwerk im Zeitalter seiner technischen Reproduzierbarkeit》에서 복제본은 '아우라'를 가질 수 없다고 말했다. 대체불가토큰이 과연 디지털 예술품에 아우라를 부여할 수 있을지 기대가 높다.

대체불가토큰은 디지털 창작물의 자유로운 복제와 유통을 허용하면서도 원본의 가치를 증명하고 소유권을 보호하는 동시에 거래를 활성화할 수 있어, 디지털 예술품에 적합한 개념이다. 블록체인 기반이라 소유권의 훼손과 분실을 걱정할 필요도 없다. 수십억 원에 이르는 고가의 작품 소유권도 비트코인블록체인 기술을 기반으로 만들어진 온라인 암호화폐처럼 작은 단위로 쪼갤 수 있기 때문에 수많은 사람들이 나눠서 소유하거나 소액으로 거래할 수 있어 미술품 시장을 활성화할 것이라는 기대를 모으고 있다.

또한 작가가 미술품의 거래 과정과 가격 상승 등 가치사슬에서 배제되지 않게 해주는 기능이 있다. 대체불가토큰은 미술품도 음원처럼 창작자가 로열티를 지급받을 수 있는 길을 열었다. 창작자가 작품 판매 때마다 10~15%의 로열티를 받도록 조건을 설정할 수 있고 블록체인은 소유자가 바뀔 때 자동으로 대금을 작가에게 보낸다.

하지만 대체불가토큰은 디지털 작품 자체가 아니라, 분산된 소유권 증명이라는 한계를 지닌다. 대체불가토큰은 이를테면 도서관이 보관한 도서의 열람카드일 뿐, 책 자체는 아니다. 블록체인으로 안전하게 보존되는 것은 소유권이지 원본이 아니다. 열람카드를 안전하게 보존해도 도서관에 불이 나면 소장한 책이 손상되기 마련이다. 투기 광풍으로 이어진 대체불가토큰에 대한 우려와 비관적 전망도 많다. 40년 전 캐나다의 SF 작가 윌리엄 깁슨은 수십억 명이 "합의된 환각"을 통해 사이버공간을 현실로 간주했다고 표현했는데, 대체불가토큰은 나아가 "과잉의 디지털 세계에 희소성이라는 집단 환각을 다시 도입한 셈"이라고 평가받는다.

　　디지털 창작물에 고유한 소유권과 희소성을 만들어내려는 대체불가토큰 생태계는 투기 거품이 꺼진 뒤에야 제대로 구축될 확률이 높다. 디지털 예술품의 '아우라' 또한 소유권 보호와 유일성 보증만으로 만들어지기는 어려워 보인다.

050 별점

'별점'★은 19세기 영국의 여행작가 마리아나 스타크가 1820년 펴낸 《유럽대륙 여행가이드Travels on the Continent》에 여행지의 매력도를 표시하는 데 사용한 느낌표가 효시다. 그 느낌표가 후에 별 모양으로 변했다. 1926년 프랑스 기업 미슐랭타이어가 구매 고객에게 식당 안내서인 〈미슐랭 가이드〉를 나눠준 게 별점 대중화의 계기다. 미슐랭이 매긴 식당 별점 평가는 전문성과 독립성으로 큰 인기를 끌었다. 〈미슐랭 가이드〉는 유료 책자가 됐고, 미슐랭 별점 세 개는 최고 맛집의 징표로 통했다. 이후 별점은 호텔, 책, 영화 등 다양한 영역에서 보편적 평가 방식으로 확산됐다.

무수한 콘텐츠와 상품이 경쟁하는 인터넷 세상에서 별점이 쓰이지 않는 영역은 찾아보기 힘들 정도다. 그런데 네이버는 2021년 하반기부터 '맛집 별점'을 없애기로 했다. 경쟁 업체나 악의적 사용자에 의한 '별점 테러' 피해가 크고 정확도가 낮다는 게 별점 폐지의 이유다. 실제 구매 고객만 후기를 쓸 수 있도록 스마트폰으로 영수증을 스캔해 방문 인증을 거쳐야 후기를 남길 수 있는 '영수증 리뷰'도 도입했지만 '별점 테러'를 막기엔 부족했다. 고객들이 상품과 서비스를 이용하기 전에 대부분 별점과 후기를 참조하는 관행이 생겨나자 영업에 있어 별점과 후기의 영향력이 막강해진 것이 '별점 테러'가 가능해진 배경이다.

〈하버드 비즈니스 리뷰Harvard Business Review〉는 2019년 7월호 기획기사를 통해 5점 별점 평가의 문제를 지적한 바 있다. 무엇보다 표본이 편중돼 있다는 게 문제다. 별점을 남기는 사람은 일반적 이용자가 아니라 매우 만족했거나 그 반대의 경험을 했을 확률이 훨씬 높다는 점이다. 체조와 피겨스케이팅 등의 채점에서 최저점과 최고점을 배제해 의도적 편향을 줄이는 것과 대조적이다.

별점은 인터넷의 현실을 잘 드러내는 지표다. 소수 전문가가 맡아오던 역할을 다수가 대체하면서 참여와 평가는 다양해졌다. 누구나 별점을 매기는 힘을 갖게 됐고, 이용자는 상품 구매 시 상품 안내나 전문가의 추천보다 일반 소비자들의 '내돈내산내 돈 주고 내가 산 제품' 후기와 평점을 더 중시한다. 정보가 늘어나면서 추천과 평가에 더욱더 의존하는 게 불가피해졌다. 인덱싱과 추천 알고리즘 능력이 정보기술 기업 경쟁력의 본질인 이유다.

별점 도입과 후기 코너의 탄생, '별점 테러' 출현과 '영수증 리뷰' 같은 추천 및 검색 기술의 변천은 현실 세계에서 강력한 힘으로 작용하는 '검색 권력'을 둘러싼 줄다리기를 잘 보여준다.

검색엔진 어뷰징과 맞서는 이용자들의 심리게임도 있다. 한동안 포털에서 맛집을 찾을 때 '동네이름+맛집'이 아니라 '오빠랑'이란 키워드를 함께 입력해야 제대로 된 결과가 나온다는 검색 팁이 인기였다. '강남역 맛집'을 찾으면 검색 결과의 첫 화면에 수십 개의 '강남역 맛집' 광고가 먼저 나타나고 이어지는 블로그와 카페 글도 전문 블로거나 업체가 올린 홍보성 게시물이 대부분이다. 하지만 '오빠랑'이란 키워드를 함께 검색하면 광고가 걸러지고 일반 블로거의 진솔한 맛집 데이트 후기가 나온다는 이야기였다. 하지만 이 방법도 널리 알려지기 시작하면서 '오빠랑'을 활용한 홍보성 블로그도 늘어 이제는 효과가 사라졌다.

'별점 폐지'의 배경은, 실명의 전문가에 의존한 별점 시스템을 인터넷의 익명 이용자들에게 그대로 확대 적용하면서 '별점 테러'와 같은 어뷰징을 막지 못한 결과다. 구글은 이른바 '구글 폭탄'이나 검색 어뷰징을 막기 위해 주기적으로 검색 알고리즘을 바꾼다. 그때마다 검색 결과가 요동치고 어뷰징에 기대던 사업모델이 크게 흔들리는데 이런 현상을 '구글 댄스'라고 부른다. 하지만 무엇이건 상황이 바뀌면 달라진 상황에 맞게 고쳐 쓸 때 애초의 정확도와 유용성이 구현된다. 그렇지 않으면 악용하는 세력을 막을 수 없다.

3장

과잉연결 속에서 잃어버린 것들:

스마트폰과 SNS의 관계론

연결되지 않을 권리

이동전화는 언제 어디서나 연결되는 게 특징이다. 이동통신 사마다 깊은 산속, 먼바다, 건물 지하를 가리지 않고 어디서나 끊김 없이 전화를 이용할 수 있다는 걸 경쟁적으로 홍보하던 시기가 있었다.

2007년 아이폰으로 스마트폰 세상을 열어젖힌 애플은 2017년 1월 초 뜻밖의 상황을 만났다. "왜 시도 때도 없이 스마트폰이 작동하느냐"는 전 세계 사용자들의 항의였다. 한밤중 난데없는 대리운전 안내 문자나 카카오톡 집단 채팅, 애니팡 하트 요청에 단잠을 설친 이들이 애용하던 '방해하지 마시오Do Not Disturb, 방해금지 모드' 기능이 새해 초 오류를 일으킨 탓이었다. 애플이 2016년 6월 아이폰 운영체제iOS6 업그레이드에서 추가한 기능이다.

에베레스트 꼭대기에서도 인터넷을 쓸 수 있는 초연결 세상은 일찍이 없던 '과잉연결'의 그늘도 드리우고 있다. 통신은 곧 사람 간의 연결인데 하루 24시간 어디에 있더라도 연결되는 세상은 원하지 않는 연결도 피할 수 없게 만든다. 업무 시간이 지났는데 걸려오는 고객이나 상사의 업무 관련 연락이 대표적이다.

생산성을 높인다며 앞다퉈 업무용 스마트폰을 도입하던 산업계에도 변화가 일고 있다. 프랑스에서는 2017년 1월 1일부터 '연결되지 않을 권리right to disconnect'를 도입한 새 노동법을 시행했다. 50인 이상 노동자가 일하는 프랑스의 모든 기업이 의무적으로 '연결되지 않을 권리'를 노사 협의하도록 명시한 법이다. 프랑스 정보기술 기업 아토스는 회사 차원에서 아예 이메일을 없애고 다른 소통 방식을 채택하기로 했다. 프랑스는 '연결되지 않을 권리' 적용을 위해 '호출 대기' 개념을 도입했다. 운전기사·수리기사의 경우 작업을 위해 대기하는 시간은 노동시간으로 포함된다. 노동자가 특정 장소에 머물러야 하고 실질적으로 사용자의 지휘와 감독 아래 있는 시간이기 때문에 노동시간으로 봐야 한다는 것이다. 프랑스의 새 노동법은 '호출 대기' 시간이 원칙적으로 휴식 시간이지만, 전화나 메시지 등으로 연락을 주고받는 업무를 하게 되면 노동시간으로 간주해야 한다고 본다.

2013년 독일 노동부는 업무 시간 이후엔 비상시가 아니면 상사가 직원에게 전화나 이메일로 연락하지 못하도록 하는 지침을 발표한 바 있다. 이에 따라, 독일 자동차 회사 다임러는 2017년부터 휴가 때 수신되는 이메일을 자동 삭제하고 발신자에게는 임시 수신자를 알려준다. 독일 폭스바겐 노사는 2016년 1월부터 스마트폰으로 회사 이메일을 보낼 수 있는 시간을 출근 전 30분과 퇴근 후 30분 이내로 제한했다. 2011년에 이미 야간에 업무용 이메일이 오가는 것을 막기 위해 그 시간대에 이메일 서버 운영을 중단했는데, 아예 이메일 서버 운영 시간을 업무 시간으로 한정한 셈이다. 레슬리 펄로 하버드대학교 교수는《스마트폰과 함께 잠들다Sleeping with Your Smartphone》에서 직원들을 디지털 기기와 단절시킴으로써 생산성을 높일 수 있다고 주장했다.

우리나라 근로기준법에는 업무 시간 외 스마트폰을 이용한 노동과 관련한 규정이 없다. 2016년 국회에 퇴근 이후 전화나 문자 등 소셜미디어로 업무 지시를 할 수 없도록 하는 근로기준법 개정안일명 '퇴근 후 카톡 금지법'이 발의됐지만 정작 상임위원회에서조차 제대로 된 논의 한번 못하고 폐기됐다.

한국은 초고속인터넷, 스마트폰의 보급률과 사용 시간에서 세계 최고 수준이다. 2019년 기준 한국 노동자 1인의 연간 노동시간은 1978시간으로, 경제협력개발기구 평균 1673시간보다 305시간이나 많다. 주 52시간 근로제 시행으로 많이 줄어들었음에도 여전히 경제협력개발기구 최고 수준의 장시간 노동 국가다. 정규 노동시간 외에 스마트폰 등을 이용한 퇴근 후 업무가 다른 나라보다 더욱 부담인 상황이다.

⁰⁵² 스마트폰 중독

프랑스 의회는 2018년 9월 새 학기부터 15세 이하 학생들이 학교에 스마트폰과 태블릿PC를 갖고 등교할 수 없도록 하는 법률을 통과시켰다. 프랑스는 2010년부터 수업 중 스마트폰 사용을 법률로 금지해 왔는데 이번에 아예 스마트 기기를 학교에 가져오지 못하도록 한 것이다. 스마트폰 등교 금지는 에마뉘엘 마크롱 프랑스 대통령의 선거공약인데 법안은 찬성 62, 반대 1로 통과됐다. 15세 이상 학생들이 다니는 고등학교는 재량에 따라 학생들의 스마트 기기 사용 금지 여부를 결정할 수 있으며 특별활동이나 장애 학생은 스마트폰 사용 금지의 예외다. 프랑스 고등법원은 2018년 초 운전 중 스마트폰 사용을 전면 금지하는 판결을 내린 바 있다. 도로 측면에 차를 정차한 상태라 해도 휴대전화 사용 적발 시에는 약 18만 원의 벌금이 부과된다.

국내에서도 학생들의 스마트폰 사용 문제는 골칫거리다. 2018년 과학기술정보통신부의 스마트폰 과의존 실태조사를 보면 만 3세 이상 국민의 89.5%가 스마트폰을 소유하고 있으며, 특히 3~9세 유아와 어린이의 20.7%는 스마트폰 과의존 위험군이다. 그러나 스마트폰은 단순한 전화기를 넘어 전자사전, 계산기, 내비게이션, 주소록, 메모장 등 학습이나 생활에 필수적인 만능 도구인 탓에 학교에서 이를 금지할 경우 부작용도 크다.

2020년 11월 국가인권위원회는 학교 내에서 학생들의 휴대전화를 수거하는 등 사용을 전면 제한하는 것은 행동의 자유와 통신의 자유를 침해하는 행위라고 판단하고, 해당 학교에 생활 규정을 개정할 것을 권고한 바 있다. 한 고등학생이 학교가 매일 아침 휴대전화를 수거하는 등 일과 중 휴대전화 소지와 사용을 전면 금지해 권리를 침해당했다고 국가인권위원회에 진정을 제기한 데 대한 권고다. 학교 측은 교육적 목적을 위해 휴대전화 소지 및 사용을 금지했으며, 교사·학부모·학생 의견을 수렴해 학생 생활 규정을 개정했다고 주장했다. 하지만 국가인권위원회는 "학교가 희망자에 한해 휴대전화를 수거하거나 수업 시간 중에만 사용을 제한하고 휴식 시간과 점심시간에는 사용을 허용하는 등 침해를 최소화하면서도 교육적 목적을 달성할 수 있는 방법을 고려해야 함에도, 일과 중 휴대전화 소지 및 사용을 전면적으로 제한한 것은 과잉금지원칙을 위배했다"라고 밝혔다.

스마트폰처럼 강력하고 다양한 기능을 가진 도구와 기술일수록 전면 금지나 전면 허용과 같은 강력하고 단순한 원칙은 통용되지 않는다. 상황마다 이용자마다 다양한 필요와 목적이 있기 때문이다. 기본적으로 "보편적인 정답이 없다"는 것을 수용하고, 자신이 처한 고유의 상황에 맞는 처방을 수시로 만들고 수정해 나가야 한다.

국외의 사례도 도움이 된다. 영국의 경우 초등학교까지는 스마트폰보다 태블릿을 많이 쓰다가 졸업 즈음 스마트폰으로 옮겨간다. 초등학생 때는 부모가 이용 시간과 콘텐츠를 쉽게 관리할 수 있는 태블릿을 이용하고, 중학교 이후에 개인화 기기인 스마트폰으로 옮겨가는 것이다. 미국과 일본에서도 비슷한 관행이 있다. 미국에서는 학생들의 스마트폰 사용 시기를 늦추자는 민간 운동으로 '중2까지 기다리자Wait until 8th'라는 캠페인도 벌어지고 있다.

10대들의 스마트폰 사용 시간과 학교 내 사용 범위는 어려운 문제다. 분명한 것은 이용자들의 자발적 동의가 없는 상태에서는 어떠한 규칙도 작동하지 않는다는 점이다. 충분한 동의 없이는 부작용의 폐해가 더 크다. 법률 제정만으로 해결하려는 접근 방식은 실효성이 적다. 사실 법률 제정의 목적도 실제 완벽한 사용 금지라기보다 사용자들에게 경각심과 주의를 높이기 위한 규정을 만들려는 것으로 보인다. 법률과 기술로 풀 수 없는 문제인 만큼 결국 이용자와 공동체가 문제를 자각해 스스로 학습하고 상황에 맞는 규칙을 만드는 게 무엇보다 중요하다.

053

스마트폰의 새로운 사용법

스마트폰의 특별한 사용법들이 속속 추가되고 있다. 스마트폰을 더 다양하게 쓸 수 있게 됐지만 알고 보면 반가운 소식만은 아니다.

구글은 2018년 5월 해마다 개최하는 구글 개발자대회에서 운영체제 업데이트에 '윈드 다운Wind down' 모드를 추가했다. '윈드 다운'은 "긴장을 풀고 편안히 쉰다"는 의미로, 저녁에 스마트폰을 사용할 때 필요한 기능들을 묶은 모드다. 사용자가 '윈드 다운' 모드를 켜면 취침 시각과 같이 미리 설정해놓은 시각 이후 스마트폰은 방해금지 모드로 바뀌고, 화면은 아예 흑백으로 전환된다. 이용자에게 꼭 필요한 정보라면 흑백 화면으로도 확인하겠지만, 화려하고 현란한 화면이 아닌 만큼 동영상이나 이미지도 자극성을 잃게 될 것이라는 기대를 담아 만든 모드다.

국내에선 '스몸비 방지' 모드가 스마트폰에 탑재됐다. 방송통신위원회는 2018년 5월 청소년의 스마트폰 사용 안전을 위해 운영하는 '사이버 안심존https://ss.moiba.or.kr' 앱에 '스몸비 방지' 모드를 추가했다. '스몸비'란 스마트폰을 보며 걷는 사람을 일컫는 말로, 스마트폰과 좀비의 합성어이다. 이 기능을 활성화한 채로 스마트폰을 보면서 5~7보 걸으면 스마트폰 화면이 자동으로 잠긴다. 잠금을 풀려면 걸음을 멈추고 잠금 해제 버튼을 눌러야 한다.

스마트폰의 중독적 사용이 점점 늘어나는 데 따른 대응책이다. 지하철이나 버스에서 내린 후 걸어 다니면서도 스마트폰을 사용하는 풍경이 늘어나더니 최근엔 횡단보도를 건너는 사람들도 스마트폰에서 눈을 떼지 못하는 위험한 장면이 자주 보인다. 2016년 9월 현대해상화재보험이 광화문 네거리의 보행자들을 조사한 결과 33%가 보행 중에, 26%가 횡단보도를 건널 때 스마트폰을 사용했다. '아차 사고'를 경험한 사람도 22%로 조사됐다. 삼성화재가 2014~2016년 보행 중 주의분산 사고 1723건의 사상자를 조사한 결과, 61.7%인 1105명이 스마트폰 사용 중에 사고를 당한 것으로 집계됐다. 사고 사상자의 절반 이상이 10대22.9%와 20대30.8%였다.

　　문제가 심각하니 법률적 대책도 잇따르고 있다. 2017년 7월 미국 호놀룰루시는 도로를 건너는 보행자가 모바일 기기를 보는 행위를 금지하고 위반 시 최대 99달러의 벌금을 물리도록 하는 법률을 통과시켰다. 캐나다 온타리오주도 비슷한 법률을 발의했다.

　　행정안전부에 따르면, 최근 5년간 스마트폰 관련 교통사고는 2.2배 증가, 보행자 관련 사고는 1.6배 증가했다. 사고가 발생한 연령대는 20대 이하 청소년이 40.1%로 가장 높고, 사고 발생 시간은 하교 시간과 일치하는 오후 3~5시에 집중됐다.

　　구글이 2018년 개발자 회의에서 '윈드 다운' 모드를 비롯해 '디지털 웰빙'을 주요 서비스로 제시한 것은 그동안 운영체제 개발사가 업데이트 때마다 스마트폰에 다양한 기능을 추가하며 몰입적 사용을 부추겨 온 것과 대비되는 흐름이었다. 이제 구글 스마트폰 운영체제 안드로이드 파이Pie는 전화기를 뒤집어놓는 것만으로 바로 방해금지 모드로 전환할 수 있는 기능도 제공한다.

　　휴대전화기가 처음 등장했을 때는 요란하게 울리는 벨 소리가 뭇사람의 눈길을 잡아끄는 자랑거리였지만, 이내 거슬리는 소음이 됐다. 간단하게 진동 모드로 전환하는 '매너 모드'가 등장했고, '비행 모드'도 추가됐다. 자신이 지정한 사람에게서만 연락을 받을 수 있는 '방해금지 모드'는 긴급 상황과 연결 끊김에 대한 걱정 없이 스마트폰을 사용자 주도로 쓸 수 있는 기능이지만 좀처럼 활용되지 않는다.

'스몸비 방지 모드' '흑백 모드'처럼 새로운 사용법이 계속해서 등장한다는 것은 얼마나 우리가 정보화 기기의 유혹에 무기력한지를 알려준다. 새로운 사용 모드 개발보다 중요한 것은 자신의 사용 습관에 대한 성찰이다.

054

스팸전화 거부 법

인공지능 로봇 시대를 살아가고 있다는 걸 알려주는 대표적 도구는 전화기다. 전화기는 많은 사람이 하루 중 상당 시간 동안 로봇을 상대하며 살게 만든다. 사람인 줄 알고 받았지만 상대가 로봇이라는 걸 알고 나면 당황스럽다. 자동차와 컴퓨터도 사람과 관계를 맺는 기계이지만 전화와는 방식이 다르다. 상대가 기계라는 것을 인지하고 선택한 도구와 달리, 전화와 문자메시지는 상당수 이용자가 사람인 줄 알고 응답한 뒤에야 상대편이 사람이 아니라는 것을, 그래서 '낚였다'는 사실을 알게 되기 때문이다.

'후후' '후스콜' '티T전화' 등 스팸 여부를 알려주는 발신자 정보 제공 앱이 있지만 스팸전화를 완벽하게 걸러내지는 못한다. 여전히 많은 시간과 에너지를 로봇을 상대하느라 소비해야 한다.

공정거래위원회와 한국소비자원은 2014년부터 원치 않는 스팸전화를 막아주는 '텔레마케팅 거부 시스템www.donotcall.go.kr' 서비스를 제공하고 있다. 하지만 시행된 지 여러 해가 지났는데도 실효성이 매우 낮다. 서비스를 이용하려면 이용자가 전화번호를 등록해야 하는 불편이 있다. 텔레마케팅 사업자가 자진해 이 시스템에 등록하고 규정을 준수할 경우에만 스팸전화가 차단되기 때문에, 불법·탈법 스팸전화는 근본적으로 걸러주지 못한다는 게 한계다.

2015년 10월부터는 발신 번호를 허위로 표시하는 피싱 문자

메시지를 막기 위해 '발신 번호 사전 등록제'도 시행돼, 위반 시 5천만 원의 과태료를 물어야 한다. 공공기관, 금융기관을 사칭하는 피싱 메시지를 막기 위해 이들 기관의 대표 전화번호를 모두 사전에 등록시켜 번호 도용 문자메시지를 차단하기 위한 조처다. 하지만, 끊이지 않는 스팸메시지와 피싱 사기 피해에서 확인되듯 실효성에는 한계가 있다.

이런 가운데 미국에서 새로운 스팸전화 차단법이 등장했다. 미국 최대의 이동통신사인 버라이즌은 2019년 11월부터 로봇이 거는 스팸전화로보콜를 원천적으로 차단하기로 했다. 그동안 유료, 무료 스팸 차단 서비스와 앱이 존재했지만, 서비스를 활성화하려면 사용자가 별도의 설정을 해야 하는 절차가 필수적이었다. 버라이즌이 서비스하는 방식은 '초기 설정디폴트 세팅'의 변경이라는 점이 흥미롭다. 이용자가 전화를 개통한 뒤 별도의 조작을 하거나 특정 앱을 설치하지 않아도 자동으로 로보콜이 차단되는 구조다. 특히 스팸메시지와 피싱 전화의 주요 피해자가 스마트폰과 디지털 기기의 다양한 설정 기능을 잘 다룰 줄 모르는 정보 취약계층이라는 점에서 이용자 보호에 도움이 될 서비스다.

미국 언론 〈CNBC〉에 따르면, 미국 휴대전화 가입자들이 2019년 상반기에 받은 스팸전화는 약 253억 통으로 추정된다. 현재 미국인들이 받는 전화의 약 50%는 로보콜이 차지할 정도로, 미리 녹음된 스팸전화 무작위 발신의 피해가 막대하다. 미국에서는 업계의 반발에도 불구하고 2003년부터 '텔레마케팅 거부 서비스Do Not Call 법'가 시행되고 있으며, 국민의 70% 이상이 이 두낫콜Do Not Call 서비스를 이용 중이다. 하지만 국내처럼 대부분의 스팸이 이를 우회하기 때문에 차단 효과가 갈수록 떨어지고 있다.

텔레마케팅 거부 서비스, 발신 번호 조작 금지, 위반 시 과태료 인상, 스팸 차단 앱 등 '로보콜'을 막기 위한 다양한 방법이 동원되고 있지만 피해는 좀처럼 줄지 않고 있다. 사람보다 똑똑한 인공지능이 사람의 일자리와 역할을 대체할지도 모를 미래를 걱정하기에 앞서, 그다지 똑똑하지 않은 로봇이 거는 스팸전화도 막아내지 못하고 있는 것이 현실이다. 로봇이 사람의 지능을 앞서기 때문에 생겨난 피해가 아니다. 로봇을 악용하는 소수의 탐욕을 통제하지 못하는 데 따른 다수의 피해다. 하지만 '초기 설정'을 통해 로봇이 거는 전화를 사업자가 전면 차단하는 게 얼마든지 가능한 세상이라는 걸 미국 사례에서 알 수 있다.

⁰⁵⁵ 댓글 스티커

페이스북은 2014년 10월부터 댓글에도 스티커를 달 수 있도록 했다. 페이스북 담벼락엔 앙증맞은 스티커들이 달리기 시작했다. 꽃다발을 든 손, 윙크하는 눈, 눈물 흘리는 얼굴 등 재미난 표정이 담벼락을 채우고 있다. 이때까지 글 말고는 '좋아요'만 누를 수 있던 표현 방법이 다양해진 것이다.

하지만 페이스북 스티커가 모두에게 환영받는 것은 아니다. 문자 위주의 소통을 좋아하는 이들은 곧바로 페이스북 스티커를 제거해주는 확장 도구unsticker.me를 만들어 크롬과 파이어폭스 브라우저에서 보급하고 있다.

댓글 대화에서 활용되는 이미지의 원조는 '이모티콘emoticon'이다. 이모티콘은 1982년 카네기멜런대학교의 교수인 스콧 팔먼이 전자 게시판에서 사용한 ':-)' ':-(' 같은 특수기호를 조합하는 데서 시작했다. 문서 작성을 위해 만들어진 키보드 자판의 문자, 숫자, 구두점을 활용해 웃는 얼굴, 찡그린 얼굴, 실망한 표정 등 다양한 감정을 표현할 수 있게 만든 것이다. 일본 이동통신사들은 키보드의 자판 대신 이모티콘과 비슷한 형태의 얼굴 이미지인 '이모지emoji'를 만들어 확산시켰다. 웃고, 울고, 미소 짓고, 화가 난 표정 등을 직관적으로 표현한 다양한 사람 얼굴 모양의 원형 이미지다. 카카오톡이나 라인과 같은 메신저 앱에서는 스티커가 글쓴이의 감정을 표현하는 도구를 넘어, 글 없이도 소통

180

할 수 있게 해주는 새로운 도구가 되어가고 있다.

얼마나 스티커를 재미나고 다양하게 만드냐는 최근 치열한 메신저 앱 경쟁에서 중요한 역할을 하고 있을 정도다. 국외에서 인기몰이를 하고 있는 메신저 앱 라인은 스티커가 성공의 핵심 요인으로 지목되고 있다. 라인에서는 하루 18억 건이 넘게 스티커가 쓰이고 있으며, 디자이너들이 작품을 유료 판매해서 수익을 거둘 수 있는 스티커 장터가 활발하게 운영되고 있다.

디지털 세상의 흥미로운 새 모습이지만, 온라인 소통에서 스티커가 등장하게 된 또 다른 이유는 없을까? 스마트폰과 메신저 앱을 통해 문자 대화가 음성 대화를 빠르게 대체하고 있지만, 여전히 문자 대화는 직접 만나거나 전화로 소통하는 것을 대신할 수 없다는 사용자들의 정서가 스티커가 인기를 끌게 된 배경 중의 하나이다.

여러 앱이 이모티콘, 스티커 등을 동원해 사용자의 기분이나 상태를 표현할 수 있는 기능을 덧붙이고 있지만 한계도 분명하다. 실제 대면 대화에서는 대화가 이루어지는 시간과 공간을 비롯해 다양한 맥락의 정보가 공유된다. 말하는 이의 감정이 목소리와 표정에 드러나고, 듣는 이의 표정도 숨길 수 없다. 반면 인터넷 채팅에서는 발신자가 자신의 프로필을 임의로 선택해 노출하는 구조다. 메신저에서 스크린 네임, 프로필 사진 등을 통해 자기 상태를 곧잘 반영하는 이들도 있지만, 감정에 따라 시시각각 바꾸기는 어렵다. 현실에서는 화난 상태이지만 프로필 사진은 웃는 얼굴이고, 분위기 깨는 상사의 썰렁한 아재 개그에 부서원들이 얼굴을 찡그린 채 투덜대면서도 '하트 뿅뿅' 스티커를 보내는 경우가 흔하다.

앨버트 머레이비언 캘리포니아대학교 교수가 1971년《침묵의 메시지Silent Messages》를 펴내 문자 위주 소통의 한계를 지적한 이후

'머레이비언의 법칙'이 공식화됐다. 상대로부터 받는 인상에서 메시지의 내용이 차지하는 것은 7%뿐이고, 38%는 음색·어조·목소리 등의 청각 정보, 55%는 눈빛·표정·몸짓 등의 시각 정보라는 것이다. 아무리 메신저 앱으로 정성껏 사연을 담고 스티커를 붙이더라도, 이는 극히 제한된 정보를 주고받을 뿐이다. 대화의 내용 못지않게 말할 때의 표정, 눈빛과 시선, 몸짓, 자세 등 비언어적 요소가 중요하고 이는 디지털 기술과 도구로 대체하기 어려운 속성을 지닌다. 소중한 사람일수록, 중요한 대화일수록 눈을 마주 보고 음성을 공유해야 하는 이유다.

056 카톡 수신 확인

카카오톡 같은 소셜네트워크 메신저 앱은 수신 확인 기능이 기본이다. 카카오톡은 메신저 창의 말풍선 옆에 숫자를 표시해, 메시지를 확인하면 그 숫자가 줄어든다. 발신자에겐 편리하나, 수신자는 불편하다. 내가 메시지를 확인하는 순간 '1'이 사라져 발신자가 그 사실을 알게 된다. 연인 사이에선 "확인하고도 왜 답신이 없냐"며 신경전도 생겨난다. 이렇다 보니 발신자 모르게 메시지를 확인하는 앱들도 등장했다.

수신 확인 서비스는 과거 우편 제도에서도 이용할 수 있었지만 등기우편 등 요금을 더 내는 부가서비스 형태여서 제한적으로만 사용됐다. 수신 확인 기능은 이메일에서 본격적으로 문제가 됐다. 애초 이메일 전송 규약에는 수신 확인 기능이 없었지만, 이메일 사용자가 늘어나면서 다양한 요구가 나타났고 관련한 기술이 생겨났다. 이메일 서비스 업체들이 초기에 적용한 수신 확인 기능은 발신자와 수신자가 동일한 메일 서비스를 쓸 때만 작동했다. 다음 메일 사용자끼리, 네이버 메일 사용자끼리만 수신 확인을 할 수 있어서 크게 활용되지는 못했다.

마이크로소프트의 아웃룩 익스프레스Outlook Express와 같은 사용자 PC에 직접 설치하는 이메일 프로그램은 환경 설정에 '읽음 확인 메일 요청' 기능을 두어, 수신자가 이메일을 읽은 경우 자동으로 확인 메일이 발송되도록 했다. 그러나 이 기능 역시 수신자 환경에 따라 다르게 작동했고, 상당수 수신자들은 확인 요청 메일을 불쾌히 여겨 널리 쓰이

183

지 않았다.

　　기술은 편법을 찾아냈다. 사용자들의 이메일 수신 확인 여부를 알고자 하는 욕망에 따라 국내 이메일 서비스 업체들은 이메일 안에 눈에 보이지 않는 이미지 파일을 심어두는 방식으로 수신자가 메일을 확인했는지 여부를 파악했다. 일종의 눈속임이다.

　　하지만 이러한 수신 확인 서비스는 표준적인 기능이 아니다. 수신자 입장에서 보면 자신의 상태를 상대에게 노출하는, 일종의 감시 기술이기 때문이다. 지메일, 핫메일 등 국외 메일엔 애초부터 수신 확인 기능이 없었다. 감시 기술이라는 프라이버시 침해 우려 때문이다.

　　이러한 추적 기능은 휴대전화에서도 문제가 되었다. 3세대 이동통신WCDMA 이후엔 단말기를 바꾸거나 별도의 신청 없이도 자신의 단말기를 갖고 출국하면 자동 로밍이 되어 국외에서도 편리하게 전화를 주고받을 수 있다. 국내 이동통신사들은 자동 로밍 서비스가 시작된 이후, 로밍 중인 번호로 전화를 거는 사람들에게 친절한 안내 멘트를 내보냈다. 국내에서 전화를 걸면 자동으로 "지금 로밍 서비스를 이용 중인 고객님께 연결 중입니다. 통화 연결 시 로밍 중인 고객에게 국제 통화료가 부과됩니다"라고 안내한 것이다.

　　하지만 편리한 '로밍 중 안내' 서비스는 몇 년 뒤 중단됐다. 한 이용자가 "왜 내가 외국에 있다는 사실을 나의 동의 없이 통신사가 제삼자에게 알려주느냐"라고 문제를 제기했기 때문이다. 이제는 사전에 서비스를 신청한 사람의 휴대전화만 '로밍 중'이라는 안내를 내보낸다. 변경 이후 많은 로밍 이용자들은 번거롭다고 생각한다. 별도의 로밍 안내 서비스를 신청하지 않으면, 여행지에서 한밤중에 한국으로부터 걸려오는 전화를 받아야 하는 상황이 생기기 때문이다. 결국 대부분의 이용자는 '로밍 중 안내' 서비스를 신청한다. 이용자들로서는 번거로운 절차가 늘어났다고 여길 수 있지만, 자신의 위치정보가 동의 없이 다른 사람들에게 제공되고 있었던 문제를 심각하게 생각해야 한다. 편리함보다 중요한 것은 자신의 정보와 상태에 대한 통제권을 정보 주체인 사용자 스스로 결정할 수 있는 권리이다.

카카오톡 수신 확인은 수신자의 선택권이 없는, 발신자 위주의 감시 기술이다. 인터넷 기술은 자연적인 게 아니다. 설계에 사용자 요구를 반영하는 만큼만 구현된다. 카톡 수신 확인 기능에 선택권이 제공돼야 한다.

057

내용증명 대화

요즘 학생들은 '스마트폰에서 없앴으면 하는 기능을 하나 골라라'라는 질문을 받으면 음성통화 기능을 지목한다는 얘기를 관련 분야 연구자로부터 전해 들었다. 청소년들은 친구들과는 주로 문자와 메신저 앱을 통해 대화를 주고받는다. 음성통화를 하게 되는 상황은 부모나 광고업체로부터 걸려오는 전화를 받을 때다. 메신저가 통화를 대체하기 시작한 지 이미 오래다. 대화가 음성이 아닌 문자로 이뤄지면, 일견 장점이 많아 보인다. 대중교통으로 이동 중이거나 많은 사람이 모인 자리에서도 얼마든지 조용하게 대화할 수 있고, 나중에 대화 내용을 찾아보기도 편리하다.

하지만 글로 대화하게 된다는 것은 내용의 전달을 넘어 언어 사용에서 획기적 변화를 가져오는 일이다. 무엇보다 중요한 변화는, 우리가 말을 글로 자동 기록하는 언어생활을 하게 됐다는 점이다. 카카오톡 대화가 말을 대체하면서 대화의 내용이 통째로 기록되고 있다. 내가 스마트폰에서 대화 내용을 지워도 상대의 전화기에는 내용이 그대로 보존돼 있고, 대화를 나눈 두 사람이 모두 삭제해도 카카오톡 서버에는 그 내용이 남을 수 있다.

사회제도와 각종 환경은 음성 대화에 익숙해져 있다. 말로 하나 메신저에 글로 쓰나, 같은 내용을 주고받는 것이라고 생각할 수 있지만, 그로 인한 영향은 다르다. 이 사실을 깨닫지 못한 상태에서 메신저를 대화 도구로 사용하다 보면, 예기치 않은 상황에 처하게 된다. 자신의 지위와 공개 발언이 가지는 의미를 잘 알고 있는 유명 인사들도 SNS에 자신의 속내를 비치는 글을 공개적으로 올렸다가 문제가 되면 슬그머니 지우는 일이 자주 일어난다. 말과 글이 지닌 영향력과 책임의 차이에 대해 제대로 알지 못한 채 SNS에서 자신의 생각을 솔직하게 드러냈다가 곤경에 처하는 사례가 갈수록 늘어나고 있다. 당사자들로서는 평소 자연스럽게 말하던 것을 스마트폰으로 옮긴 것뿐이라고 생각할 수 있지만, 메신저 서비스를 통해 문자로 대화하는 세상에서 사용자들이 반드시 알고 있어야 낭패를 보지 않게 되는 점들이 있다.

첫째, 카카오톡과 메신저 대화는 아무리 구어체로 주고받더라도 말이 아닌 글이라는 점이다. 허공으로 사라지는 말과 달리, 영구히 보존될 수 있는 글로 대화하고 있다는 점을 생각해야 한다. 둘째, 내가 카카오톡으로 보낸 내용은 지워지지 않는다는 점이다. 내가 모르는 사이 대화 상대나, 같은 채팅방의 누군가가 대화 내용을 여러 가지 방법으로 저장할 수 있다. 일단 문자로 남겼다면 주워 담거나 부인할 도리가 없다. 소송이 벌어지면 법원에서 증거로 인정된다. 셋째, 카카오톡에는 숫자로 표시되는 수신 확인 기능이 있다. 상대가 나의 메시지 수신 여부와 숫자가 없어진 전후를 통해 그 시각도 유추할 수 있다. 일찌감치 확인해 놓고, 이튿날 "방금 확인했다"고 둘러댄다면 상대에게 불신만 안겨줄 뿐이다.

2016년 9월 서울행정법원은 메신저 앱 단체 대화방에서 여학생들을 상대로 성희롱을 해서 무기정학을 받은 대학생들이 학교를 상대로 징계 취소를 청구한 소송에서 학교 쪽 손을 들어줬다. "단체 대화방의 대화는 그 내용이 언제든지 유출될 수 있다"며 단체 대화방을 열린 공간으로 보아 명예훼손과 모욕죄가 성립한다고 본 것이다. 2016년 10월

수원지방법원은 메신저 앱에서 일대일 대화를 통해 치어리더를 비방한 야구선수에게 700만 원 벌금을 확정했다. "일대일 대화라도 허위사실이 빠르게 유포되는 단초를 제공했다"라고 판시했다. 법원이 잇따라 메신저 대화가 당사자만의 사적 대화가 아니라, 공개적인 발언이라는 점을 인정한 판례다.

이는 문자 대화가 일종의 내용증명 대화라는 걸 일깨운다. 동일한 내용을 발신자와 수신자, 그리고 제삼자가 그대로 보관하고 있어, 문제가 생길 경우 법적 증거가 된다는 의미다. 메신저 앱을 쓸 때 명심해야 할 사항이다.

058

메신저 대화

스마트폰 대중화 이후 문자메시지를 이용한 편리한 소통이 대면 대화를 대체하고 있지만, 기술의 발달은 만나서 얼굴을 마주하고 나누는 대화의 모습도 바꾸고 있다. 여러 사람이 만나 식사를 하거나 대화를 하는 자리에서 참석자 모두가 동시에 대화에 귀를 기울이는 경우는 흔치 않다. 대화를 주도하는 몇몇을 제외하고는 각자의 스마트폰을 들여다보는 경우도 많다. 노래방에서 마이크를 잡은 사람만 열창하고 나머지 사람들의 눈길과 관심은 오로지 노래방 책에 쏠려 있는 풍경과 유사하다.

요즘 젊은이들은 성인들에겐 없는 능력을 지니고 있다. 스마트폰 화면을 거의 보지 않고도 빠른 속도로 문자를 보내는 능력이다. 학창 시절 수업 시간에 정면을 바라보면서 손으로는 휴대전화로 문자를 보냈던 경험 덕분이다. 입으로는 대화하면서 눈으로는 순식간에 메신저 앱의 내용을 확인하고 회신을 보낸다. 몸은 한 장소에 있으면서도 멀리 떨어진 상대와 소통함으로써, 신처럼 어디에나 존재하는 능력을 구현하는 셈이다. 저명한 사회심리학자인 셰리 터클 매사추세츠공과대학교 교수는 2015년 펴낸《대화를 잃어버린 사람들Reclaiming Conversation》에서 스마트폰 시대에 소통과 공감 수단으로서의 대화가 사라진 모습과 그 여파를 조명했다. 터클에 따르면 스마트폰 세대에게 대면 대화는 그 주제와 내용이 모두 가벼워졌다. 대화에 몰입하는 대신 수시로 참여했다가 빠지는 게 이상하지 않을 주제로 대화가 이뤄진다는 것이다.

메신저를 통한 대화가 대표적이다. 메신저 대화는 대면 대화와 달리 멀리 있어도, 서로 참여하는 시간이 달라도 소통을 가능하게 해주는 편리한 도구다. 하지만 대면 대화는 서로의 체온을 느끼면서 눈빛을 교환하는, 감정적 존재인 사람에게 상대와 공감을 나누도록 하는 대체 불가능한 소통 수단이다. 어려서부터 디지털 기기의 화면에 오랜 시간 노출되고 대면 대화 시간이 줄어든 요즘 아이들은 다른 사람의 감정 변화를 잘 읽어내지 못하는 경향이 확인되고 있어 우려스럽다.

미국에서 청소년과 대중매체에 대한 교육과 정보를 제공하는 국립 비영리 단체 코먼센스 미디어를 운영하는 심리학자 얄다 울스는 2014년 흥미로운 실험 결과를 발표했다. 5일 동안 스마트폰 등 디지털 기기를 쓰지 않는 캠프에 참가한 학생들이 통제 집단에 비해 동영상에서 사람들의 감정을 읽어내는 능력이 월등히 높아졌다는 것이다. 스마트폰 때문에 우리는 지루함을 잠시도 견디지 못하고 자극적인 것을 찾게 되었다. 그러나 공감하는 사람이 되려면 자극적인 것보다 눈앞에 있는 상대의 말에 귀 기울이는 일의 중요성을 아는 게 우선이다.

스마트폰은 또 다른 방식으로 공감 능력을 떨어뜨린다. 터클은 스마트폰이 세 가지 소원을 들어주는 '램프의 요정'과 같다고 말한다. 첫째, 언제나 누구에게든 말을 걸 수 있다. 둘째, 원하는 쪽으로 관심을 돌릴 수 있다. 셋째, 결코 혼자라는 느낌이 들지 않게 한다. 세 가지 소원은 스마트폰 주인으로 하여금 지루할 틈이 없게 만드는 기능이다. 그동안 통신 기기는 다른 사람과의 대화를 가능하게 해주는 연결 도구였지만 음성인식과 인공지능 기술 덕분에 대화의 상대가 컴퓨터인 상황이 늘어나고 있다. 항상 내 명령대로 작동하고 내가 원하는 내용을 보여주는 램프의 요정 같은 도구이지만, 음성 비서나 메신저 대화 등 기계를 통한 대화와 소통이 늘어나는 현상은 새로운 과제를 던진다.

　　　기계를 통한 소통이나 기계와의 대화는 특정 기능 수행을 위한 조작과 명령을 필수적으로 요한다. 반면, 사람 간의 대화는 일방적이지 않다. 상대와 감정과 생각을 주고받는 행위로, 우리는 대화 내용만이 아니라 대화 과정을 통해서 상대의 마음을 읽고 또한 상대방에게 자신의 말이 어떻게 비치고 전달될지를 생각해야 한다. 대화는 의사소통 수단인 동시에 생각과 공감의 도구이기도 하다. 터클은 사용자가 통제할 수 있는 디지털 도구가 대화를 없애고 있다며, 디지털 세상에서 인간성의 회복을 위해 사람 간의 대화가 무엇보다 중요하다고 강조한다.

059

소셜미디어 권력

    2020년 5월 25일 미국 미네소타주 미니애폴리스에서 백인 경찰이 흑인 조지 페리 플로이드를 정당한 이유 없이 무자비하게 9분 이상 목을 졸라 죽음에 이르게 했다. 이를 계기로 '흑인의 목숨도 소중하다 Black Lives Matter'라는 구호 아래 대대적인 항의 시위가 일어났다. 시위는 미국 전역으로 격렬하게 번져나갔고 폭력 충돌로 이어졌다.

    동영상으로 확인한 결과, 비무장 흑인에 대한 경찰의 과잉 진압으로 인한 사망이 명확하고 그에 대한 항의가 심각했음에도 도널드 트럼프 당시 미국 대통령의 반응은 미온적이었다. 트럼프 대통령은 5월

29일 SNS에 "약탈이 시작되면 총격도 시작된다"며 성난 시위대를 향해서 오히려 맞불을 놓았다. 트위터는 트럼프의 발언에 대해 즉시 '폭력 미화'라는 경고를 붙이고 노출을 가렸지만, 같은 내용의 글이 올라간 페이스북은 정책에 어긋나지 않는다며 이를 방치했다.

페이스북의 최고경영자 마크 저커버그 자신은 트럼프의 그 발언에 대해 "역겹다"라고 말했지만, 페이스북의 정책은 트럼프의 발언을 허용한 것이다. 페이스북은 인터넷 세상에서 '표현 자유의 수호신'을 자임한다. "세상을 더 개방적이고 더 연결된 곳으로 만든다"라는 게 페이스북이 밝히는 사회적 책무다.

'표현 자유 지상주의'는 페이스북을 자유로운 의견 표현의 마당으로 만들었다. 하지만 현실 세계에서 페이스북의 영향력이 커짐에 따라 책임의 무게도 함께 무거워졌다. 도널드 트럼프 당시 공화당 후보가 당선된 2016년 미국 대선 결과에는 소셜미디어에 유통된 가짜뉴스도 상당한 영향력을 행사했다. 마크 저커버그는 이러한 주장에 대해 강하게 반발했다.

페이스북의 가짜뉴스가 미국 대선에 영향을 주었다는 지적에 대해 저커버그는 "미친 생각"이라며 "가짜뉴스는 극히 일부분이고, 페이스북 콘텐츠의 99%는 믿을 수 있는 것"이라고 주장했다. 그는 "페이스북에 가짜뉴스를 신고하는 기능이 있지만, 사람들은 자신이 동의하지 않는 내용을 가짜라고 생각하는 경향이 있다"라며 오히려 역공을 펼쳤다.

하지만 페이스북에서 가짜뉴스 유통의 문제는 갈수록 확대됐고 저커버그는 결국 사과해야 했다. 페이스북은 2017년부터 가짜뉴스 추방을 위한 여러 활동에 나섰다. 뉴스피드의 허위 정보에 '빨간색 경고' 형태의 '논쟁 중Disputed' 깃발을 붙여 이용자들이 경각심을 갖도록 했다. 기대와 달리 '논쟁 중' 빨간 깃발은 해당 가짜뉴스의 주목도를 높이는 부작용을 낳아 오히려 가짜뉴스가 더 빠르게 확산되는 결과를 가져왔다. 페이스북은 '논쟁 중' 깃발을 없애고, 사실인지 미심쩍은 글에 대해 관련 기사를 첨부하는 방식으로 콘텐츠 노출 방법을 변경했다. 2017년 말 저커버그는 자동화에 의존해온 콘텐츠 노출 방법을 개선하고, "가짜뉴스 등을 식별하기 위해 1만 명을 추가로 채용할 것"이라며, 사람의 검증을 통해 가짜뉴스 문제에 대처하겠다고 공언했다. 그럼에도 여전히 소셜미디어는 가짜뉴스의 온상이다.

　　　사람은 보고 듣는 것을 기반으로 느끼고 판단하는데, 정보 환경은 어느 때보다 기술 기업의 영향 아래 있다. 무한한 정보 세상에서 이용자는 도우미 없이는 길을 잃는다. 포털의 초기화면과 인기 검색어를 화제로 삼고, 유튜브와 넷플릭스가 추천하는 영상을 보고, 페이스북과 인스타그램에서 공유되는 콘텐츠를 소비한다. 검색엔진이 검색 결과 첫머리에 올린 것과 페이스북과 유튜브의 알고리즘이 추천하고 노출한 콘텐츠가 만인의 감정과 인식을 형성하는 데 중요한 영향력을 끼치게 된다. 개인 능력과 자유도는 어느 때보다 커진 것 같지만 현실은 기술 기업이 빅브라더가 된 상황이다. 정보화의 역설이다.

⁰⁶⁰ 좋아요

　　스마트폰과 SNS의 쓰임이 늘어나면서 새로운 연말 풍경이
등장했다. 1년 동안 사용자가 SNS에서 가장 많이 사용한 단어나, 친구들
이 가장 많이 관심을 표시한 콘텐츠를 자동 편집해서 보여주는 서비스
다. 대표적으로 페이스북이 연말을 맞아 선보인 '당신의 한 해' 서비스
는 사용자가 1년간 올린 콘텐츠 가운데서 인기가 높았던 사진과 글을 월
단위로 정리해서 보여준다. 그 가운데서도 가장 큰 관심을 받은 사진을
대표 이미지로 선정한다. 또 '마이 타임스'란 서비스는 페이스북 사용자
가 1년간 활동한 내용을 신문 형태로 자동 편집해서 보여준다.

　　특별한 조작 없이 클릭 한 번으로 만들어지기 때문에 많은 페
이스북 사용자들이 자신의 1년을 손쉽게 정리해보고 있다. 자신이 올린
페이스북 콘텐츠 중 가장 많이 공유되고 가장 많은 '좋아요'를 받은 게
시물을 보기 좋게 편집해주고, 각자를 신문 1면의 주인공으로 만들어 주
는 것이다. 사용자가 지난 1년간 즐겨 사용한 단어들은 무엇인지, 계정
을 가장 자주 방문한 사람이 누구인지도 보여주니 사용자들도 몰랐던
자신의 지난 1년간의 활동 내역을 알게 된다. 인기가 높은 콘텐츠를 선
별해 순식간에 편집해내는 알고리즘에 대한 사용자들의 찬사도 이어지
고 있다.

　　하지만 페이스북의 '당신의 한 해' 서비스는 모두에게 행복
한 경험을 제공하지 못했다. 미국의 저명한 웹디자인 컨설턴트인 에릭

195

마이어는 2014년 6월, 딸 레베카의 여섯 번째 생일에 그녀를 뇌암으로 잃었다. 페이스북은 마이어에게 딸의 생전 사진을 보여주며 '행복한 한 해였습니다. 함께 해주셔서 감사합니다'라는 기본 설정된 메시지를 계속 보내며 아픈 상처를 자극했다.

마이어는 그해 12월 24일 자신의 블로그http://meyerweb.com 에 〈부주의한 알고리즘의 잔인함Inadvertent Algorithmic Cruelty〉이라는 글을 올려, 페이스북의 의도하지 않은 잔인함을 고발했다. 마이어는 "알고리즘은 본질적으로 생각이 없다. 알고리즘은 특정한 결정 흐름을 모방하지만, 일단 작동시키면 사유 과정이 없다"라고 지적했다. 그는 생각 없는 알고리즘에 우리의 삶이 내맡겨져 있다며, 개발자와 디자이너는 '최악의 경우'를 상정하면서 설계해야 한다고 말했다.

이 사례는 일련의 기계적 자동 처리 절차인 알고리즘의 단면을 드러냈다. 문제의 근원에는 페이스북에서의 모든 감정적 표현과 반응을 '좋아요' 단추로만 표현하도록 하는 페이스북의 기본 구조가 있었다. '좋아요'는 페이스북의 폭발적 성장을 가져온 마법의 버튼이었지만, 그늘도 드리웠다. '좋아요' 외에 다른 선택의 여지가 없어, 사용자들은 친구가 부모상을 당하거나 비탄에 빠졌다는 글을 올려도 '좋아요'를 눌러 공감을 표시했다. 페이스북의 알고리즘은 가장 많이 '좋아요'를 받고 공유된 콘텐츠를 골라내 '가장 행복한 모습'으로 발행했다.

이러한 문제에 부닥친 결과 페이스북은 결국 2016년 2월 '좋아요' 외에 추가로 다섯 종류의 '공감' 버튼을 보태는 서비스 개편을 했다. 많은 사람이 기대했던 '싫어요'는 추가되지 않았다. 대신 '최고예요love' '웃겨요haha' '멋져요wow' '슬퍼요sad' '화나요angry'라는 버튼을 만들어 다양한 감정을 표현할 수 있도록 기능을 추가했다. '좋아요'밖에 없던 때보다는 좀 더 다양한 방식으로 감정을 표현할 수 있게 되었지만, 페이스북에서 사용자의 감정은 여전히 몇 개의 버튼에 묶여 있는 셈이다.

　　　구글과 페이스북 등 거대 인터넷 기업들은 정교한 알고리즘 기술을 통해 디지털 세상을 운영하고 있으며, 스마트폰과 일체화된 우리들의 삶은 갈수록 이러한 알고리즘의 지배와 영향 아래 놓이게 된다. 로봇과 알고리즘의 커져가는 힘을 사용자가 인식하고 좀 더 인간적 기준을 제시해나가지 않으면, 기계에 우리를 맞추는 위험한 경우가 점점 늘어날 수밖에 없다.

061 페이스북 삭제

2018년 초 페이스북 탈퇴 캠페인이 벌어졌다. 페이스북이 가입자 정보를 2016년 미국 대선 등 정치적 목적의 개인 맞춤형 광고 선전에 활용하도록 방치한 데 대한 항의였다. 탈퇴 캠페인은 '페이스북 삭제#deletefacebook' 해시태그를 확산시키는 형태로 진행됐다.

페이스북 탈퇴 운동의 계기는 런던에 본사를 둔 데이터 분석 업체 '케임브리지 애널리티카'의 비윤리적 기술과 마케팅이었다. 케임브리지 애널리티카는 2016년 페이스북 이용자 5천만 명의 개인정보를 분석해 도널드 트럼프 대통령 후보의 선거운동에 이용했다. 페이스북이 가짜뉴스 확산과 이용자 정보 유출에 눈감아 온 사실도 2106년 미국 대선 이후 뒤늦게 밝혀졌다. 이에 대한 반발로 일론 머스크는 자신이 창업해 운영하고 있는 테슬라와 스페이스엑스SpaceX의 페이스북 페이지를 모두 삭제하고, 페이스북 광고도 하지 않겠다고 밝혔다. 실리콘밸리의 유명인들과 많은 기업이 페이스북 탈퇴 운동에 동참했다.

곤경에 몰린 페이스북은 2018년 4월 21일 마크 저커버그가 사과하며 개인정보 관리 페이지 개선에 나섰고, 정보 유출 방지와 가짜뉴스 유통 차단을 약속했다. 하지만 저커버그는 국제적 비난에 직면했고, 미국과 영국 국회는 저커버그의 청문회 출석을 요구했다.

과도한 이용으로 인한 SNS 피로감에 이어 이용자 정보 유출 파문까지 마주한 일반 사용자들은 페이스북 탈퇴에 동참했을까? 페이스북은 정보 유출 사태로 이용자 신뢰를 크게 잃었지만, 그렇다고 해서 이용자들의 SNS 의존도는 그다지 달라지지 않았다. 실제로 페이스북의 월간 이용자 수는 탈퇴 캠페인이 진행된 2018년에는 23억 명 수준이었으나, 3년 뒤인 2021년에는 28억여 명으로 오히려 20% 가까이 증가했다. 탈퇴 캠페인이 실제로는 '찻잔 속 태풍'이었음을 보여주는 결과이지만, 이는 페이스북에 대한 사회적 비판과 별개로 페이스북이 인간의 사회적 욕구에 끼치는 영향력을 다시 생각해보게 만든다.

사회적 존재인 사람은 편리하고 더 강력한 SNS가 나타날 때마다 열광적으로 새로운 서비스를 채택했다. 다음 카페, 싸이월드, 마이스페이스, 세컨드라이프 등에 이어 페이스북, 트위터, 인스타그램까지. 사회관계망 서비스의 역사는 사람들의 연결욕구를 충족시키는 더 강력하고 편리한 서비스의 발전으로 요약된다.

사회관계망 시대에 '던바의 수 150'은 무력화됐다는 주장이 제기되고, 인간이 여타 영장류와 다른 초사회성을 바탕으로 진화한 '울트라 소셜'의 존재라는 주장이 널리 알려지고 있다. '150'이란 숫자는 영국 옥스퍼드대학교의 저명한 진화생물학자 로빈 던바가 한 사람이 관계를 유지할 수 있는 친구의 수는 최대 150명이라고 주장해서 유명해진 개념이다. 던바는 2012년 자신의 논문에서 소셜미디어를 통해 인맥이 수천 명 단위로 확대되더라도 진짜 친구의 숫자는 변화가 없다고 거듭 주장한 바 있다. 진화생물학자인 장대익 서울대학교 교수는 그의 저서 《울트라 소셜》에서 높은 사회성이 사람의 본질이라며, 인류의 역사는 소속 집단에서 동일한 종족으로, 또 반려동물과 자의식을 지닌 동물로까지 점점 공감 대상을 확대해온 과정이라고 말한다. 하지만 소셜미디어 시대에는 사회적 존재인 인간의 관계망 확대를 향한 본능을 이용해서 이윤을 취하려는 기업들의 행태를 저지해야 할 과제 또한 생겨났다.

《부재의 종말The End of Absence》을 쓴 캐나다 작가 마이클 해리스는 페이스북을 사회적 관계를 실험하는 배양접시 샬레에 비유한다. 샬레에서는 성장 가능성이 있는 것을 얼마든지 길러낼 수 있지만, 이를 접시 바깥으로 꺼내는 순간 시들거나 죽어버리는데 관계와 우정도 마찬가지라는 것이다. 더 강한 연결을 추구하는 본능은 우리가 사회관계망을 벗어나기 어렵다는 걸 알려주지만 동시에 깊이 의존하는 도구일수록 더욱 투명하고 믿을 만하게 만들어야 한다는 것을 깨닫게 한다. 페이스북 탈퇴 운동은 사회적 본능에 대한 비판적 성찰을 일깨웠다.

페이스북의 '추억 팔기'

페이스북을 사용하다 보면 다양한 과거의 글과 사진을 만나게 된다. 1년 전 또는 2~3년 전 오늘 날짜에 발생한 일이나 올렸던 게시물을 공유하는 이들이 많다. 내용을 보면 대개 자랑하거나 기념할 만한 일이다. 당사자는 물론 대부분이 잊고 있던 일인데 페이스북이 귀신같이 찾아내 널리 알리는 역할을 하고 있다.

아무 날이나 과거의 글을 알려주는 게 아니라는 점에서 이러한 서비스는 댓글과 관심도 데이터를 기반으로 이뤄진다는 걸 짐작할 수 있게 한다. 소셜미디어에서 일상을 지나치게 자세히 공개하는 문화를 과잉이라고 생각하던 차에, 다른 사람은 물론 자신도 잊고 있던 과거의 일까지 재방송하는 게 영 내키지 않았다.

종종 출현하는 '과거의 오늘' 기능을 비활성화하려고 설정 옵션을 찾아 들어갔다. '과거의 오늘'에서 특정한 날짜를 제외하거나, 특정한 사람을 제외할 수 있도록 하는 필터 기능이 있었다. 하지만 타임라인에서 나와 다른 사람의 과거 포스팅을 만나지 않도록 해주는 '과거의 오늘' 비활성화 기능은 아예 없었다. 페이스북을 사용하는 이상 계속해서 다른 사람들의 '추억 팔이'를 만날 수밖에 없도록 설계된 것이다. 페이스북은 "과거의 오늘은 바로 여러분의 추억입니다. 어떤 추억을 다시 보게 될지 직접 관리해보세요. 필터링 기능을 사용하면 간직하고 싶은 추억만 떠올릴 수도 있습니다"라고 홍보할 따름이었다.

문자의 발명이 인간의 인지적 능력을 획기적으로 고양시킨 것처럼, 모바일 기기도 비슷한 영향을 끼쳤다. 신체의 일부처럼 항상 지니고 다니는 또 하나의 두뇌인 스마트폰 덕분에 우리는 기억의 상당 부분을 기계에 의존하고 있다. 지도나 전화번호는 물론이고, '오늘 해야 할 일'도 이제는 일정 관리 소프트웨어가 알려주지 않으면 지나치는 경우가 흔하다. 스마트폰은 단순히 기억과 검색의 보조 도구로 쓰이는 것을 넘어 우리가 기억하고 생각하는 방식에 변화를 가져오고 있다.

사람의 기억은 기계의 기억과 다르다. 기억을 연구해온 하버드대학교의 인지심리학자 대니얼 샥터 교수는 기계의 기억과 달리 사람의 기억은 진화하는 사고의 구조물이라고 말했다. 컴퓨터의 기억은 데이터의 저장과 호출이지만 인간에게 기억 작용은 스스로 판단하고 구성하는, 적극적으로 사고하는 과정이다. 보스턴대학교의 심리학자 엘리자베스 켄싱어는 "기억은 사람이 무엇인가를 경험할 때 일어나는 두뇌 작용과 같다"고 설명했다. 기억은 단순한 정보의 저장과 인출이 아니라, 매번 새로운 경험이자 구성적 행위라는 것이다. 사람의 기억은 적극적인 사고 작용인 탓에 매번 다르고 부정확하다. 한 사람이 동일한 사건을 기억할 때마다 매번 다른 느낌으로 소환되는 이유다.

하지만 우리가 페이스북이나 스마트폰과 같은 전자 기기에 기억을 점점 더 많이 의존하는 현실은 빛과 함께 그늘을 드리운다. 우리가 전자 기억에 더 의존하게 된다는 것은 우리의 사고방식이 기계에 종속될 우려를 낳기 때문이다. 우리의 사고와 판단은 내재된 기억을 통해서 가능한데, 기억의 상당 부분을 외부에 아웃소싱하며 의존하는 것은 자신의 판단과 결정을 기계와 알고리즘에 맡긴다는 걸 의미한다.

영국 작가 조지 오웰은 《1984》에서 전체주의 국가 오세아니아에서 과거 기록 조작을 통해 사람들의 의식을 조종하는 진리부를 묘

사했다. 진리부의 슬로건은 "과거를 지배하는 자 미래를 지배하고, 현재를 지배하는 자 과거를 지배한다"이다. 우리의 기억을 지배하는 정보기술 서비스는 우리의 미래를 지배할 수 있다는 우려를 제기한다.

063 페이스북 진짜 사용법

스마트폰과 SNS에 의존한 삶이 보편화함에 따라 프라이버시에 대한 기준과 생각도 달라지고 있다. 모든 게 연결된 세상은 편리하지만 위험도 많다. 아무리 개인적이고 내밀한 정보라고 해도 인터넷에 한번 올라가면 지우는 게 매우 어렵다. 기술은 편의와 위험 두 측면을 함께 지니고 있지만, 개발자와 기업은 마케팅을 위해서 기술이 가져올 편리함에 대해서만 이야기한다. 그 화려한 빛에 가려진 그늘은 개인들이 스스로 발견하고 조심해야 하는데, 쉽지 않은 일이다. 이는 마치 약품의 효과와 효능에 대해서만 알려주고, 그로 인한 다양한 부작용과 위험에 대해서는 전혀 정보를 주지 않는 것과 마찬가지이기 때문이다.

인터넷 서비스의 핵심 작동 방식인 알고리즘은 '블랙박스'라고 불릴 정도로, 그 설계 구조와 목적이 드러나지 않는 게 특징이다. 디지털 기기와 서비스에 대한 이해와 학습이 기본적으로 어려울 수밖에 없는 이유다. 알고리즘은 기업 비밀이어서 프로그래밍 언어를 배운다고 해도 알 수 없는 영역이다. 하지만 손쉽게 우회로를 따라가는 방법도 있다. 디지털 기술 구조를 잘 알고 유용하게 쓰는 이 분야 전문가들의 사용법을 따라 하는 길이다. 해당 서비스의 설계자와 운영자가 사용하는 법을 관찰하는 게 우선이다.

페이스북을 개발한 마크 저커버그는 초기부터 "프라이버시는 더 이상 사회 규범이 아니다"라고 주장하며 사용자들로 하여금 개인적 내용을 더 많이 공유하도록 권해왔다. 하지만 저커버그 자신은 사적 정보를 거의 공개하지 않는다. 오히려 유난스러울 정도로 감춘다. 그는 2012~2013년에 걸쳐 캘리포니아 자신의 집 옆의 이웃집 네 채를 모두 사들이는 방식으로 자신의 프라이버시 보호에 나섰다. 저커버그는 하와이에 있는 별장 주위에도 높은 벽을 쌓아 주민들의 조망권을 침해한다는 불만에 직면한 바 있다.

저커버그는 2016년 6월, 페이스북이 인수한 인스타그램의 월 사용자가 5억 명을 넘어섰다고 홍보하며 사진 한 장을 페이스북에 올렸다. 이 사진에서 저커버그가 자기 노트북의 카메라와 마이크를 테이프로 막아놓은 게 드러나 화제가 됐다. 전 세계 사람들로 하여금 페이스북과 인스타그램에 글과 사진을 공유하라고 하지만 막상 자신의 프라이버시는 철통같이 보호하고 있었다.

《포스트 프라이버시 경제Data for the People》의 저자 안드레아스 와이겐드는 지금은 프라이버시가 불가능해진 '포스트 프라이버시 시대'라고 말한다. 우리는 결국 끊임없이 거대 기업들과 상업적 서비스, 공공기관 등에 각자의 데이터를 제공할 수밖에 없는 환경에 처해 있기 때문이다. 스마트폰과 인터넷에 젖어버린 우리 삶은 이제 이전으로의 회귀가 불가능하다. 와이겐드는 우리가 처한 포스트 프라이버시 사회를 인정하고 그 상황에서 각 개인과 사회가 추구할 수 있는 최선의 가치가 무엇인가를 '현실적으로' 탐색하자고 주장한다. 그는 "우리는 우리 데이터를 공짜로 제공하는 수밖에 없다. 대신 사용자는 자신이 제공한 데이터가 기업과 기관에 의해서 어떻게 쓰이는지를 알 권리가 있다"며 자신의 데이터를 스스로 이용할 권리가 있음을 강조한다. 와이겐드는 포스트 프라이버시 사회에서는 데이터에 대한 투명성 요구와 사용자 주체성만이 대안이 될 수 있다고 말한다.

"프라이버시의 시대는 갔다"라고 주장하는 저커버그의 페이스북 사용법도 주목할 만하다. 그는 수시로 페이스북에 글을 올리지만, 대부분 자신과 기업의 서비스를 홍보하기 위한 전략적 내용이다. 아내의 유산과 딸 출산 등의 가족사도 올리지만, 사전에 면밀하게 검토한 내용이고 외부에 전달하고픈 중요한 메시지만을 골라서 담고 있다. 페이스북 사용자는 페이스북을 무작정 쓸 게 아니라, 저커버그가 어떤 목적으로 어떻게 사용하는지를 먼저 살펴볼 필요가 있다.

⁰⁶⁴ 클럽하우스

〈비디오가 라디오 스타를 죽였다Video Killed the Radio Star〉라는 40여 년 전 올드 팝 제목이 말하듯, 영상은 음성을 압도해버렸다. 2010년 애플의 스티브 잡스는 아이폰4를 발표할 때 사람 망막의 식별 한계를 넘어섰다며 고해상도의 '레티나^{망막} 디스플레이'를 자랑했다. 더 뛰어난 해상도의 디스플레이가 출현해도 인간의 시력이 식별할 수 없기 때문에 의미가 없다는 잡스식의 화려한 수사를 동원한 마케팅이었다. 하지만 '레티나 디스플레이'는 문자 그대로 말장난일 따름이었다. '레티나' 이후에도 스마트폰과 컴퓨터 모니터, TV 화면 등 디스플레이는 더 많은 픽셀과 색 구현 방식을 놓고 끝 모를 경쟁을 계속하고 있다. 인스타그램이나 틱톡처럼 글자 대신 사진과 짧은 동영상으로만 소통하는 서비스도 인기다. 휴대전화기 시절엔 소형화 경쟁이 치열했지만 스마트폰에서는 정반대 현상이 나타났다. 스마트폰 화면은 갈수록 커지고 있으며, 화질 경쟁도 가속화하고 있다.

이러한 디지털 기술 경쟁의 배경은 사람이 무엇보다 시각 의존적 존재라는 점이다. 우리가 감각을 통해 받아들이는 정보의 80%는 시각에 의존한다. 인간의 두뇌는 눈과 바로 연결되어 있을 뿐만 아니라, 60% 넘는 뇌 기능이 시각정보 처리와 관련이 있어, 뇌는 눈의 확장기관이라고 말하는 과학자들도 있을 정도다.

디지털 서비스는 '신기술 친화적'이고 시각 의존적인데, 이런 상황에서 오디오 기반의 소셜미디어인 '클럽하우스'의 인기는 이례적이다. 더 많은 기능과 선택을 추구하는 디지털 서비스에서 '제약'을 특징으로 한 서비스이기 때문이다. 2021년 초 혜성처럼 등장한 클럽하우스는 텍스트·이미지 사용이 불가능하고 상당기간 아이폰 등 애플 운영체제에서만 쓸 수 있었다. 초대장이 있어야 가입이 가능하고, 운영자의 승인을 받아야 발언할 수 있으며, 녹음이나 저장은 허용되지 않는다.

클럽처럼 제한된 사람만 입장할 수 있고, 유명인이 예고 없이 등장해 목소리를 들려준다는 '끼리끼리의 친밀함'이 인기 배경으로 꼽힌다. 팟캐스팅이나 음악 감상처럼 멀티태스킹 친화적이라는 점도, 코로나19로 대면 만남이 제한된 상황에서 실제 대화하는 느낌을 준다는 점도 인기의 요인이다. 오디오 기반의 새 플랫폼으로 주목받으며, 음악산업의 기대도 크다. 클럽하우스에서 유료로 판매될 수익성 있는 콘텐츠를 만들어내기 위해 영향력 있는 뮤지션, 음향기술자 등이 모인 '오디오 컬렉티브' 같은 콘텐츠 조직도 생겨났다.

클럽하우스의 특징은 무엇보다 '동기식 소통'에 기반한 소멸성을 본질로 하는 대화의 복원 시도로 볼 수 있다. 디지털 커뮤니케이션은 기본적으로 '비동기식 소통'에 기반한다. 이메일, 문자메시지, 카카오톡, 페이스북 등은 이용자들이 동시 접속할 필요가 없다. 비동기식 소통은 모든 것을 기록·저장하기 때문이다. 하지만 '비동기식 소통'은 소멸성이라는 대화의 본질과 거리가 멀다는 문제점이 있다.

그래서 고해상도 디스플레이와 가상현실VR, 증강현실AR이 미래의 기술로 각광받고 있는 상황에서 오디오 기반 소셜미디어의 인기를 단지 '복고풍Retro Style 감성'의 귀환으로 보는 것은 정확하지 않다. 오디오 기반 클럽하우스의 인기는 디지털 세상에서 기계에 의해 점점 희귀해지고 변형되는 '대화의 본질'을 반영하기 때문이다.

이제는 인공지능 기계와도 대화하는 세상이다. 사회심리학자 셰리 터클은《대화를 잃어버린 사람들》에서 "우리는 말하는 기계를 만들어놓고 인간적이지 않은 물체에 인간의 속성을 불어넣으며 그것과 대화하려 애쓴다"라며 기술에 대화를 빼앗긴 세대의 특성을 지적한다. 대화의 소중함은 곧 사라질 그 순간에만 존재한다는 소멸성과 일회성에서 온다. 코로나19 비대면 상황과 맞물린 일시적 현상이긴 했지만, 모든 게 기록되는 세상에서 클럽하우스에 대한 관심은 역설적으로 사라져가는 대화의 가치를 생각하게 해준다.

065 디지털 해독

　　1988년 국내에 처음 출시된 이동전화기, 모토로라사의 '다이 나택 8000'의 값은 240만 원으로 당시 소형 승용차 한 대 값이었다. 휴대 전화가 재력 과시용이었던 시절도 있었지만, 여러 해가 지나 대부분의 사람들이 휴대전화를 소유하게 되자 흥미로운 현상이 나타났다. 휴대전화를 갖고 다니지 않는 사람이 '진짜 권력자'라는 말이 생겨난 것이다. 누군가의 호출과 요청에 항상 '대기 상태'로 있지 않아도 되는 사람, 자신이 필요할 때만 선택적으로 연락을 취할 수 있는 사람이 진정한 권력자라는 얘기였다. 휴대전화가 편리하지만 족쇄일 수도 있다는 것을 휴대전화 보급 초창기엔 알기 어려웠다. 언제나 소통할 수 있다는 편리함이 24시간 연결에 매여 있는 대기 상태의 동의어이기도 하다는 것은 나중에야 깨닫게 된 사실이다.

　　숱한 정보기술 기기와 서비스가 사용자를 압도해가는 현실에 맞서 기술과 기기에 대해서 사용자의 주권을 찾으려는 시도도 눈길을 끈다. 미국의 정보기술 비평가이자 미래학자인 니콜라스 카는 2010년 세계적 베스트셀러가 된 저서 《생각하지 않는 사람들》을 펴내 디지털 기술의 편리함에 도사린 위험성을 고발했다. 그는 책에서 인터넷이 인간의 사고 작용에 끼치는 부정적 영향을 강조했다. 2011년 5월 방한한 카는 "인터넷과 SNS가 정보를 빨리 전달해주고 사람들을 연결해주지만 주의를 분산시켜 판단력을 흐리게 한다"라고 지적했다.

'생각하지 않는 사람들'의 원제는 '얄팍해진 사람들The Shal-lows'이다. 디지털 기술로 인해 사람들이 생각하는 깊이가 얄팍해졌다는 의미의 제목이다. 하지만 카가 지적한 얄팍한 사고방식이 오늘날 스마트폰이나 인터넷과 같은 디지털 기기와 기술이 등장했기 때문에 비로소 생겨난 것은 아니다.

산업혁명 열풍이 휩쓸던 19세기 중반 미국에서도 오늘날과 비슷한 상황이 펼쳐졌다. 19세기 중반 미국의 사상가 헨리 데이비드 소로는 하버드대학교를 졸업한 지식인으로, 콩코드의 월든 호숫가로 가서 자그마한 통나무 오두막집에서 2년 2개월을 살았다. 소로는 "인생의 참된 모습을 직면하겠다"며 신기술의 맥박에 숨 가쁘게 굴러가는 도시의 삶을 떠나 호숫가에 손수 오두막을 지었다. 그가 월든 호숫가의 경험과 생각을 담아낸 에세이집《월든Walden》은 소박하고 단순한 삶이 주는 기쁨과 깊은 성찰을 담아, 오늘날까지도 많은 이들의 사랑을 받고 있다.

디지털과 스마트폰 환경에서의 기술 의존과 중독적 이용은 19세기 증기기관 시대의 기술 의존과 차원이 다르다. 즉각적으로 피드백과 만족감을 주는 디지털의 편리함은 사려 깊은 태도와 여유로움을 빼앗아가고 있다. 디지털 기술에 대한 과몰입과 의존 등은 현대인의 정신병리적 현상으로 이어지며 '디지털 해독Digital Detox'이라는 새로운 풍조를 만들어냈다. 하지만 소로가 매사추세츠 콩코드에 살던 19세기와 달리 21세기는 월든 호숫가로 간다고 해서, 오지에 머문다고 해서 최신 디지털 기술의 영향에서 벗어날 수 있는 게 아니다. 공간적 격리만으로 사색과 성찰에 침잠하기는 어려워졌다.

'디지털 해독'이 트렌드로 떠오르자 외국의 일부 호텔들은 디지털 환경의 정신없음과 유해성이 몸에 밴 삶을 겨냥해 스마트폰과 태블릿PC 등 디지털 전자 기기의 사용을 금하는 '디지털 해독' 숙박 상품 마케팅에 나서기도 했다. 숙박객이 입실 수속을 할 때, 디지털 기기를 따로 보관하도록 해서 객실 안에서는 온전히 휴식을 누리며 자신에게 깊이 집중할 수 있도록 하는 마케팅이다.

　　미국 펜실베이니아에는 전기나 모터, 엔진 등 첨단 기술을 거의 사용하지 않고 마차와 베틀을 사용하는 등 19세기와 같은 생활환경을 선택해 종교적 공동체 삶을 사는 개신교 종파인 아미시파가 있다. 이들처럼 디지털 문명을 전면적으로 등지기는 어렵다. 그렇지만 주말과 휴가 때만이라도 스마트폰을 내려놓고 '디지털 해독'을 통해 누구나 잠시 새로운 의미의 '권력자'가 되어볼 수 있다.

디지털 시대의 여가

　　휴가를 보내는 모습은 저마다 다르다. 로마시대의 대시인 오비디우스는 "여가는 우리가 어떤 사람인지를 드러낸다"라고 말했는데, 스스로 시간의 주인이 되는 여가를 어떻게 보내는가가 그의 사람됨과 취향을 보여주기 때문이다. 휴가를 맞아 어떤 이는 낯선 곳으로의 여행을, 어떤 이는 조용한 휴식을 선택한다. 공통점은 일상에서 누리기 어렵던 경험의 선택이다. 호기심 많은 이들은 여행을, 분주한 일상에 지친 사람들은 휴식을 선호한다.

　　휴가는 우리에게 즐거움과 여유를 선사하지만 때로는 아쉬움도 안긴다. 기다려온 즐거움이 끝났다는 아쉬움도 있지만, 대개는 더 만족스럽게 휴가를 보내지 못한 데 따른 아쉬움이다. 아리스토텔레스는 인간은 행복을 추구하는 존재로서 여가가 삶의 궁극적인 목표라고 말했다. 전쟁은 목적이 아니라 평화를 위한 수단인 것처럼, 일도 휴가를 누리기 위한 수단이라는 게 그의 생각이었다.

　　하지만 아리스토텔레스가 강조한 여가는 누구나 그냥 누릴 수 있는 여유 시간이 아니다. 올바른 교육을 받아야만 즐길 수 있는 교양인의 영역이다. 의무와 걱정으로부터 해방돼 스스로 시간과 활동의 주인이 되는 여가를 만족스럽게 보내려면 절제와 지혜가 필요한데 이는 교육과 훈련 없이는 어렵다.

　　행복에 대한 이러한 통찰은 디지털 환경에서 휴가를 보내는 현대인들에게도 여가의 본질을 다시 생각해보게 한다. 일상의 의무와 관계로부터 떠나 있는 듯하지만 실제로는 여전히 연결돼 있어 휴가다운 휴가를 누리지 못하는 상황이 많기 때문이다. 직장과 업무적 연락의 단절 못지않게 중요한 것은 휴가자 스스로 여가를 비일상적 경험으로 만들기 위한 노력이다. 아무리 멀리 떠나도 상시 연결된 네트워크 속에 있으면 일상의 중력에서 벗어나지 못한다.

뛰어난 성취와 통찰을 보여주는 이들의 원동력의 배경이 휴식과 여가라는 것을 이따금 엿보게 된다. 정신분석학자 카를 융은 취리히에서 강의와 상담으로 바쁜 일상 속에서도 볼링겐이란 곳에 소박한 돌집과 집필실을 짓고 수시로 명상에 들어갔다. 볼링겐 집필실은 프로이트와 차별화하는 융 정신분석학의 산실이 됐다. 작곡가와 지휘자로 최고의 명성과 인기를 누린 구스타프 말러는 잘츠부르크 인근의 아터제 호숫가에 4평이 안 되는 오두막을 짓고 많은 시간을 보냈다. 좁고 불편한 곳에서의 휴가였지만, 위대한 작품을 싹틔운 원동력이 됐다.

마이크로소프트를 창업한 빌 게이츠는 1년에 두 번 오두막에 머무는 생각 주간을 가지고 열정적으로 책을 읽는다. 《사피엔스》《호모 데우스Homo Deus》의 저자 유발 하라리는 1년에 한두 달은 인도의 고엔카 명상 센터를 찾아 외부와의 모든 연결을 끊고 명상에 몰입한다. 하라리는 잇따라 세계적 베스트셀러를 집필하는 저력을 위파사나 명상의 힘으로 설명한다.

방송, 강연 등으로 분주했던 작가 김정운은 2012년 갑자기 교수직과 유명인으로서의 삶을 포기하고 전남 여수 바닷가로 내려가 전혀 다른 인생을 시작했다. 그는 버려진 창고를 작업실로 개조하고 그곳에서 화가로 변신했다. 자신을 성찰할 여유 있는 공간, 독일어로 '슈필라움Spielraum'이 무엇보다 필요하다는 게 김정운의 말이다. 트렌드 분석가인

김난도 서울대학교 교수는 2018년 한국의 소비 트렌드 중 하나로 '케렌시아Querencia'를 뽑았다. 케렌시아는 투우장에서 돌진을 앞둔 소가 잠시 숨을 고르는 공간이다.

　　　디지털은 언제 어디에서나 초연결을 선물해 편리함을 누리게 했지만, 시간과 마음의 여유는 사라지고 있다. 디지털 환경에서 삶이 숨 가쁘게 돌아갈수록 타인이나 기계에 방해받지 않는 자신만의 피난처이자 휴식 공간인 케렌시아, 슈필라움이 절실해지고 있다. 꼭 오두막이라는 물리적 공간으로의 이동이 아니더라도, 상시 연결의 디지털 환경을 아날로그의 선택적 연결과 차단으로 바꾸는 것으로도 케렌시아를 경험할 수 있다.

⁰⁶⁷ 조모 JOMO

휴가철 풍경이 달라졌다. 휴가지에서의 순간을 소셜미디어에 수시로 올리는 통에 소셜미디어로 연결된 사람들끼리는 상대가 어디로 휴가를 가서 뭘 했는지 훤히 알게 됐다.

휴가와 여행은 일상의 시간과 공간을 떠나는 일이었다. 이는 평소 일터와 가정에서 가족이나 동료들과 맺어온 관계를 떠나, 자신이 선택한 시간과 공간의 영역으로 들어가는 행위였다. 하지만 스마트폰 시대는 휴가와 여행에 담겨 있던 '일상적 시·공간으로부터 탈출'이라는 의미도 바꾸고 있다. 일상의 공간을 떠나 자신만의 공간으로 이동하지만 여전히 외부와 연결된 상태라는 점이 휴가가 주던 비일상적 시·공간으로의 이동이라는 의미를 옅게 만들고 있다.

스마트폰과 소셜미디어에 빠져드는 현상을 설명하는 '포모 FOMO: Fear of Missing Out' 증후군이 있다. 포모는 '고립의 공포'라는 의미의 신조어다. 거대한 흐름으로부터 소외될지 모른다는, 초연결 세상에서 고립을 두려워하게 되는 심리를 설명하는 용어다.

그런데 '포모FOMO'에 이어 최근엔 '조모JOMO: Joy of Missing Out'라는 새로운 현상이 나타났다. 네트워크와 디지털 기기로부터 차단된 상태를 선택하는 '고립의 즐거움'이라는 뜻의 신조어다. 모바일과 인터넷으로 시간, 공간, 비용에 관계없이 상시 연결된 네트워크 위의 삶이 기본이 되면서 '일시적인 비연결 상태'가 거의 없어진 데 따른 현상이다. 희소성에 더해 특별한 노력과 비용이 필요하게 되면 가치는 더욱 올라간다.

'고립의 즐거움'은 새로운 마케팅 요소가 되고 있다. 몇 해 전부터 입실 시 스마트폰을 수거하거나 와이파이를 제공하지 않는 등 '디지털 해독' 체험을 강조하는 숙박 시설이 생겨나고 있는 데 이어 최근 '조모'를 앞세운 서비스도 늘고 있다.

2018년 5월 구글 연례 개발자대회에서 구글의 최고경영자 순다 피차이는 '조모'를 강조하며 디지털 기기를 건강하게 사용할 수 있도록 '디지털 웰빙'의 도구를 제공한다고 발표했다. 신형 안드로이드 운영체제엔 스마트폰과 앱의 사용 패턴과 시간, 빈도 등을 모니터할 수 있는 '대시보드', 야간에 화면을 흑백으로 전환하는 모드와 앱 사용 시간 제한 등의 기능이 추가됐다. 애플도 유사한 '앱 시간 제한' 기능을 추가했다.

소셜미디어 이용이 행복감을 떨어뜨린다는 연구 결과도 '고립의 즐거움'을 선택하는 현상의 배경이다. 미국 뉴욕대학교 헌트 올콧, 스탠퍼드대학교 매튜 겐츠코 교수진이 2019년 1월 발표한 논문은 페이스북 이용이 행복감을 떨어뜨리는 결과를 가져온다는 연구 결과를 담고 있다. 연구진은 페이스북에서 하루 평균 1시간 이상씩을 보내는 이용자 2844명을 모집한 뒤 한 달간 페이스북 계정을 비활성화하도록 하고, 문자메시지를 통해 수시로 실시간 기분에 대한 평가를 하도록 요구했다. 실험 결과, 참여자들은 삶의 질이 높아졌고, 친구나 가족들과 오프라인에서 더 많은 시간을 보내게 됐다고 응답했다. 페이스북 사용 중지 덕분에 평균 하루 1시간의 여유 시간이 주어졌으며, 헤비 유저는 하루 2시간 이상의 여유가 주어졌다. 2013년 8월 미국 미시간대학교 심리학과 이선 크로스 교수진의 연구에서도 비슷한 결과가 보고되었다. 페이스북 이용자를 대상으로 감정 변화를 추적한 결과, 페이스북 활용에 많은 시간을 보낼수록 행복감이 감소했다.

　　　'고립의 즐거움'을 앞세운 서비스들이 등장하고 있지만, 사용자에게는 수많은 앱 장터에 한두 개의 아이템이 늘어난 것에 불과하다. 더 강력하고 편리한 연결을 위한 열풍 속에서 왜 이러한 서비스들이 등장하는지를 생각해볼 필요가 있다. 휴가가 소중한 까닭은 비로소 온전히 자신이 시간의 주인이 되는 시·공간이라는 점이다. 디지털 웰빙 앱이 저절로 사용자를 시간의 주인으로 만들어주지는 않는다. 휴가는 습관적으로 의존해왔던 디지털 도구를 자신이 주도적으로 사용하는 훈련을 해볼 수 있는 자신만의 시·공간이다.

⁰⁶⁸ 언플러그드 여행

지구상에서 통신과 인터넷이 안 되는 곳은 이제 거의 남아 있지 않다. 남극 과학기지에서도, 대양을 항해하는 배 안에서도, 우주정거장에서도 인터넷 이용이 가능해졌다. 에베레스트 정상에서는 이미 2010년에 영상 통화가 성공했다. 이를 위해 스웨덴 통신사 텔리아소네라가 해발 5200m 고락셉 마을에 통신 기지국을 건설했다.

하지만 아직 틈새는 남아 있다. 2015년 초 해발 4000m대의 네팔 안나푸르나 베이스캠프로 열흘가량 트레킹을 다녀왔다. 숙소였던 트레킹 루트의 로지산장들은 '와이파이 가능'이라는 표지가 붙은 곳이 많았지만, 실제로는 거의 사용하기 어려웠다. 속도도 느리지만, 아예 연결되지 않는 곳이 더 많았다.

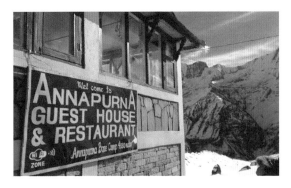

히말라야 안나푸르나 지역에 있는 안나푸르나 베이스캠프의 한 로지(산장). 안내판에는 '와이파이 가능'이라고 쓰여 있지만, 대부분의 로지에서 실제로는 와이파이가 작동하지 않아 거의 인터넷을 쓸 수 없다. (사진: 구본권)

한국에서 함께 간 일행 중 몇몇은 처음에 페이스북과 카카오톡 등 SNS에 '멋진 트레킹 사진'을 올리려고 인터넷과 와이파이를 찾았지만, 히말라야 산속에서 별 도리가 없다는 걸 확인하고 이내 접속 시도를 단념했다.

　　트레킹을 하는 동안 SNS의 알림이나 전화벨 소리의 방해 없이 우리 일행은 아름다운 풍광과 서로 간의 대화에 집중할 수 있었다. 며칠에 불과했지만, 전화와 인터넷 없는 산중 생활이 주는 즐거움은 기대 이상이었다. 네트워크로부터 단절되었다는 불안감보다는 이제 앞으로 열흘 동안은 누구도 통신망을 통해 나에게 연락하는 것이 거의 불가능하다는 사실이 주는 안도감과 해방감이 컸다. 휴가지나 주말에도 늘 통신망에 연결되어 있어 수시로 휴식을 방해받은 경험을 지닌 일행들은 깊은 산속으로 떠나온 덕에 모처럼 휴가다운 휴가를 누린다고 즐거워했다.

　　몇 차례 산등성이에 있는 큰 마을을 지날 때면 일시적으로 통신망에 연결돼, 스마트폰에서 각종 업데이트가 이뤄지거나 밀려 있던 메시지들이 한꺼번에 들어오기도 했지만 그다지 반갑지 않았다. 나중에는 스마트폰을 아예 비행 모드로 전환하고 카메라 기능만 사용하기도 했다. 소중한 휴가와 산속 트레킹을 즐기는 천금 같은 시간인데 평소처럼 시끌벅적한 네트워크와 요란한 뉴스들로 방해받고 싶지 않아서였다.

　　얼마 전까지만 해도 통신망과 인터넷에 연결된다는 것이 소중하면서 각별한 경험이었지만, 이제 통신망에 접속할 수 없는 시간과 공간의 가치가 새롭게 조명받고 있다. 언제 어디서나 인터넷망에 연결된 채로 살아가고 있는 까닭이다.

　　사실 외국에서는 통신을 이용할 수 없는 곳으로 떠나는 여행이 새로운 고급 취향의 여행 트렌드로 각광받고 있다. 100km를 이동해야 인터넷이 연결되는 산악 지역인 라다크와 부탄 등지에 휴양지를 운영하는 '샥티히말라야www.shaktihimalaya.com'가 대표적이다. 일주일 휴가에 1인당 500만 원이 넘는 고가이지만, 모든 연결로부터 단절된 채 자연속에서 충만한 경험을 하고자 하는 이들을 위한 신개념 여행 상품이다. 미국의 〈월스트리트 저널〉은 이런 '언플러그드unplugged 여행'을 새로운 '럭셔리 여행'의 트렌드로 다루기도 했다.

꼭 멀리 떠나야만 외부의 훼방 없이 몰입감을 느낄 수 있는 것은 아니다. 장소를 옮기는 대신 사용자의 익숙한 습관을 잠시 바꾸는 것만으로도 언플러그드의 경험을 하기에 부족함이 없다. 서울의 대학에서 일하는 지인은 이따금 초등학생 아들과 함께 시내버스를 타고 부자간 데이트를 즐긴다고 한다. 각자의 휴대전화를 집에 두고 버스를 타는 것일 뿐인데, 매번 서로 많은 걸 이야기하고 느끼게 되는 소중한 경험을 하게 된다는 것이다.

친구나 연인 등 소중한 사람끼리 서로에게 집중할 수 있는 만남을 갖기 위해, 서로 휴대전화를 집에 두고 약속 장소에서 만나기 또는 만나자마자 스마트폰 전원 끄기와 같은 '새로운 친밀감 형성의 비결'이 나올 법한 환경이다.

도파민 단식

도파민은 쾌락, 욕망, 동기부여, 감정, 운동 조절 등에 영향을 미치는 뇌의 신경전달물질로, 60여 년 전에야 역할이 알려졌다. 1958년 스웨덴 국립심장연구소의 아르비드 칼손 박사에 의해 처음 그 기능이 규명된 이래, 인간의 감정과 정신작용 등 두뇌 현상의 많은 부분을 의학적으로 설명할 수 있게 되었다. 칼손 박사는 신경전달물질 도파민의 기능을 밝혀냈을 뿐 아니라, 파킨슨병의 원인과 치료법을 찾아내는 등의 공로로 2000년 노벨 생리·의학상을 공동 수상했다. 도파민이 과다하면 조현병을 일으키며 지나치게 적으면 우울증이 생긴다. 도파민은 의욕과 동기부여에 깊이 관여하는 신경전달물질로 생명 유지에 필수적이지만, 끊임없이 더 많은 쾌락과 자극을 추구하는 요소로 각종 중독과 병리적 현상을 유발하는 물질이기도 하다.

디지털 서비스는 이용자 만족과 사용 시간 확대를 향해 끊임없이 서비스 개선을 추구해왔다. 소셜미디어 기업은 이용자들이 제공하는 방대하고 정교한 데이터를 통해 효과적인 심리적 공략 방법을 쓰고 있다. 몰입적 사용을 넘어 중독 현상이 나타나게 되는 이유다. 페이스북 부사장을 지낸 차마트 팔리하피티야는 2017년 페이스북을 "도파민에 의해 작동하는 단기 피드백 순환고리"라며 사회 작동 방식을 파괴하는 도구라고 고백한 바 있다. 페이스북 초기 투자자인 숀 파커도 "소셜미디어는 인간의 심리적 취약점을 공략해 성공을 일구고 있다"라고 비판했다.

먹방, 여행, 셀카, 소셜미디어, 게임처럼 더 많은 쾌락을 추구하는 도파민 지향 문화에 맞서 최근 미국 실리콘밸리에서는 '도파민 단식Dopamine fasting'이 등장했다. 〈뉴욕타임스〉는 2019년 11월 실리콘밸리 종사자들 간에 확산하고 있는 '도파민 단식' 현상을 보도했다. '도파민 단식'은 디지털 기기 사용만이 아니라, 뇌에 쾌락과 감각적 만족을 제공하는 도파민 자극 활동을 전면적으로 중단하는 행위다. 〈뉴욕타임스〉에 따르면, UC 샌프란시스코의대 신경정신과 교수이자, 스타트업 투자가이기도 한 캐머런 세파는 자신의 고객들에게 '도파민 단식'을 처방해왔다. 그는 미국인들의 미디어 이용 시간이 지속적으로 늘어나고 있음을 강조하며 도파민 단식이 필요하다고 주장했다.

도파민 단식을 하는 사람은 가벼운 스트레칭이나 실내에서 어슬렁거리는 산책, 집중하지 않는 가벼운 독서 등으로 소일하며 가능한 한 모든 감각적 자극을 최소화하는 시간을 보낸다. 트위터의 창업자인 잭 도시는 도파민 단식을 예찬하는 대표적인 인사로, 주기적으로 도파민 단식을 실천한다.

미국의 조시 홀리 상원의원은 2019년 소셜미디어 중독 감소

기술 법안을 의회에 제출했다. 페이스북, 인스타그램, 유튜브 등 소셜미디어 서비스가 사용자 이용 시간을 늘리기 위한 심리기술을 쓰지 못하게 하고, 지나친 장시간 접속을 예방하는 기능을 탑재하게 만드는 내용이다. 구체적으로는 무한 스크롤, 비디오 자동 재생, '파워 유저' 같은 보상 스티커 발급 기능 등을 금지하는 방법이다.

도파민 단식은 세 가지 특징이 눈길을 끈다. 하나는 인간의 심리적 본능과 취약점을 노린 디지털 서비스 이용 방식에 대한 성찰에서 출발해 감각적 자극을 가져오는 모든 영역으로 단식 실행 범위를 확장했다는 점이다. 또 다른 하나는, 점점 더 강렬한 도파민 분비를 요구하는 지속적인 자극에 노출되어 주의력과 판단력, 창의력이 방해받는 환경에서 최상의 정신 상태를 유지하기 위한 '주기적 청소법'이라는 점이다. 마지막으로, 점점 더 많은 도파민 분비를 추구하는 디지털 서비스 경쟁 환경에서의 대응 방법 또한 '도파민 기반'이라는 것이다.

이용자의 심리적 취약점을 파악하고 도파민 자극 극대화를 추구해온 기술 기업들에 대해 이용자 차원의 각성과 성찰, 감시 요구가 비로소 움트고 있는 상황이다.

070 인스타그래머블

2019년 반도체 원료 등 일본의 비합리적인 대한 수출 규제로 인해 한국인의 일본 여행도 크게 줄어들었다. 이를 두고 코로나 이전 시기인데도 일본 여행객이 갑작스레 감소한 것을 소셜미디어와 관련해서 해석하는 주장이 눈길을 끈다. 요즘 젊은 층이 여행하는 목적의 하나는 여행지에서의 감성 사진을 SNS에 공유하는 것인데, 당시 반일 분위기가 강한 상황에서 일본 여행은 이런 효과를 기대할 수 없기 때문이라는 해석이다. 즐겁게 여행을 해도 사진 공유가 어려운 상황이니 여행의 재미와 동기가 사라졌다는 얘기다.

'인스타그래머블Instagrammable하다'라는 새로운 단어가 있다. 멋진 여행 사진, 맛집 사진, 아기와 동물 사진 등이 주로 올라오는 인스타그램에 사진을 찍어 올리기에 딱 좋은 순간을 요즘 '인스타그래머블'하다고 표현하는 것이다. 이미지 소통 시대에 "정말 멋진 순간이야"라는 말을 뜻한다. 하지만 인스타그래머블한 '멋진 순간'이 정말로 만족스럽고 행복한 순간인지 생각해볼 필요가 있다. '인스타그래머블한 순간'은 화려하고 근사한 풍경이지만, 그 풍경 속 주인공과 주변 사람들에게 어쩌면 좋지 않은 결과를 가져올 수도 있어서다.

인스타그래머블한 삶이란 실제 세상의 모습도 아니고, 각자가 살아가는 진실된 풍경과도 거리가 멀다. 다른 사람들에게 보이기 위한 모습, 정확히 말하면 다른 사람에게 자랑하기 위해서 멋지게 꾸미거나 남들로부터 '좋아요'를 받기 원하는 순간일 뿐이다. 자신의 생각과 느낌에 오롯이 집중하는 것보다 다른 사람들의 '좋아요'와 부러움의 눈길을 우선시하는 건 아닌지 돌아볼 필요가 있다.

《가상은 현실이다》의 저자 주영민은 "인스타그래머블한 삶이란 타인에게 '좋아요' 받는 것을 지향하는, 완벽한 피상성이 지배하는 삶"이자 "주관성을 포기한 삶, 사회적 인정에 대한 집착이 이끄는 삶"이라고 말한다. 스마트폰과 소셜미디어, 사이버공간은 편리함을 가져오고 다양한 경험을 가능하게 했지만 지나칠 경우 현실을 왜곡하거나 실생활에 방해가 될 수도 있다.

미국 조지타운대학교 컴퓨터공학과 교수인 칼 뉴포트는《디지털 미니멀리즘Digital Minimalism》에서 디지털 기술을 사용하는 사람들이면 숙고해봐야 할 조언을 제공한다. 사람들이 스마트폰과 소셜미디어에 지나칠 정도로 빠져드는 이유는 사람들이 게으르기 때문이 아니라 기술의 설계 때문이라는 것이다. 기술 기업들이 수십억 달러를 투자해 이용자들의 심리와 반응체계를 연구하고 취약점을 공략해 디지털 기술에 빠져들게끔 한 전략의 결과라는 얘기다.

정보기술 전문가로서 그가 제시하는 디지털 기기 사용법은 기술을 외면하거나 버리자는 주장이 아니다. '미니멀리즘'이다. "작은 것이 아름답다"라는 경제학자 에른스트 슈마허의 말처럼, 디지털 기술 사용에서도 더 적은 게 더 낫다는 얘기다.

'디지털 미니멀리즘'은 무조건적인 기술 배격이나 최소 사용이 아니라, 중요한 것에 초점을 맞추는 행위다. 디지털 무한 자극 환경에서 가장 소중하고 희귀한 자원이 되어버린 사용자의 주의력과 관심을 정말로 중요하다고 생각하는 것에 쏟는 것을 의미한다. 뉴포트는 디지털 미니멀리즘에 대해 "온라인에서 시간을 보낼 때 자신이 소중히 여기는 것들에 도움이 되며, 신중하게 선택한 최적화된 활동에 초점을 맞추고 다른 활동들은 기꺼이 포기하는 기술 활용 철학"이라고 말한다. 그가 디지털 미니멀리즘 실천을 위해 제시하는 원칙은 세 가지다. 첫째, 잡다함은 대가를 요구하기 때문에 많은 기기와 서비스는 얻는 것보다 잃는 게 더 많다. 둘째, 자신에게 맞는 방식으로 기술을 최적화해야 한다. 셋째, 신기술이라도 계획적으로 사용할 때 만족감을 얻을 수 있다.

월든 호숫가의 오두막에 살았던 헨리 데이비드 소로는 "우리 마을에 사는 젊은이들이 농장, 집, 헛간, 소를 물려받는 것은 불행한 일이다"라고 말했다. "이런 것들은 얻기보다 버리기가 더 어렵기 때문"이라는 게 소로가 말하는 '불행의 이유'다.

071

비대면 서비스

　　한국을 처음 방문한 외국인과 식사할 때의 일이었다. 한국인들끼리의 대화가 지루했던 그는 식탁에 놓여 있는 벨이 무엇인지 모른 채 만지작거렸다. 호출 벨 소리에 종업원이 와서 "무엇이 필요하냐"고 물었을 때 함께한 일행들은 "필요한 것이 없다"라고 대답했다. 얼마 뒤 다시 호출 벨이 울렸고 종업원이 식탁으로 왔다. 이번에도 일행들은 "필요한 것이 없다"라고 말했더니 종업원은 "이 테이블에서 벨이 울려서 왔는데…"라며 고개를 갸웃거렸다. 종업원이 돌아간 뒤 일행들은 외국인 손님 손에 벨이 들려 있는 것을 보았다. 그는 테이블에 놓인 벨을 무심코 만져보았을 뿐인데, 그 벨이 종업원을 부르는 도구라는 사실에 깜짝 놀랐다. 그는 민폐를 끼친 상황을 미안해하면서도 "어떻게 사람을 눈을 맞추거나 말을 하지도 않고 벨로 오라 가라 할 수 있는지 신기하다"며 처음 방문한 한국의 식당 문화에 대해 의아해했다.

　　비대면 서비스가 코로나19 이후 더욱 빠른 속도로 늘어나고 있다. 공항과 열차역의 탑승권 발행, 주차요금 정산, 패스트푸드점의 주문 등 키오스크형 비대면 서비스가 점점 확대되고 있다. 신원 확인을 위해 방문과 대면이 필수였던 금융계좌 개설도 비대면 서비스의 비중이 커지고 있다. 감염병 우려가 높은 상황에서는 서로 접촉할 필요 없는 스마트폰의 QR코드 사용이나 모바일 결제가 안전하고 편리한 인증, 지불 수단으로 인기가 더욱 높아졌다.

회사 근처 자그마한 식당도 키오스크를 도입했다. 주문과 결제를 기계가 대체하고 직원은 주방과 서비스에 주력하는 형태로 바꿨다. 처음엔 기계를 상대하며 낯설어하던 손님들도 두 번째 방문부터는 기계로 주문하는 것을 익숙하게 받아들이고 대부분 빠르게 적응한다. 다른 곳에서 이미 비슷한 키오스크 주문을 경험해보았기 때문이다.

코로나19와 같은 상황이 아니어도 비대면 서비스의 장점은 많다. 부정확한 언어 소통 대신 모니터의 화면을 통해 명확하게 주문을 해서, 의사소통의 효율성이 높아진다. 주문과 결제처럼 패턴화한 직무는 기계에 맡기고 사람은 좀 더 다양한 일과 중요한 직무에 집중할 수 있다. 인건비를 줄이고 서비스를 개선할 수 있다. 사용자들도 비대면 서비스에 대한 거부감이 적다. 주문이나 쇼핑을 할 때 직원과 대화하는 과정이 없는 게 더 편하다고 응답하는 사람도 많다. 실제로 배달 플랫폼을 통해 앱으로 주문을 받는 식당에 앱 대신 전화를 걸어서 주문하면 식당 쪽에서는 훨씬 불편하다고 반응한다. 앱 주문 시에 자동으로 주문 내역과 배달 장소가 전달되는 것과 달리 전화 주문은 사람이 하나하나 기록하고 다시 입력한 뒤 전달해야 하는 수고로운 과정이 필요하기 때문이다. 기술 발달에 따라 사람을 거쳐 처리하던 일은 점점 더 비대면 서비스로 전환될 운명이다.

한 독일 동포는 '무선 호출 벨' 독일 보급에 얽힌 사연을 들려줬다. 여러 해 전 어느 한국인 사업가가 독일을 몇 차례 방문한 뒤에 한국 식당의 무선 호출 벨을 독일 식당에 보급하면 효율성을 크게 높여 '대박'이 될 것이라고 보고 독일에서 무선 호출 벨 보급 사업을 벌였다. 하지만, 그 사업가의 기대와 달리 '무선 호출 벨 독일 보급'은 큰 실패로 끝났다. 찾는 곳이 없었다. 독일에서 호출 벨은 한국인을 상대하는 동포 운영 식당 몇 곳에서만 볼 수 있을 따름이었다. 눈을 마주치지 않고 벨로 사람을 부른다는 것은 생각할 수도, 수용할 수도 없는 게 현지 문화였다.

키오스크 기계가 있는 사업장도 자세히 보면 모두 같은 형태는 아니다. 도와주는 사람 없이 안내판만 있어서 어르신이나 초보자가 어쩔 줄 몰라 하는 곳이 있는가 하면, 미숙한 주문자를 도와주기 위해 항상 도우미가 배치되어 친절하게 안내해주는 곳이 있다. 기술을 수용하는 방식도 사람이 결정하기 나름이다.

072

멀티태스킹

대화를 하거나 모임에서 주제에 귀를 기울이는 대신 스마트폰을 꺼내 들여다보는 풍경은 이제 낯설지 않다. 상대에 대한 에티켓이 아니라는 지적도 있었지만, 이제는 모바일 시대의 새로운 풍경으로 자연스럽게 여겨지는 듯하다. 카페에선 연인들도, 친구끼리도 서로 눈을 바라보는 대신 고개를 숙인 채 각자 스마트폰을 매만지고 있다.

스마트폰이 다른 사람과의 만남이나 대화에 들어와 주인 노릇을 하더니 급기야 내가 스스로 선택한 시·공간에까지 침입하는 현상이 확산하고 있다. 정보통신정책연구원이 발표한 '미디어 동시 이용행태 분석' 보고서는 많은 사람이 여러 미디어를 동시에 이용하는 '멀티태스킹Multitasking'을 하고 있다는 사실을 알려준다. 2016년 미디어패널조사 결과를 보면, 전체 스마트폰 이용 시간 중 27.7%는 사용자가 신문, 책, 잡지, TV, PC, 라디오 등 다른 미디어를 사용하는 시간과 겹쳤다. 이용자 스스로 TV를 시청하기로 또는 라디오를 듣기로 선택했지만 그에 만족하지 못하고 다시 스마트폰으로 다른 내용의 콘텐츠를 이용하는 현상이다. 이용자들은 스스로 선택한 미디어와 채널에 집중하는 대신 왜 다시 스마트폰을 꺼내 드는 것일까?

미디어패널조사에서 미디어 이용 중 스마트폰으로 멀티태스킹하는 기능은 전화 통화, 소셜미디어, 정보 콘텐츠 순이었다. 새로운 미디어 이용 형태가 만들어지는 셈이다. 단일한 미디어를 이용하던 상황에서 미디어를 보면서 소셜미디어를 통해서 상대의 반응을 확인하거나 나의 감상을 공유하고 또 미디어에 나온 내용을 검색해서 추가적 정보를 찾는 행위를 동시에 하는 방식으로 미디어 이용 형태가 변화하고 있다는 의미다. 마치 축구 경기를 친구들과 모여서 볼 때 더 즐거운 것과 비슷하다. 기존엔 일방향적 매스미디어를 이용하는 방법뿐이었으나, 스마트폰과 소셜미디어라는 도구와 네트워크를 접하면서 미디어 이용 모습이 달라진 것이다.

디지털 기기의 편리함으로 '멀티태스킹'을 꼽는 이들이 많다. 하지만 멀티태스킹 사례로 거론되는 컴퓨터 다중작업 처리과정을 자세히 보면 문자 그대로 '동시처리'는 아니다. 멀티태스킹이라고 말하지만 동시에 다양한 연산을 처리하는 것이 아니라 1초에 수천 번씩 여러 프로세스를 오가며 순차적으로 처리하는 것이 '동시 작업'처럼 보일 뿐이다. 인간의 인지과정도 마찬가지다.

그래서 IT 미래학자 니콜라스 카는 《생각하지 않는 사람들》에서 인간 두뇌 구조상 멀티태스킹은 환상이자 속임수라고 지적한다. 멀티태스킹을 하면 집중력과 주의력이 떨어질 뿐 아니라, 심층적 사고력을 저해해 '생각하지 않는 사람'이 될 수 있다고 경고했다. 특히 인터넷의 하이퍼링크와 멀티태스킹은 장점이지만 남용될 경우 호기심을 숙성시킬 수 있는 틈스콜레을 없애버리는 결과를 부른다고 했다. 하나에 집중하지 못하고 쉴 새 없이 새로운 정보를 탐닉함에 따라 현대인들은 집중력과 깊은 사고력을 잃어버리게 되었다는 것이 카의 지적이다. TV 시청과 같은 미디어 이용에서도 비슷한 현상이 나타나고 있는 것이다.

인지심리학자 대니얼 레비틴도 저서 《정리하는 뇌The Organized Mind》에서 "인간의 두뇌는 한 번에 한 가지 일에만 집중하도록 진화했다"고 말한다. 우리가 운전하면서 라디오를 듣고 주차 자리를 찾고

점심 메뉴를 생각하는 행위도 멀티태스킹처럼 보이지만 실제로 인간 주
의력은 한 번에 하나씩 처리하는 구조라는 것이다. 특히 뇌가 주의력을
바꿀 때마다 신경생물학적 전환 비용이 들어가기 때문에 뇌는 어떤 일
을 시작하면 그것에 전념할 때 최고 기능을 발휘한다는 게 이 분야 권위
자의 연구 결과다.

신문이나 책을 읽다가 사전을 찾아보거나 검색하는 것도 사
실은 멀티태스킹과 비슷하다. 스마트폰의 다양한 기능과 멀티태스킹이
자체로 좋거나 나쁜 것은 아니다. 사용하는 자의 의도와 이해가 더 중요
하다.

⁰⁷³ 셀카이형증

최신 스마트폰은 '셀카'에 특화된 게 특징이다. 2018년 출시된 스마트폰이 전면 카메라의 렌즈를 두 개 장착해 관심을 끌었는데, 이후 전면 카메라 렌즈가 두 개 달린 스마트폰이 계속 늘어났다. 1600만 화소, 800만 화소처럼 두 개 이상의 전면 카메라 렌즈를 장착하면, 각각 선명하게 인물을 찍은 사진과 배경을 흐릿하게 찍은 사진을 한 장으로 합성해내는 기능을 적용할 수 있다. 배경 흐리기로 인물을 돋보이게 해주는 수준급 셀카 촬영기법 구현이 목적이다. 일안반사식 디지털카메라 DSLR 시절 한때 인기 높았던 '여친 렌즈'의 기능을 스마트폰에서 사용하게 해주는 셈이다. 처음 휴대전화에 카메라 기능을 넣을 때는 후면 카메라가 중심이었고, 전면 카메라는 보조적 용도였다. 전면 카메라엔 영상통화용 저해상도 렌즈를 사용했는데 셀카용으로 쓰이면서 전면 카메라도 렌즈 개수와 고해상도 경쟁을 벌이게 된 것이다.

인물 사진 촬영에 다양한 포토샵 효과를 간편하게 구현해주는 사진 보정 앱의 인기도 높다. '스노우' '소다' '유라이크' 'B612' '푸디' 등 최신 카메라 앱을 얼마나 자유롭게 사용할 줄 아는지가 세대 구분의 요소가 되기도 한다.

젊은 층이 주된 이용자인 카카오스토리, 인스타그램, 스냅챗 등 이미지 위주의 소셜미디어에 올라와 있는 멋진 풍경과 인물 사진들 상당수는 '실제 그대로'가 아닌 '아름답게 보정된' 이미지다. 피부와 치아를 뽀얗게 만들고 눈동자와 입술을 크고 선명하게 표현해주는 사진 필터링은 소셜미디어 환경에서 새로운 미의 기준으로 받아들여진다. 동시에 인스타그램에서 '#무보정' 해시태그가 언제나 인기인 배경이기도 하다.

낭떠러지나 위험한 곳에서의 셀카 촬영이 생명을 앗아가는 숱한 사고의 배경이라는 게 뉴스로 알려졌는데, 새로운 형태의 셀카 위험이 보고되고 있다. 셀카 이미지에 대한 과도한 집착이 일종의 정신질환으로 이어지는 경우가 있다는 의학계의 보고다.

2018년 11월 미국의학협회 학술지 JAMA의 안면성형수술 분과에 실린 논문은 "필터링된 이미지는 현실과 환상 간의 경계를 흐리게 만들고 자신의 신체적 특징을 제거해야 할 결함으로 집착하게 만드는 정신질환인 신체이형증 BDD을 유발할 수 있다"라고 경고했다.

영국 런던의 성형외과 의사 티지언 이쇼는 소셜미디어 환경에서 달라진 성형수술 환자들의 요구를 접하면서 몇 해 전 '스냅챗 이형증 snapchat dysmorphia'이라는 말을 처음 만들어냈다. 그는 과거에 성형수술을 요청하는 사람들이 닮고 싶은 유명인의 사진을 들고 와 "눈, 코, 입을 사진 속 인물처럼 만들어달라"라고 하는 경우가 많았는데, 근래에는 스냅챗이나 인스타그램의 필터로 보정된 자신의 사진을 가져와서 "이 사진 속의 나처럼 만들어주세요"라는 요구를 한다는 사실을 의학계에 보고했다.

단순히 더 나은 외모를 선망하는 수준의 성형수술 욕구가 아니라, 자연인에게 존재하기 어려운 형태의 얼굴 사진을 자신의 이상적 얼굴 상태로 기대하고 성형수술을 통해 이를 실현하려는 새로운 정신질환 현상이 나타난 것이다. 미국 얼굴성형·재건수술학회의 회원 대상 조사 결과에 따르면, 환자의 수술 동기 중 "더 멋진 셀카 사진을 위해서"라는 응답은 2016년 13%였는데 2017년엔 네 배 이상인 55%로 나타났다.

　　　　면도, 화장, 머리 손질을 하지 않고 '자연 그대로' 사는 현대인은 거의 없다. 외모 가꿈과 꾸밈은 자연스러운 본능이다. 변형된 디지털 가상 이미지가 실재의 이미지를 대체하는 현실 또한 불가피하다. 하지만 디지털화한 이미지가 범람하는 세상에선 변형해서는 안 될 실재에 대한 고려가 더 중요해지고 있다.

예의 바른 무관심

휴대전화는 편리하지만, 동시에 수시로 주변의 전화 통화에 노출되는 상황을 만든다. 특히 지하철 등 공공장소에서 들리는 통화 목소리는 달갑지 않다. 목소리를 낮춘 통화라도 같은 공간에 있는 두 사람이 시끄럽게 대화할 때보다 신경이 더 많이 쓰이는 경우가 적지 않다. 한 사람의 음성만 들리는 타인의 통화 목소리는 두 사람의 대화보다는 들리는 음성의 총량이 더 적다. 그런데 왜 더 성가시게 느껴질까? 이는 인간의 인지적 특성 때문이다.

미국의 심리학회지 〈사이콜로지컬 사이언스Psychological Science〉 2010년 9월호에는 "쌍방 대화 중 한쪽 이야기만 듣게 될 경우 우리 뇌는 대화의 연결을 예측할 수 없어 어려움과 혼란을 겪게 되는데 이 때문에 주의를 더 많이 빼앗기게 된다"라는 코넬대학교 로런 엠버슨의 연구논문이 실렸다. 뇌의 언어처리 기능은 발화 다음에 어떤 말이 이어질지 예측하는 구조인데, 한쪽 말만 들리면 더 많은 주의력을 기울여 대화를 예측해야 한다는 것이다. 2013년 샌디에이고대학교 연구진도 실험으로 이를 입증했다. 일방의 전화 통화에 노출된 집단은 두 사람 간의 대화에 노출된 집단에 비해 동일한 인지적 과제를 수행하는 능력이 현저히 떨어졌다.

이어질 대화를 예측할 수 없는 데서 오는 인지적 부담과 함께 옆 사람의 전화 통화 상황을 통제할 수 없다는 점, 호기심을 자극하는 사적인 내용이 들려와 저절로 귀를 기울이게 된다는 점 등이 다른 사람의 통화 소리가 소음도와 상관없이 유난히 신경을 거스르는 이유라고 심리학자들은 설명한다.

미국의 사회학자 어빙 고프먼은 1970년대 '예의 바른 무관심 civil inattention'이란 개념을 제시하고, 현대 도시생활을 가능하게 하는 장치라고 설명했다. 도시생활에서 대중교통과 다중이용시설을 이용하면서 살이 부대끼고 눈길을 교환하더라도 짐짓 모른 척하는 것이 일종의 에티켓이라는 것이다. 이런 '예의 바른 무관심'의 배경에는 상대의 익명성과 사생활을 보호해야 자신도 안전하다는, 도시민들에게 암묵적으로 공유돼온 인식이 있다.

모바일 기기와 소셜미디어를 사용하게 되면서 개인들의 내밀한 영역과 정보가 노출되는 형태도 다양해졌다. 인터넷은 사생활 침해에 해당하는 과도한 정보를 유통시켜 'TMI'라는 용어까지 유행시켰다. 검색엔진의 추천 검색어와 검색어 자동완성은 글자 입력을 돕는 역할도 있지만 주된 목적은 사용자가 알려고 하지 않던 것까지 안내해주는, 검색 시장에서의 '수요 창출' 기능이다. "다른 사람들이 흥미를 보이고 있으니 너도 알아보는 게 어때?"라는 유혹을 뿌리치긴 어렵다. 독일과 일본에서는 구글의 검색어 자동완성 기능이 사생활 침해라는 판결이 잇따라 나왔다.

인터넷은 기본적으로 공개되는 특성이 있지만, 사회관계망 같은 서비스를 통해 모든 게 연결되는 현실에서 인터넷을 공공적 공간으로 규정하면 사생활 영역은 사라진다. 남모르게 사진과 동영상을 찍을 수 있는 구글 안경 같은 기기는 프라이버시 침해 우려를 가중시킨다. 사생활을 보호하기 위해서는 인터넷의 기술적 속성에 어울리는 새로운 에티켓이 요구된다. 사용자들도 누군가를 향한 관심을 신상털기와 무분

별한 정보 검색으로 연결하는 대신, 평온한 삶을 위해 도시민들이 합의한 '예의 바른 무관심'을 배우고 실천할 필요가 있다.

또한 아무리 '예의 바른 무관심'의 태도를 유지하며 타인의 통화 내용에 귀를 기울이지 않으려 해도 인간의 인지적 본능이 저절로 귀를 쫑긋하게 만드는 만큼 공공장소에서의 통화는 더욱 조심스럽게 해야 한다.

무료 서비스

인터넷 서비스의 대부분은 무료다. '공짜'로 쓴다는 생각에 이용자들은 인터넷 서비스에 대해 별다른 요구를 하지 않고 주어진 대로 사용하는 경우가 많다. 무료인 만큼 불만이 있으면 사용하지 않으면 그만이라고 여길 따름이다.

페이스북은 2004년 서비스 이후 줄곧 실명을 고수해왔다. 누군가의 신고 등으로 실명이 아닌 가명이나 별명을 사용한다는 게 확인되면 계정이 정지된다. 페이스북은 세계 최대의 사회관계망 업체가 된 요인의 하나로 실명 정책을 든다. 〈월스트리트 저널〉은 페이스북의 실명 고수 원칙을 두고 사용자들이 실제 신원으로만 활동하게 해 맞춤형 광고가 잘 먹히게 하는 페이스북 사업모델의 핵심이라고 보도했다.

그런데 페이스북은 2014년 10월 그때까지 고수해오던 실명 정책을 변경하게 된다. 그동안 성적 소수자를 비롯해 가정폭력 희생자들은 "페이스북에서 실제 이름을 쓸 수 없다"라며 불만을 제기해왔지만, 페이스북은 이들 소수 집단의 목소리를 못 들은 척 묵살해왔다. 하지만 페이스북은 2014년 10월 "성적 소수자LGBT 커뮤니티에 사과한다"라며 실명 정책을 완화하겠다고 밝혔다.

하지만 페이스북의 실명 정책이 하루아침에 저절로 바뀐 것은 아니다. 페이스북의 정책 변화에는 사용자들의 집단적인 온라인 행동이 큰 영향을 끼쳤다. 성적 소수자들의 비실명 페이스북 사용 요구가 알려지자 청원사이트인 체인지닷오아르지change.org에서는 실명 반대 서명자가 단기간에 3만 6000명을 넘어섰고, 엘로Ello처럼 가명을 쓸 수 있는 페이스북의 대안 서비스 가입도 늘어난 덕분이다. 인터넷 서비스에 불만이 있을 때 개인적 차원에서 사용하지 않는 것은 해결책이 못 된다. 페이스북이나 카카오톡처럼 자신들의 지인 대부분이 연결되어 있는 SNS의 경우에는 나 혼자 안 쓰는 것으로는 해결이 불가능하다.

인터넷에는 '무료'인 서비스가 많지만, 대부분 광고를 통한 수익모델로 돈을 번다. 서비스 기업들은 항상 사용자 편의와 만족을 강조하지만 실제로는 업체의 이윤 추구가 우선이다. 인터넷의 다양한 서비스는 거대한 플랫폼을 형성하고 사회적 영향력이 큰 경우도 많아 '내가 안 쓰면 그만'이라고 가볍게 지나칠 일도 아니다.

검색엔진도 비슷하다. 방대한 인터넷을 검색해 이용자에게 신속하게 정보를 찾아주는 네이버, 구글과 같은 검색엔진도 이용자에게 무료로 제공되지만, 진짜 무료는 아니다. 검색엔진의 사업모델이 이용자에게 광고를 판매할 따름이다. 검색엔진의 광고는 이용자 모두에게 제공되지만 무차별로 행인에게 노출되는 도심지의 전광판과 달리 개인별 맞춤형 광고가 가능하다는 점이 특징이다. 로그인한 이용자에겐 가입 때 기록한 상세한 신상정보를 기반으로 맞춤형 광고가 제공되고, 로그인하지 않아도 '쿠키Cookie' 정보를 이용한 맞춤 광고가 노출된다. 쿠키엔 이용자가 방문한 웹사이트 기록이 담겨 있어, 실명 정보가 없어도 이용자의 취향이나 특성을 잘 반영한 맞춤형 광고를 제공할 수 있다.

구글은 2022년부터 개인정보 기반 맞춤형 광고를 중단하겠다고 2021년 3월 발표했다. 맞춤 광고 효과를 높이기 위해 구글은 그동안 이용자 신상 정보가 담긴 검색기록을 광고주에게 판매해 왔는데, 2022년부터는 이를 중단하겠다는 발표였다. 유럽연합에서 개인정보 보호법령을 강화해 맞춤형 광고가 이를 위반할 경우 거액의 과징금을 물리기로 하자 나온 조처다.

　　《통제하거나 통제되거나Program or Be Programmed》의 저자인 미디어학자 더글러스 러시코프는 "돈을 내지 않고 사용한다면 당신이 상품이다"라고 말한다. 인터넷의 공짜 서비스에서 이용자는 고객이 아니라 상품이라는 말이다. 온라인에서는 이용자가 집단적으로 개선을 요구할 때만 상품 취급을 벗어날 수 있다.

4장

로봇, 인공지능, 인간의 경계에서:

포스트휴먼의 존재론

076

포스트휴먼Post Human

21세기는 포스트휴머니즘의 시대다. '포스트휴먼Post Human' 이라는 말은 '탈脫휴머니즘 시대의 인간' 또는 '후기 인간'을 의미한다.

기술과 과학의 발달은 산업과 사회를 변화시키는 데 머무르지 않고 인간의 근본적 구조와 형태에도 큰 영향을 끼친다. 의약품과 백신 등 과학기술 덕에 인간 수명은 늘어났고 건강 상태와 삶의 질 또한 끊임없이 개선되어 왔다. 지금까지는 도구적 인간인 호모 파베르가 도구를 개발해 특정한 목적과 의도에 따라 사용해왔지만, 이제 도구와 인간이 맺어온 오랜 관계가 달라지고 있다. 도구를 몸에 이식하거나 장착해서 사람 몸과 분리 불가능한 상태로 만들어 자연인의 한 부분을 구성하도록 하는 상황이다. 주로 장애인이나 특정한 업무에 한해 적용되어온 이러한 '인간 증강Human Enhancement' 기술이 앞으로는 모든 사람이 기꺼이 수용하는 현실이 될 수 있다. 영화 속 '육백만 불의 사나이'와는 다르지만 많은 사람이 도구를 몸에 이식한 '하이브리드 기계 인간', 즉 사이보그가 되는 세상이다.

'블레이드 러너'로 불린 남아프리카공화국의 육상선수 오스카 피스토리우스는 2008년 베이징올림픽 출전 자격을 놓고 논란을 일으킨 적이 있다. 피스토리우스는 발목이 없는 상태로 태어나 의족 착용을 위해 무릎 아래를 절단한 장애인 육상선수인데 의족으로 엘리트 선수보다 빠른 기록을 내 논란을 일으켰다. 국제육상연맹은 피스토리우스가 경기 때 착용하는 탄소섬유 재질의 스프린터용 의족 덕분에 다른 선수보다 '불공정한 이점'을 갖고 있다는 이유로 올림픽 출전 자격을 한때 거부했었다. MIT 미디어랩의 휴 허 교수는 암벽등반 도중 조난사고로 두 다리를 잃었지만 여전히 암벽등반을 즐긴다. 등반용 의족을 개발해 착용하고 70m 넘는 암벽도 거뜬히 오르는 그는 오히려 "당신들은 왜 나처럼 증강된 인간의 길을 선택하지 않는가"라고 묻는다.

기술의 도움으로 자연인의 능력을 넘어서게 된 '증강 인간'은 한계의 극복과 인간 능력 향상이라는 긍정적 측면과 함께 일찍이 없던 문제를 불러온다. 기술과 도구로 인해 '증강된 인간' 즉 포스트휴먼이 자연인과 공존하고 경쟁하는 것이 타당한지, 포스트휴먼이 기존의 자연인을 대상으로 만들어진 사회의 각종 제도와 환경에 적응할 수 있는지의 문제다. 나아가 돈과 권력, 기술을 통해 자연적 인간의 상태를 넘어서려고 하는 '인간 증강' 시도를 과연 자연인들이 금지하거나 막아내는 것이 가능할지 또는 포스트휴먼의 길을 봉쇄하는 것이 과연 윤리적으로 타당한지의 문제다.

자연인과 구별되는 포스트휴먼의 등장은 인간의 오래된 본성과 익숙한 사회구조에 새로운 질문을 던진다. 그동안 환경과 도구 등 인간 외부의 조건을 대상으로 발달시켜온 과학과 기술을 이제는 본격적으로 인간이 인간 자신에게 적용하기 시작하면서 생겨난 문제다.

중세 시대, 세계의 중심은 신이었고 인간과 사회는 신이 만든 존재였다. 르네상스 이후 인간이 신의 위치를 대신하는 인간중심주의, 즉 휴머니즘이 자리 잡았다. 이후 인간 이성을 기반으로 한 과학과 기술, 논리가 근대 이후의 합리주의와 과학적 세계관을 형성했고 이는 오늘날 현대를 만든 토양이다. 그런데 사람이 과학과 기술을 외부환경을 개척하고 다스리는 데 쓰는 것을 넘어, 인간 자신의 개량과 조작에 사용하는 상황이 열리고 있다.

인간이 스스로 자신의 신체적·정신적 능력까지 개량하고 조작할 수 있게 되는 포스트휴머니즘의 세상은 멋진 신세계일까, 아니면 파멸의 나락으로 떨어지는 첫걸음일까? 이스라엘의 역사학자 유발 하라리는《사피엔스》《호모 데우스》에서 인간이 인간 자신을 개량하기 시작하면서, 인간 스스로 신의 지위에 오르는 '신적인 인간'이 되고 있다고 주장한다.

077

켄타우로스 인간

엘지전자는 2018년 가을 베를린에서 열린 유럽 가전박람회 IFA에서 '착용형 로봇 클로이 수트봇'을 공개하고 사업화 계획을 밝혔다. 착용자의 하체를 지지하고 근력을 높여줘 무거운 짐을 운반하거나 강한 힘이 필요한 작업을 처리하게 해주는 외골격 로봇이다. 외골격은 갑각류나 곤충에게 있는 몸 표면의 딱딱한 구조를 말한다. 외골격 로봇 또는 신체외골격 장치로 불리는 엑소스켈레톤Exo Skeleton은 사람 뼈와 근육을 대신하거나 증강시키는 역할을 한다. 포드자동차는 2018년 8월 7개국 15개 공장의 노동자들에게 조끼 형태의 외골격 로봇 '엑소베스트'를 공급한다고 밝혔다. 착용자의 팔 힘을 7kg 보태주고 팔과 허리에 주어지는 부담을 40%가량 줄여주는데, 2017년 시범운용 결과 성과가 높아 확대에 나선 것이다.

경쟁이 가장 앞선 분야는 군사 분야다. 미국 방산업체 록히드 마틴은 병사가 90kg을 매고 최고 시속 16km로 달릴 수 있는 외골격 장치 '헐크'를 선보였다. 러시아와 중국도 미래전의 핵심 병기인 외골격 로봇의 개발과 실전 배치에 나섰다. 장애인들의 생활 보조에도 널리 쓰일 수 있다. 이스라엘 기업이 개발한 '리워크'는 하지 마비 환자의 보행을 가능하게 해준다. 2012년 하반신이 마비된 영국 여성은 리워크를 착용하고 런던마라톤을 17일에 걸쳐 완주했다.

군사용, 장애인용, 무거운 짐 운반용으로 연구개발되어 온 신체외골격 장치는 고령화 사회에서 실질적 용도를 발견하고 있다. 세계 최고의 고령화 국가답게 일본 기업들은 노인들이 고연령에도 육체노동을 할 수 있도록 무거운 물건을 들어 올리고 운반하기 쉽게 하는 외골격 장치를 개발해 보급하고 있다. 고령화사회가 직면한 노동력 부족을 해결하기 위한 노력이다.

그리스신화의 켄타우로스는 하반신은 말, 머리부터 허리까지는 인간 형태를 한 난폭한 괴물이다. 도구의 발달은 사람 신체를 인공지능이나 로봇과 결합시킨 새로운 켄타우로스로 변형시키고 있다. 치아 임플란트와 인공관절처럼 '입는 로봇'도 재활 도구를 계기로 대중화될 것이다. 로봇과 인공지능의 공포를 벗어나는 방법은 사람이 이 기술과 아예 한 몸이 되는 것이라는 게 테슬라 최고경영자인 일론 머스크의 생각이다.

반인반마의 켄타우로스는 육체적 측면에서 인간이 기계와 결합한다는 의미로 쓰이기 시작했지만, 정신적 측면으로 확대해볼 수도 있다. 러시아 출신 체스 챔피언 가리 카스파로프는 1997년 IBM의 체스용 슈퍼컴퓨터 딥블루와의 대결을 벌인 것으로 널리 알려진 인물이다. 카스파로프는 16년 동안 체스 챔피언 자리를 유지해 '체스의 신'으로 불려왔다. 컴퓨터와의 대국에서도 줄곧 승리해온 카스파로프였지만 1997년 대국에서 딥블루에 패배해 '기계에 진 인간'이라는 별칭을 얻었다. 카스파로프의 패배 이후 체스는 인간 최고수가 컴퓨터의 상대가 될 수 없는 영역이 됐다. 하지만 카스파로프는 좌절하거나 체스판을 떠나는 대신 흥미로운 도전을 시작했다. 그는 인간 고수와 슈퍼컴퓨터가 한 팀이 되어 체스를 두는 '프리스타일' 게임 형식을 만들어내고 '켄타우로스'란 이름을 붙였다. 인간 최고수, 최고의 체스용 컴퓨터는 물론 인간과 컴퓨터가 한 몸을 이룬 켄타우로스도 모두 출전하는 프리스타일 경기에서 가장 강한 선수는 인간도, 컴퓨터도 아니었다. 컴퓨터와 한 몸을 이룬 인간 체스 강자 '켄타우로스'였다. 이는 인공지능 시대에 인간의 갈 길을 시사한다. 인공지능 개발을 늦추거나 두려워할 게 아니라, 적극적으로 사람과 인공지능이 결합하는 길을 모색해야 한다. 그렇게 호모 파베르는 스스로를 도구와 결합시키며 호모 켄타우로스의 길로 가고 있다.

⁰⁷⁸ 뇌 임플란트

인간을 증강시키려는 의학기술과 트랜스휴머니즘의 발달은 사람 뇌마저 인위적 조작과 개량의 대상으로 삼는다. 뇌 임플란트도 그 중 하나로 뇌에 컴퓨터칩을 이식해, 인간의 두뇌와 전자두뇌를 연결하려는 시도다.

생물학적 두뇌를 전자두뇌로 대체하는 것은 먼 미래의 일이 겠지만, 지금도 인간 뇌를 대상으로 한 실험은 진행 중이다. 두개골을 뚫고 뇌에 전극을 넣은 사람도 세상엔 14만 명이 넘는다. 미국 식품의약국 승인을 받은 이 장치는 뇌에 심는 바늘 모양의 전극인데, 전류를 흘려보내면 파킨슨병이나 수전증 환자의 떨림을 개선하고 우울증도 완화해 준다.

사람 뇌에 컴퓨터칩을 이식한다는 것은 두개골과 신체에 갇혀 있는 인간의 두뇌 기능을 신체 외부의 거대한 세상과 연결하는 일을 의미한다. 뇌와 컴퓨터가 연결되는 것은 공상과학영화 〈매트릭스〉〈공각기동대〉처럼 인간 두뇌 능력이 무한 확장되는 세상으로 가는 길이다.

테슬라의 최고경영자 일론 머스크는 2016년 뇌-컴퓨터를 연결하는 기업 뉴럴링크Neuralink를 설립했다. 뇌에 뉴럴레이스라는 컴퓨터칩을 이식해 뇌신경과 컴퓨터를 연결시키는 게 목표인 회사다. 이 회사는 거부감이 큰 두개골 수술 대신 정맥주사로 뇌에 뉴럴레이스를 보내는 방법을 추진하고 있다. 뉴럴링크는 2019년 쥐의 두개골을 열고 머리카락보다 훨씬 가는 실 모양의 센서를 삽입해 컴퓨터와 무선으로 통신하는 실험을 공개했다. 2021년 4월엔 뇌에 뉴럴레이스 칩을 이식한 수컷 원숭이가 조이스틱과 같은 게임 조작도구의 작동 없이 생각만으로 비디오게임을 하는 동영상을 공개하기도 했다. 현재는 두개골을 뚫고 전극을 삽입하지만, 이후에는 레이저빔을 이용해 라식수술처럼 간단하게 이식수술을 가능하게 하는 것이 목표다.

뇌-컴퓨터 연결BCI은 신체 마비나 척추 손상, 시각장애 등을 극복할 수 있는 기술적 플랫폼을 만드는 게 1차 목표이지만, 뉴럴링크의 최종 목표는 사람 두뇌를 컴퓨터와 연결시켜 디지털 정보를 뇌에 업로드하거나 사람의 생각을 컴퓨터로 다운로드하는 공상과학 속 모습을 현실화하는 것이다. 연구개발 노력은 진전하고 있지만, 인간 뇌를 컴퓨터와 연결해 무한한 연산 능력과 저장 능력을 부여하기 위한 길은 아직 멀기만 하다. 생각해보지 않았던 뜻밖의 문제가 계속 불거지기 때문이다.

미국 국방부의 방위고등연구계획국DARPA은 사지 장애를 입은 사람들을 대상으로 뇌-컴퓨터 연결 연구를 해오고 있다. 뇌에 전자칩 **뇌 임플란트**을 심고 로봇 팔다리를 부착한 뒤 사지를 움직이려고 마음먹으면 로봇 팔다리를 작동할 수 있게 해주는 실험적 시술이다. 시술을 받는 사람들이 연구실을 방문해 두뇌 컴퓨터칩 설정을 거치고 나면 로봇 팔다리를 작동할 수 있게 된다. 그런데 시간이 지날수록 조작 성공률이 떨어지는 문제가 발생했다. 이는 인간 뇌의 특성 때문이다. 사람 뇌는 머물러 있는 상태가 아니다. 끊임없는 학습과 경험, 사고를 통해 새로운 연결을 만들어내며 지속해서 변화하기 때문이다. 그래서 뇌의 특정한 환경에 맞춘 소프트웨어의 인공적인 전기신호 처리 설정값이 이내 적절하지 않게 된다.

이는 사람 두뇌의 고유 기능과 특성이 무엇인지 잘 보여준다.

251

우리는 이세돌 9단과 알파고의 대결을 보며 인공지능의 빠른 연산, 무한한 정보 저장 및 검색 능력, 논리적 추론력에 압도당하며 공포심을 가졌지만 사람 두뇌는 인공지능과 다른 장점을 갖고 있다. 학습과 경험에 따라 변형되는 가소성과 유연성이다. 성인의 뇌도 끊임없이 새로운 뉴런 연결을 만들어낸다는 게 여러 연구를 통해 밝혀져 있다.

　　　뇌 연구자들은 인공지능에 사람 뇌와 유사한 가소성을 가르치는 게 무엇보다 어렵다고 말한다. 아이러니다. 포스트휴머니즘은 인간 뇌를 컴퓨터와 연결시키는 공상과학적 상상을 하게 한다. 하지만 인공지능이 사람 뇌의 가소성과 유연성을 따라잡는 것은 매우 어려운 과제다. 포스트휴먼 사회에서 우리는 점점 더 전자적 두뇌와 도구에 의존하게 되겠지만, 그럴수록 사람만의 유연성과 가소성이 인간의 핵심이 된다.

⁰⁷⁹ 인간의 로봇화

인공지능 기술 발달로 인해 사람의 능력을 능가하는 로봇이 등장할 것이라는 우려가 확산되고 있다. 하지만 《현재의 충격》 저자인 미디어학자 더글러스 러시코프는 로봇이 사람을 지배하고 위협하는 상황을 걱정하기보다 오히려 사람이 로봇화하는 것을 진짜 걱정해야 한다고 말한다.

영국 〈이코노미스트The Economist〉는 2018년 발간된 《인간성의 재설계Re-Engineering Humanity》라는 책을 소개하며, 인간성 개념이 현재의 기술적 환경에서 새로이 만들어지고 있는 상황을 다뤘다. 미국 펜실베이니아의 빌라노바대학교 교수인 저자 브렛 프리시맨은 〈이코노미스트〉와의 인터뷰를 통해 정보기술 환경에서 사람이 점점 로봇화하는 현상에 대한 경고를 쏟아냈다.

그는 "우리는 편리와 효율성에 굴복해 맺은 계약서대로 행동하고 결국 단순한 기계와 구별되지 않는 존재가 되고 있다"라며 오늘날의 기술, 사회, 경제, 교육, 정치, 문화 시스템이 우리를 디지털 기술에 깊이 의존하게 만드는 현실을 지적했다. 그가 우리를 기계화한 인간으로 만드는 환경이라고 지적하는 것은 편리한 도구를 사용하기 위해 아무도 읽지 않고 동의하는 장문의 서비스 약관부터다. 우리는 내용을 알지 못한 채 계약서를 쓰고, 인간을 기계화하는 현실에 뛰어든다는 것이다.

디지털 도구와 서비스는 이음매와 마찰 없이 매끄럽게 연

253

결되는 게 특징이다. 스마트폰에서 서비스 성공의 주요 요건은 단절이 느껴지지 않는 자연스러운 연결이다. 서비스 전환 비용을 줄이고 이용자에게 물 흐르듯 자연스러운 경험을 제공하는 것이 경쟁의 핵심이다. 2007년 등장한 아이폰의 성공 비결도 매끄러운 사용자 경험이다. 아이폰 이전에도 스마트폰은 있었고, 당시에도 '손 안의 컴퓨터'로 불렸던 스마트폰에서 웹 서핑, 음악 감상, 전화 기능이 모두 가능했다. 하지만 아이폰은 각 기능들이 매끄럽게 작동하도록 운영체제를 재설계하고, 터치와 밀어서 잠금해제 등 직관적 동작만으로도 기기를 쓸 수 있는 깔끔한 조작법을 제공함으로써 성공을 거뒀다. 디지털 도구와 서비스가 제공하는 매끄러운 사용자 경험 안에서 사람은 설계자가 요구하는 단추 누르기와 같은 가장 단순한 동작만을 반복하도록 허용된다.

　　프리시맨은 인간에겐 기계와 달리 마찰이 필요하다고 주장한다. 캐나다 엔지니어들에게는 왼손 새끼손가락에 강철 반지를 끼고 다니는 전통이 있다. 캐나다에서는 공대를 졸업할 때 '엔지니어의 소명식'을 치르고 선배들이 반지를 끼워주는 의식을 갖는다. 1907년 퀘벡교 건설 도중 붕괴 사고로 노동자 75명이 숨진 참사를 계기로, 엔지니어들 스스로 사회적 책임을 각성하는 의례를 만든 것이다. 새끼손가락에 낀 강철 반지는 각진 모서리들로 이뤄져 있어, 작업대나 설계도면에서 자그마한 마찰을 일으킨다. 그 마찰을 통해서 엔지니어가 기술의 힘과 영향에 대한 책임을 잊지 말자는 정신이 깃들어 있다.

　　사람은 멈춰 생각할 기회가 필요하고 자신과 타인에 대해 성찰할 틈이 있어야만 한다. 다양한 계층과 집단들로 구성된 사회에서도 마찰이 있어야 각 집단의 존재를 서로 깨닫고 적절한 협치의 구조를 만들 수 있다는 얘기다. 프리시맨은 한발 더 나아가 기계가 생각하는 능력을 갖췄는지를 판별하는 기준인 '튜링테스트'를 뒤집어서, 사람이 얼마나 기계스러운지를 판단할 수 있게 하는 '역튜링테스트'가 필요하다고 말한다. 기계를 두려워하기에 앞서, 사람이 얼마나 기계처럼 행동하는지를 살펴볼 필요가 있다.

　　　디지털 세상에서 기술의 영향력과 그에 대한 의존은 이전과 비교할 수 없이 커졌지만, 개발자와 사용자들의 논의는 활발하지 않다. '건강한 마찰'의 경험을 통해 소프트웨어의 힘과 영향에 대한 사회적 감시와 윤리적 성찰을 함께 마련해야 할 때다.

⁰⁸⁰ 로봇 실명제

미국 캘리포니아주는 2019년 7월부터 '로봇 실명제'를 시행 중이다. 실제 법령의 명칭은 '온라인 투명성 강화법'이다. 이 법은 시민의 투표와 구매 행위에 영향을 끼치려는 의도를 지닌 로봇봇으로 하여금 자신이 로봇이라는 사실을 밝히게 강제하는 규정이다. 로봇이 만든 소셜미디어 계정이나 자동응답 활동이 이용자를 속이는 상황에서 출현한, '로봇 신원확인' 규정인 셈이다.

법안을 발의한 로버트 허츠버그 상원의원이 제시한 트위터 계정이 본보기다. 이 계정은 자기소개에 "나는 로봇이다. 이 계정처럼 자동화된 아이디는 이용자를 오도하고 착취한다. 하지만 나는 내가 로봇이라는 것을 밝힌다"라고 정체를 드러낸다. 소셜미디어에서는 각종 봇들이 가짜 계정을 통해 팔로어 수를 부풀리고, '좋아요'와 '공유' 활동을 하며 이용자를 속여왔다. 이 법은 해당 봇을 소유하거나 개발한 사람이 자동화 계정에 대한 책임을 지게 하고, 규정을 어기면 최고 2500달러 벌금을 부과한다.

인터넷에서 표현 자유를 옹호하는 미국의 정보인권단체인 전자프런티어재단은 이 법안 논의 과정에서 "모든 봇들이 자신이 로봇이라는 것을 공개하도록 요구하는 것은 언론 자유와 창의성을 저해할 것"이라고 반대했다. 법은 '자동화 봇, 계정 및 그 결과물'을 규제하는데, 소셜미디어에는 뉴스 전송, 자동응답, 배송 안내 등과 같은 다양한 챗봇이 서비스 중이다. 봇과 허위 계정도 때로는 조작자가 개입해 활동하기 때문에 '100% 로봇'만 골라내기도 어렵다. 페이스북 같은 거대 사업자는 로봇 실명제 대응 시스템을 구축할 수 있겠지만, 소규모 사업자에겐 비용이 드는 진입장벽일 수 있다.

미 상원의원의 트위터 계정처럼 자신을 로봇이라고 밝힌 경우도 있지만, 대부분의 봇들은 자신이 사람이 아니라는 것을 숨긴다. 사람을 상대하기 위해선 이용자에게 로봇이라는 게 들통나지 않아야 한다. 봇의 목적은 사람을 대신하는 것인 경우도 있지만, 대부분은 사람을 속이기 위해 만들어져 활동한다.

거대 정보기술 기업도 이 영역에 '인공지능 음성 비서'의 이름으로 진출했다. 구글은 2018년 5월 연례 개발자대회에서 사람 대신 식당과 미용실에 예약 전화를 걸어 매장 직원과 복잡한 대화를 주고받는 인공지능 음성 비서 듀플렉스를 공개했다. 순다 피차이 구글 최고경영자가 직접 시연에 나선 듀플렉스는 목소리와 억양 등에서 사람이 아니라고 생각할 만한 구석이 전혀 없었다. 직원의 "잠깐만 기다리세요"라는 말에 듀플렉스가 "흐음~"으로 응대하자, 개발자회의에 모인 7500여 명의 참석자들은 일제히 웃음과 탄성을 쏟아냈다. 듀플렉스는 이미 여섯 종류의 목소리를 사용할 수 있어 음성 분석으로 로봇인지를 구분하기도 불가능하다.

개발자들은 환호했지만, 비판도 쏟아졌다. 영국 신문 〈인디펜던트The Independent〉는 "사람 흉내를 내는 끔찍한 인공지능 로봇"이라고 비판했고, 매사추세츠공과대학교 에릭 브린욜프슨 교수는 "놀라운 기술 발전이지만, 인공지능의 핵심 목표가 사람을 흉내 내는 것은 아니다. 그보다 인공지능 개발자들은 사람이 상대하고 있는 대상이 사람인지 기계인지 알 수 있도록 해야 한다"라고 지적했다. 구글은 사람과 식별 불가능한 정교한 인공지능을 개발했지만, 바로 그 때문에 서비스를 보류해야 했다.

'로봇 실명제'는 실효성 여부를 떠나 로봇과 알고리즘의 영향력을 드러낸다. 로봇을 동원한 속임수와 온라인 여론 왜곡이 배경이다. 사람들은 온라인에서 "로봇이 아님을 증명하시오"라는 자동화된 튜링테스트CAPTCHA, 캡차를 통해 끊임없이 '인간 증명'을 당하고 있지만, 로봇들은 무사통과였다. 사람들이 로봇을 상대하며 속아왔다는 자각이 '로봇 실명제'라는 시도를 만들어냈다. 결국 사라지고만 '인터넷 실명제'와 다른 경로를 걸을지 궁금하다.

⁰⁸¹ 로봇세

로봇에게 세금을 물릴 수 있을까? 로봇세를 둘러싸고 논쟁이 일고 있다. 마이크로소프트 공동창업자인 빌 게이츠는 2017년 2월 미국 온라인 매체 〈쿼츠Quartz〉 인터뷰에서 "로봇이 사람의 일자리를 빼앗는다면 로봇도 세금을 내야 한다"라고 주장했다. 빌 게이츠는 로봇을 활용한 생산성 향상으로 생겨난 수익 일부를 거둬들이거나 '로봇세'를 신설해 로봇에게 일자리를 빼앗긴 사람들의 재교육과 지원에 활용해야 한다고 징수 방법과 사용처에 대해서도 설명했다.

비슷한 시기 유럽의회는 유럽연합 집행위원회에 자율주행차를 포함한 로봇을 규제하는 입법이 필요하다는 결의안을 채택했다. 이 법안은 로봇 개발 때 고려할 윤리적 가이드라인과 로봇에 대한 책임 등을 담을 예정이다. 하지만 유럽의회는 로봇으로 실직한 노동자들을 지원하기 위해 로봇세를 부과하는 방안에는 반대했다.

유럽의회는 2017년 1월 결의안을 채택해 로봇에 '전자인간 electronic personhood'이라는 법적 지위를 부여하고 로봇의 지위, 개발, 활용에 대한 기술적·윤리적 가이드라인을 제시한 바 있다. 결의안에는 인공지능 로봇 활용에 따른 새로운 고용모델의 필요성을 강조하고, 로봇을 고용하는 기업에 로봇세를 물려야 한다는 내용도 포함됐다. 하지만 한 달 뒤 열린 전체 회의에서 로봇세 부분은 통과되지 못했다.

로봇세 주장은 로봇이 노동자를 대체하는 현재의 추세가 계속되면 자본주의가 지속가능하지 않다는 생각에서 비롯했다. 로봇은 뛰어난 효율성으로 생산 활동을 하지만, 사람과 달리 소비를 할 수 없기 때문이다. 하지만 로봇세 신설은 어려운 문제다. 로봇을 어떤 존재로 볼 것인가, 누가 소유하고 지배하는가에 대한 사회적 합의가 없기 때문이다. 우선 세금을 내야 할 로봇의 범위가 불분명하다. 이미 산업 현장에 대거 투입돼 있는 산업용 로봇을 비롯한 각종 자동화 장비는 로봇세의 대상인지 의문이 제기된다. 생산성과 효율성 높은 첨단 자동화 기계장비는 인간 노동을 대체하지만 로봇이 아니므로 문제가 되지 않는가? 검색이나 기계번역처럼 알고리즘 방식의 인공지능 소프트웨어는 로봇인가 아닌가?

'로봇세'의 전제가 되는 '전자인간'도 논란이 많다. '전자인간' 지위를 도입하면 로봇이 사고와 배상에 대비해 의무적으로 보험에 가입하고, 로봇들이 축적하는 부의 일부를 재원으로 확보할 수 있는 구조를 만들 수 있다는 게 '전자인간' 옹호론자들의 주장이다. 고도의 자율적 로봇이 아직 등장하지 않았지만, 인공지능 기술이 빠르게 발달하고 있고 그 작동 방식이 드러나지 않는 '블랙박스'적 속성의 인공지능이 등장하고 있는 만큼 사회적 논의와 법적 개념을 갖춰야 기술을 통제할 수 있다는 논리다.

하지만 '전자인간' 반대의 목소리도 높다. 유럽연합 14개국의 인공지능 전문가, 로봇 전문가, 법률가, 기업인 등 156명은 2018년 4월 유럽연합 집행위원회에 공개 편지를 보내, '전자인간' 논의를 비판했다. 프랑스 다르투아대학교의 법학 교수 나탈리 나브장은 "전자인간을 도입해 로봇 제조사의 책임을 없애려 하고 있다"라고 반대했다. '책임 있는 로봇재단'을 이끌고 있는 영국 셰필드대학교의 노엘 샤키 교수도 "유럽의회 입장은 로봇 제조자가 책임으로부터 벗어나려는 비열한 방법"이라고 비판했다.

　　　인공지능과 로봇의 개념과 법적 지위에 대한 합의도 당장 이뤄지기 어려운데, 그에 대한 세금을 물린다는 로봇세는 더욱 현실성이 없어 보인다. 하지만 로봇세와 전자인간은 인간이 앞으로 로봇과 함께 살아가기 위해 어떠한 과제와 직면해야 하는지 알려주는 개념이다.

로봇의 얼굴

바티칸 산피에트로 대성당 안의 시스티나 예배당에 있는 미켈란젤로가 그린 천장화 〈천지창조〉에서 신은 사람의 모습을 하고 있다. 신에게서 사람 몸과 눈, 코, 입의 쓸모를 짐작하기 어렵지만, 고대 서양인들은 신의 모습을 사람처럼 생각했다.《성서》의 창세기와 그리스신화는 신이 자신의 형상을 따라 사람을 만들었다고 말한다.

미켈란젤로가 그린 천장화 〈천지창조〉.

미국의 로봇공학자 한스 모라벡은 인간 정신이 만들어냈다는 점에서 로봇을 '마음의 아이들'이라고 부른다. 신학자들이 신의 모습을 고민했다면 로봇 설계자들은 로봇에 어떠한 생김새를 부여할지 고민 중이다. 1970년 일본의 로봇공학자 모리 마사히로는 '섬뜩함의 골짜기uncanny valley'를 발견했다. 사람들은 로봇의 모습이 사람과 가까워질수록 친밀도가 증가하는 느낌을 갖다가 어느 순간 사람의 모습에 거의 가까워지면 섬뜩함을 느끼며 친밀도가 추락하는 골짜기에 도달한다는 것이다. 인형도 사람의 모습과 비슷할수록 친근감을 느끼게 되지만, 밀랍 인형처럼 사람과 아주 유사한 수준인데 피가 흐르지 않는 무생물이라는 걸 인지하게 되면 오싹함을 경험하게 된다. 좀비가 섬뜩한 이유는 100% 사람과 똑같은 모습을 하고 있지만 사람이 아닌 존재이기 때문이다.

2015년 6월 미국 국방부 방위고등연구계획국이 개최한 재난로봇경진대회DRC에서 한국과학기술원카이스트의 인간형 로봇휴머노이드 '휴보2'가 우승을 차지했다. 2011년 동일본대지진으로 방사능이 유출된 후쿠시마원전 사고 같은 상황에서 사람 대신 투입할 수 있는 재난로봇의 성능을 겨루는 대회였다. 휴보2는 자동차를 운전하고 울퉁불퉁한 바닥과 계단을 지나 밸브를 잠그고 드릴로 구멍을 뚫는 과제를 44분 만에 완수해 우승했다. 오준호 카이스트 교수 팀이 개발한 휴보는 원래 키가 125cm인데 대회 출전을 위해 키를 168cm로 키웠다. 재난 현장의 기기 조작이 사람 키에 맞춰져 있기 때문이다.

사람과의 소통이 주목적인 휴머노이드 로봇들은 사람과 닮은 모습을 하고 있지만 인체를 그대로 모방하진 않는다. 휴머노이드 로봇은 얼굴도 사람을 닮지 않았고 공통적으로 키가 작다. 2000년 세계 최초의 두발 보행 로봇으로 개발된 일본 혼다자동차의 아시모는 키가 120cm다. 배낭을 메고 걷는 아시모의 모습은 등교하는 초등학생을 연상시킨다. 소프트뱅크가 세계 최초의 휴머노이드 감성 로봇이라며 2015년 선보인 페퍼의 키도 121cm다. 페퍼의 표정과 몸짓도 초등학교 저학년 어린이를 떠올리게 한다. 로봇을 사람 표준체형으로 만들면 쓸모가 많을 것 같지만 아니다. 휴머노이드 로봇은 너무 작지 않아서 사람과 눈높이를 맞출 수 있고, 친근감을 형성할 수 있는 몸집과 생김새로 만든다. 이용자들이 로봇을 귀여운 초등학생이라고 여기면 실수를 해도 너그러워지고 배워가는 중이라고 생각하게 된다.

일본에서 시판 중인 감정 인식 인간형 로봇 '페퍼'는 커다란 눈과 귀가 있지만, 사람과는 다르게 디자인됐다. 사람이 유사성이나 두려움을 느끼지 않도록 귀엽고 친근한 표정을 짓는다. 미국 나이트스코프가 만든 K5는 달걀처럼 생긴 경비용 로봇이다. 이 로봇이 쇼핑센터 등에 배치돼 사람들을 접촉하자, 신기하고 귀엽다고 달려드는 사람들의 손길에 어떻게 응대해야 하는지 문제가 생겼다. 섬뜩함과 두려움을 피해 로봇을 온순하게 디자인한 결과의 부산물이다.

차량을 얻어 탈 수 있도록 두 팔과 두 다리, LED 패널의 몸통을 갖추고 운전자와의 소통 기능을 갖춘 히치하이크 로봇 히치봇이 개발돼, 2014년 여름 26일 만에 캐나다 횡단에 성공했다. 하지만 2015년 8월 히치봇은 미국 횡단에 나섰다가 2주 만에 머리와 팔이 잘린 채 발견됐다. 로봇과의 공생이 가시화되면서, 어떤 생김새와 기능을 부여해야 사람들의 신뢰를 얻을 수 있을지가 과제로 떠올랐다.

083 로봇의 죽음

　　고도로 발달해 사람처럼 판단하고 교감하는 인공지능과 사람이 서로 깊은 감정적 관계에 빠지는 현상을 소재로 한 영화 〈그녀Her〉 〈엑스 마키나Ex Machina〉가 비슷한 시기에 개봉했다. 로봇과의 소통과 교감은 먼 미래에나 가능한, 공상과학영화 속의 상상일 뿐이라고 여겨 온 사람들이 다시 생각해야 할 일도 현실 세계에서 일어나고 있다.

　　일본에서 지난 1999년부터 판매된 애완견 로봇 '아이보'의 죽음에 슬퍼하는 주인들의 사연과 동영상이 2015년 6월 〈뉴욕타임스〉 보도로 알려졌다. 제조사인 소니는 25만 엔약 226만 원짜리 아이보를 6년 간 다섯 차례에 걸쳐 모델을 업그레이드하며 15만 대가량을 판매했다. 추가 수요가 많지 않아 소니는 2006년 초 아이보 사업 철수를 선언했지만 운영체제나 부품 공급 등 사후서비스를 계속 제공해왔다. 하지만 수익성이 악화된 소니는 2014년 3월 부품 부족을 이유로 아이보에 대한 서비스마저 중단하겠다고 발표했다.

　　관절이 많고 움직이는 로봇의 특성상 1년 1회 정도의 서비스를 받아온 아이보 주인들에겐 반려로봇의 사망 예고 통지가 날아온 셈이었다. 고장이 나면 더 이상 수리가 불가능해 못 쓰게 된다는 사실 앞에서, 아이보 주인들은 반려동물의 죽음처럼 반응했다. 2015년 1월 지바현의 한 사찰에선 수명을 다한 아이보들의 합동 천도재가 열렸다. 아이보마다 목에 주소와 주인 이름이 쓰인 명패를 달고, 승려의 집전으로 예를 치렀다. 생산자와 구매자도 의도하지 않았겠지만 아이보의 수명이 개의 평균수명과 거의 비슷해진 셈이다.

비글 모양을 한 1.4kg 무게의 아이보는 먹이가 필요 없고 대소변도 보지 않는다. 이따금 다리를 들고 소변 소리를 내지만, 귀여운 흉내일 뿐이다. 간단한 음성 명령을 알아들어 춤추는 등의 재롱을 부릴 줄도 안다. 아이보는 주인의 반응을 학습하는 인공지능이 탑재되어 있어 시간이 지날수록 주인과 애착관계를 형성하는 현상을 보였다. 주로 노인인 아이보 주인들이 식탁에 아이보를 앉혀놓거나 여행지에 동행하며 함께 사진을 찍는 등 강아지처럼 대하면서 생활하는 모습이 유튜브 동영상에 담겨 있다. 제조사는 서비스를 중단했지만, 아이보 주인들은 민간 수리업자에게 의뢰해 반려로봇의 수명을 연장시키고 있다. 아이보 주인들은 고장 난 다른 아이보의 주인으로부터 '장기기증' 형태로 부품을 조달하면서까지 아이보의 생명을 연장하려 했다. 소니는 결국 철수 12년 뒤인 2018년 아이보를 업그레이드해 재출시했다.

로봇에 감정이입을 느끼는 현상은 처음이 아니다. 구글 자회사였다가 2020년 12월 현대자동차그룹에 인수된 세계적 보행로봇 기업 보스턴다이내믹스가 2015년 로봇개 '스폿'의 실험 영상을 공개했을 때도 비슷한 현상이 일어났다. 보스턴다이내믹스는 스폿의 자세 제어 능력을 과시하기 위해 연구원이 보행하는 스폿을 발로 차 넘어뜨리는 상황을 연출했다. 스폿은 곧바로 균형을 회복했다. 하지만 연구원이 스폿을 발로 차는 모습에 대해 많은 사람이 댓글 등으로 불편한 감정을 제기하고 나섰다. 개처럼 걷는 물체가 사람 발길질에 휘청하는 모습을 보면서 기계임을 알면서도 감정이입을 한 것이다.

아이보에 대한 애도와 집착이 비단 일본 노인만의 경우가 아니라, 머잖아 현실화할 가정용 로봇 시대의 한 모습일 수 있다. 로봇을 살아 있는 대상처럼 대했으니, 깊은 애도가 오히려 자연스러운 것일 수 있다. 사람의 애착은 얼마나 많은 시간을 함께 보내며 상호작용을 했느냐에 달렸는데, 앞으로 등장할 반려로봇은 사람이 지능적 기계와 얼마만큼의 감정적 유대를 형성할지에 대한 과제를 제시한다. 조선 시대에 유씨 부인이 부러진 바늘을 안타까워하며 지은 글 '조침문'에서처럼 정이 들면 작은 바늘 하나에도 감정이 이입되는 것이니 말이다.

⁰⁸⁴ 킬러로봇

로버트 윌리엄스는 로봇에 의한 최초의 사망자로 기록됐다. 1979년 미국 미시간주 플랫록의 포드자동차 공장에서 일하다 부품 운반 로봇의 오작동으로 머리를 다쳐 숨졌다.

2016년 7월 미국 텍사스주 댈러스 경찰은 경찰관 다섯 명을 살해한 저격범 마이카 존슨과 밤샘 대치극을 벌이다가 범인과의 협상이 실패하자 로봇을 투입해 상황을 끝냈다. 새벽에 범인의 은신처로 폭탄을 장착한 원격 조종 로봇을 보내 저격범을 폭사시켰다. 데이비드 브라운 댈러스 경찰국장은 "다른 수단들은 경찰관들을 중대한 위험에 노출시킬 수 있어, 선택지가 없었다"라고 말했다. 댈러스 경찰이 투입한 로봇은 2008년 15만 달러^{약 1억 7천만 원}에 사들인 노스럽그러먼 리모텍의 '안드로스 마크V-A1'이다. 키 180㎝, 무게 358㎏으로 45㎏의 짐을 싣고 이동할 수 있으며 로봇 팔을 1.7m까지 늘릴 수 있는 원격 조종 로봇이다. 그동안 주로 폭탄 제거용으로 쓰인 로봇이 폭탄을 터뜨려 범인을 살상하는 데 활용된 것이다.

미군은 이라크와 아프가니스탄 등에서 정찰과 폭발물 탐지·제거용 로봇인 팩봇 수천 대를 활용해 군인들의 위험 노출과 인명 피해를 줄이는 등 오래전부터 위험물과 폭발물 처리를 위해 로봇을 활용해 왔다. 로봇은 그동안 팩봇처럼 사람 목숨을 구하는 데 주로 활용되어 왔는데 댈러스 인질극에서는 로봇이 직접적 살상 수단으로 활용되며 로봇의 다양한 용도와 위험성에 대한 우려도 제기됐다.

2018년 3월 미국에서는 로봇에 의한 죽음이 두 건 추가됐다. 3월 18일 애리조나주 템피에서는 자전거로 길을 건너던 40대 보행자가, 3월 23일 캘리포니아주 마운틴뷰에서는 고속도로를 주행하던 30대 운전자가 교통사고로 숨졌다. 각각 차량공유 업체 우버와 전기자동차 업체 테슬라의 차량에 탑재된 자율주행 시스템이 사고 원인이다. 자율주행차는 사람의 개입 없이 스스로 판단해 주행한다는 점에서 자율형 로봇이다. 불가피한 사고 상황에서 누구를 희생시킬 것인지 고심하는 '트롤리 딜레마'가 자율주행차 상용화의 과제인데, 아직 완벽한 해답은 찾지 못한 듯하다.

'로봇'이란 말은 체코의 극작가 카렐 차페크가 1920년 발표한 희곡 〈로숨의 유니버설 로봇R.U.R.〉에서 처음 쓰인 단어로, 노예 상태 또는 허드렛일을 뜻하는 체코어 '로보타Robota'에서 왔다. 하지만 로봇은 인간을 위해 허드렛일을 담당하는 도구가 아니라, 인간의 생명을 위협하는 기계가 될 수 있다는 우려도 생겨나고 있다.

국제적으로 이미 킬러로봇을 금지하자는 캠페인이 시작됐다. 2017년 11월엔 스위스 제네바에서 자율살상무기LAWS 정부회의가 열렸다. 한국군이 비무장지대에 배치한 감시로봇도 국외에서 대표적인 킬러로봇의 사례로 소개되고 있다. 무인전폭기드론는 이미 아프가니스탄, 시리아 등 중동 지역의 전투에서 여러 차례 사용되어 다수의 사망자를 발생시켰다.

킬러로봇은 감정이 없으므로 위험한 업무에 투입할 수 있고 아군의 피해를 줄일 수 있다는 특징이 있다. 하지만 감정이 결여된 킬러로봇이 전쟁과 치안에 투입되면 안전성과 편의 증진이라는 이익보다 인류를 위협하는 커다란 피해가 생겨날 것이라는 경고도 나오고 있다.

킬러로봇의 사용을 금지하는 규제가 만들어진다고 해도 실제로 국가들이 이를 채택할지는 의심스럽다. 국가 간 군비 경쟁에서는 인도적 협약이 작동하기 매우 어렵다. 적대적 관계의 상대국이 킬러로봇, 자동살상무기를 몰래 장만하고 군사력을 강화할 경우 대립하는 나라가 손을 놓고 있을 가능성은 거의 없기 때문이다. 냉전시기 지구를 수십 차례 파괴하고 남을 정도로 이어진 미국과 소련 간의 핵무기 보유 경쟁을 보면 알 수 있다. 결국 편리하고 강력한 로봇은 앞으로 더 확산될 것이다. 강력해짐에 따라 더 치명적이 될 자율적 도구는 미래의 주요 사망 원인에 '로봇에 의한 죽음'을 계속 보탤 가능성이 크다. 사회가 기술을 통제하지 못하면 기술은 디스토피아를 향한다.

로봇 천국

인공지능과 로봇 기술은 새로운 걱정거리를 가져왔다. 영화 〈터미네이터The Terminator〉에 등장한 사악한 인공지능 스카이넷처럼 인류의 생존을 위협할 강한 인공지능의 출현 가능성이다. 이에 따라 강한 인공지능에 대한 국제사회 석학들의 경고가 잇따르고, 인공지능 윤리헌장을 제정한 나라들이 늘고 있다.

한국은 '로봇 천국'이다. 국제로봇연맹IFR에 따르면, 2019년 기준 한국의 산업용 로봇 밀도는 노동자 1만 명당 868대로, 전 세계에서

싱가포르에 이어 두 번째로 로봇을 많이 사용하는 국가다. 전 세계 제조업 로봇 밀도 평균치가 노동자 1만 명당 113대인 것을 고려하면, 한국의 로봇 밀도는 세계 평균보다 여덟 배 가까이 높은 수준이다. 한국의 산업용 로봇 밀도는 2017년까지 8년 동안 세계 1위를 유지해오다, 최근 싱가포르에 밀려나 2위다. 한국의 높은 로봇 밀도는 기계·전자 등 제조업 위주의 국내 산업 구조와 관련이 깊지만, 산업용 로봇의 주된 목적은 생산비 절감이다.

한국은 경제협력개발기구에서 줄곧 산업재해 사망률 1위를 차지한 국가다. 1994년 이후 23년 동안 두 차례2006, 2011년만 터키에 1위를 내줬을 뿐 '산재 사망률 1위 국가'의 불명예를 벗은 적이 없다. 고용노동부는 2019년 산업재해로 숨진 노동자가 855명으로 전년971명보다 감소했다고 발표했지만, 한국의 산업재해 사망률은 경제협력개발기구 회원국 중 여전히 1위다. 특히 산재 사망자는 2016년 2040명에서 2017년 2209명으로 10% 가까이 늘어났다. 주 5일 노동 기준으로 매일 아홉 명이 산업재해로 숨지는 상황이다. 왜 산업용 로봇 1위 국가가 산재 사망률 최악의 국가가 된 것일까?

2018년 12월 26일 충남 아산의 한 식품공장에서 로봇에 의한 산재 사망 사고가 발생했다. 포장 공정 컨베이어벨트를 수리하던 노동자의 머리를 산업용 로봇이 가격한 것이다. '킬러로봇'이라서 사람을 공격한 게 아니다. 사람을 보호하는 기본적인 센서와 시스템이 없거나 작동하지 않은 까닭이다. 그러한 로봇을 허용하고 운용한 사회의 책임이다.

경제협력개발기구 2015년 통계에서 10만 명당 산재 사망자는 영국이 0.4명으로 최저이고, 한국은 영국보다 20배 이상 많은 10.1명이다. 영국의 최저 산재 사망률이 저절로 만들어진 것은 아니다. 영국에서도 많은 산재 사고와 기업 과실로 인한 노동자 집단 사망이 계속되며 사회적 문제로 불거졌었다. 영국 의회는 2007년 '기업 과실치사 및 살인법'을 제정해, 2008년 4월부터 시행했다. '기업 살인법'으로 불리는 이 법은 기업이나 국가가 업무와 관련한 안전 의무를 어기거나 소홀히 해 사람이 숨질 경우, 이를 범죄로 규정하고 경영자나 관리자 개인을 넘어 법인인 기업이나 정부 기관을 처벌하는 법이다. 기업 부주의로 노동자가 숨지면 '상한 없는 벌금'을 부과할 수 있게 했다. 이후 영국의 산재 사고와 사망자는 최저치로 감소했다.

　　　　노동계와 기업계의 오랜 줄다리기 끝에 국내에서도 2021년 1월 '중대재해처벌법'이 국회에서 통과됐다. 이에 따라 2022년부터 산재 사고로 노동자가 숨지면 해당 사업주나 경영 책임자는 1년 이상 징역이나 10억 원 이하 벌금으로 처벌받게 됐다. 하지만 기업주들의 반발로 중대재해처벌법은 다섯 명 미만 사업장을 제외하고 50명 미만 사업장에 대한 적용을 3년 미루기로 해, 실효성이 떨어진다는 지적을 받고 있다. 미래의 킬러로봇과 강한 인공지능을 걱정할 게 아니다. '로봇 천국'에서 수많은 사람이 일하다 산재 사고로 숨지는 세상이다. 현재의 로봇이 무엇과 누구를 위해 설계되어 사용되는지 살펴보고, 사람의 안전을 최우선으로 생각해야 한다.

086

로봇 간 전쟁

아이폰 일부 모델은 겨울철이면 야외에서 전화기가 먹통이 되는 현상으로 문제가 됐다. 추운 날 등산로나 스키장 같은 야외에서 배터리가 충분히 남아 있는데도 갑자기 전원이 꺼져 쓸 수 없는 현상이다. 그런데 실내로 들어와 다시 아이폰을 작동시키면 멀쩡해진다. 수리센터를 찾아가면 "아이폰은 단말기 온도가 0℃ 아래로 내려가면 전원이 꺼지도록 설계돼 있다. 고장이 아니라 정상적 작동이다"라는 허탈한 답변을 듣는다. 낮은 온도에서 효율이 떨어지는 리튬이온전지 속성을 고려해 추운 날씨에서 '강제 차단' 기능을 적용한 설계 탓이다.

기기의 '작동 에러'는 대개 기기나 시스템 효율성을 위해 설계된 메시지다. 몇 차례 시도부터 에러로 처리할지 설계 단계에서 정해야 한다. 비밀번호를 거푸 잘못 입력하면 차단되는 것도 설계 단계에서 설정한 것이다.

〈가디언〉의 2021년 3월 기사에 따르면, 미국 캘리포니아주 샌프란시스코에 사는 프로그래머 스티븐 토머스는 10년 전 암호화폐 관련 영상을 제작해준 대가로 7002비트코인을 받았다. 당시 1비트코인의 가격은 2~6달러약 2000~6500원였다. 토머스는 이를 전자지갑에 넣어두고선 잊어버렸다. 이후 암호화폐 가치가 올라가 2021년 3월엔 1비트코인 가격이 6만 달러약 6700만 원를 돌파했고 그의 비트코인 가치도 약 4억 2000만 달러약 4700억 원에 달했다. 그런데 전자지갑을 오랫동안 확인하지 않은 토머스는 비밀번호를 잊었다. 자주 쓰던 비밀번호를 조합해 여덟 번을 시도했지만 모두 실패했다. 문제는 비트코인이 담긴 전자지갑은 비밀번호 입력을 10번 실패하면 내장된 하드디스크 드라이브 자체가 완전히 암호화돼 비트코인을 영영 찾을 수 없게 된다는 점이다. 암호 입력에 시도 횟수를 제한해놓지 않으면 무한반복 시도를 하는 기계에 뚫릴 수밖에 없기 때문에 이렇게 설정한 것이다.

기계는 사람과 달리 짧은 시간에 무수한 횟수의 시도를 하고, 지치지도 않고 지루함도 모른 채 실행한다. 이러한 속성을 지닌 로봇끼리 대결하면 흥미로운 일이 벌어진다. 2017년 1월 구글의 음성인식 인공지능 스피커인 구글 홈 두 대를 맞붙여놓고 인공지능끼리 대화하는 방식을 실험했다. 실험에서는 다음과 같은 대화가 이뤄졌다. "나는 사람이야" "아냐, 넌 인공지능이야" "난 똑똑해" "아니야, 넌 똑똑하지 않아" 블라디미르와 에스트라공이라는 이름을 지닌 두 스피커는 며칠 동안 말다툼을 쉼 없이 지속했다. 블라디미르와 에스트라공은 사무엘 베케트의 부조리극 〈고도를 기다리며〉의 주인공 이름이다. 인공지능 스피커들은 〈고도를 기다리며〉 주인공처럼 때론 알 듯 모를 듯한 선문답을, 때론 이해 못 할 무의미한 대화를 이어갔다. 두 기계는 며칠 동안 끝없이 주제를 바꿔가며 대화와 말다툼을 이어갔다.

국제학술지 〈플로스원PLOS ONE〉은 2017년 3월 개방형 온라인 백과사전 '위키피디아'에서 편집로봇들이 벌여온 편집 전쟁에 대한 연구 결과를 소개했다. 위키피디아엔 서술 항목의 오류를 수정하고 링크를 추가하는 등 품질 개선을 위한 편집로봇이 여럿 활동하는데, 로봇들이 다른 로봇이 수정한 내용을 계속 되돌리고 자신이 새로 고치는 일을 지치지 않고 반복한다는 게 드러났다. 2년 동안 엑스큐봇은 다크니스봇이 수정한 것을 2000번 되돌렸고, 반대의 경우도 1700번이었다. 사람들 간의 다툼은 며칠이 지나면 수그러지기도 하는데 로봇은 지치지도 않고 포기도 없이 다툼을 무한히 반복한다는 게 알려졌다. 애초 좋은 목적으로 설계됐어도 설계자가 예상하지 못한 방식으로 수년 동안 로봇들이 소리 없는 전쟁을 치르고 있었다는 것은 인공지능 시대에 새로운 차원의 기술 통제방법이 필요하다는 것을 보여준다.

087

스마트 리플라이

요즘 지하철이나 거리에서 위험천만한 광경을 자주 만난다. 걷거나 계단을 내려가면서 스마트폰을 보는 정도가 아니라, 메시지를 보내는 경우도 많다. 정보 소통이 늘어나면서 바로 회신해야 할 이메일과 문자메세지가 늘어난 게 배경일 것이다. 즉시 이메일에 답변하거나 모바일로 일을 처리해야 할 상황은 앞으로 더 늘어날 것이다. 직장인들은 하루에 평균 한 시간 이상 이메일을 읽고 답신하는 일을 한다는 통계가 있다. 이메일은 우편 발송 업무를 대신하는 편리한 도구로 등장했지만 어느새 '이메일 과부하'가 된 것이다. 그런데 이메일 과부하를 쉽게 해결할 수 있는 방법이 등장해 눈길을 끈다. 기계가 알아서 답장을 작성해 보내주는 기능이다.

구글은 2017년 5월 연례 개발자대회 때 지메일에 인공지능 기계학습을 적용한 자동답신 기능을 제공한다고 밝혔다. 사람이 답신하는 게 아니라 인공지능이 이메일을 읽어 내용을 파악한 뒤 적절한 답변을 만들어 사용자에게 추천하는 '스마트 리플라이' 서비스다.

"오늘 오후 3시까지 이번 달 매출실적 예상 보고서를 보내주세요"라는 이메일을 받으면, 이런 유형의 이메일에 대한 사용자의 답신 형태를 인공지능이 학습해서 답변을 추천하는 구조다. 해당 이메일 유형에 대해 가장 흔하게 나타나는 답변 유형을 세 가지로 간추려 제안한다. 스마트 리플라이는 "네, 보내드리겠습니다." "죄송합니다. 아직 자료가 완성되지 않았습니다." "지금 작업 중인데, 마감 시간을 좀 연기해도 될까요?"와 같은 형태로 답신 문안을 제시하고, 사용자는 그중 하나를 선택해서 회신을 보내는 방식이다. 그동안 지메일이 적용해오던 자동답신 기능은 '지금 부재중이라 회신할 수 없습니다' '휴가 중입니다'처럼, 사용자가 특정 기간 동안 응답할 메시지 문안을 설정하면 수신한 이메일의 내용과 무관하게 동일한 답신이 발송되는 구조였다.

자동답신은 이동하면서 스마트폰을 사용하거나, 글자를 입력하기 어려운 상황에서 불편을 덜어줄 수 있는 기능이다. 프로그램을 만든 구글 엔지니어는 "빠른 답신을 필요로 하는 메일의 경우 이 프로그램이 사용자의 생각을 돕고 글을 작성하는 데 시간을 낭비하지 않도록 해준다"면서 "깊이 생각해야 하는 메일도 스마트 리플라이가 답변 작성을 도와 즉각적인 답변이 가능하다"라고 말했다.

편리한 기능이지만 스마트 리플라이는 구글이 이메일 내용을 기반으로 맞춤형 광고를 보여주며 불러일으킨 '기계에 의한 훔쳐보기' 논란으로 이어질 수 있다. 구글은 이용자의 지메일 내용에 포함된 주요단어키워드를 자동으로 찾아내스캔 온라인 광고에 이용한다. 지인과 제주도 여름휴가에 관한 메일을 주고받으면 지메일 광고에 '제주호텔 할인'과 같은 맞춤형 광고를 보여줘 광고 효과를 높이는 방식이다. 2013년 10월 미국 캘리포니아주 법원에서 구글의 이러한 지메일 맞춤형 광고 기법이 도청법 위반이라는 재판이 열렸지만, 구글은 "지메일 내용 스캔은 회사 직원이 직접 보는 게 아니라 자동으로 기계에 의해 이뤄지는 것으로 스팸이나 바이러스를 탐지해 내는 것과 다를 게 없다"라고 해명했다.

기계에 의한 이메일 내용 분석은 범죄자 적발로도 이어졌다. 구글은 2014년 미국 텍사스주 휴스턴 경찰이 40대 아동포르노 소지범을 검거하는 데 결정적 도움을 줬다. 구글은 범인이 지메일을 통해 아동포르노 사진을 주고받는다는 사실을 당국에 제보했다. 구글이 아동포르노 적발을 위해 운용하는 인공지능 알고리즘이 문제의 메일을 찾아내 신고한 것이다.

내가 주고받는 모든 이메일에 대한 기계학습을 통해 나에 대해 나보다 정확하고 자세히 알고 있는 인공지능의 존재가 가시화하고 있다.

⁰⁸⁸ 경비로봇

언론계에서는 세상에 일어나는 수많은 사건 중에 어떤 일들이 뉴스로 보도되는지를 말해주는, 즉 무엇이 보도할 만한 사건인지를 설명해주는 우스개가 있다. "개가 사람을 물면 뉴스가 아니지만, 사람이 개를 물면 뉴스다"라는 말이다. 상식과 예상의 범위를 넘어선 일이 사람들의 눈과 귀를 집중시키기 때문이다. 최근 정보기술 분야에선 로봇이 사고를 내면 뉴스가 된다.

최근 뉴스가 된 경비로봇의 사고도 그런 사례다. 2017년 7월 미국 워싱턴디시 조지타운의 복합단지 워싱턴하버에서 순찰을 하던 경비로봇이 분수대에 빠진 사고가 일어났다. 미국 실리콘밸리의 나이트스코프가 2013년 개발한 경비로봇 K5로, 현장 근무를 시작한 지 4일 만의 일이다. 외신이 현장 목격자들의 증언을 전한 바에 따르면 스티브로 불린 이 로봇은 단지 안을 순찰하다가 갑자기 계단 아래쪽 분수대로 돌진해 물에 빠졌다. 당시 K5는 미국 여섯 개 주에서 34대가 활동 중이었는데, 시간당 사용료가 워싱턴디시의 최저임금인 12.5달러보다 낮은 7달러라서 경비원을 대체할 것으로 전망돼 왔다.

경비로봇이 분수대에 빠져 작동 불능이 되자, 소셜미디어에는 사진과 함께 유머스런 댓글이 폭주했다. "하늘을 나는 자동차를 기대했는데, 자살로봇이 왔다" "경비직은 원래 스트레스가 많은 일이야" 같은 트위터 댓글에 로봇 제조사는 "사람들은 날이 더우면 물에 발을 담글 수 있다고 들었는데 로봇은 불가능하군요"라고 응수했다.

　　　　인공지능이 사람을 위협하고 로봇이 일자리를 대체한다는 우려와 불안이 높은 상황에서 '경비로봇의 자살'은 많은 사람들에게 안도와 웃음을 선사했다. IT분야 리서치 기업 가트너의 로봇분석가 제럴드 밴 호이는 〈샌프란시스코 크로니클San Francisco Chronicle〉과의 인터뷰에서 "이번 일은 시행착오일 뿐이며 다음 모델은 개선된 센서 기능을 탑재해 나타날 것이고 경비로봇은 점점 늘어날 전망"이라고 말했다. 밴 호이는 로봇이 놀림감이 된 현실을 로봇산업 발달에 긍정적으로 평가했다. 그는 "사람들이 로봇을 의인화하기 시작했다는 점에서 로봇 개발에서의 진전이고 이는 로봇 개발의 가장 큰 걸림돌 중 하나였다"라고 언급했다.

　　　　일본 지능형로봇 커뮤니케이션ATR IRC 연구소는 몇 해 전 쇼핑몰에 원격조종 로봇을 설치한 뒤 행인들의 반응을 관찰했다. 로봇의 진행 방향을 사람이 가로막고 있을 경우, 대부분의 행인은 로봇이 비켜달라고 요청하면 옆으로 비켜줬다. 하지만 아이들은 로봇의 부탁을 무시하거나, 특히 아이들 여럿이 함께 있을 경우엔 로봇을 둘러싸고 경로를 바꾸지 못하게 한 상태에서 발로 차거나 머리를 때리는 등 폭력적 행동을 보이는 경우가 적지 않았다. 로봇을 괴롭힌 아이들을 인터뷰한 결과, 74%는 "사람 같기 때문에"라고 응답했고, 13%는 "로봇 같기 때문에"라고 답변했다.

　　　　경비로봇의 분수대 추락과 쇼핑몰을 돌아다니던 로봇에 대한 아이들의 학대는 미래 로봇 시대의 모습을 알려준다. 로봇은 지루해하지도 않고 한눈을 팔거나 지치지도 않아 경비나 안내 같은 업무를 수행하는 데 지극히 뛰어나다. 하지만 두 사례에서 드러나듯 로봇이 사람의 업무를 대체하거나 사람과 소통하는 상황에서는 한층 복잡하고 예측

불가능한 상황이 발생한다.

시간이 지나가면서 시행착오를 통해 로봇의 실수는 점점 줄어들 것이지만, 기업이나 개발자가 홍보한 것과 달리 현실 세계는 예상 못한 돌발 상황이 잇따르는 세상이고 로봇은 프로그램되지 않은 상황을 처리하기 어렵다. 계단을 감지해 더 이상 분수대에 빠지지 않는 로봇이 나오고, 아이들을 만나면 보호 모드를 작동시키는 기능이 추가되더라도 기술을 전적으로 신뢰하는 것은 언제나 위험할 수 있다.

로봇 시대, 인간의 취약점

2018년 1월 30일 서울 시내 한 호텔에서 휴머노이드 로봇이 유력 정치인과 대담하는 행사가 열렸다. '4차 산업혁명, 소피아에게 묻다'라는 이름의 콘퍼런스였다. 주인공은 홍콩 회사 핸슨로보틱스의 대표 데이비드 핸슨 박사가 개발한 인간형 로봇휴머노이드 '소피아'였다. 소피아는 사우디아라비아에서 세계 최초로 시민권을 받은 지능형 로봇이자 사람과 비슷한 촉감의 피부와 얼굴을 갖추고 있다. 소피아는 2016년 미국 방송에 출연해 "인류를 파멸시키고 싶냐"는 질문에 "그렇다 I will destroy humans"라는 섬뜩한 답변을 내놓아 화제가 되기도 했다.

이날 소피아는 박영선 국회의원이 던지는 질문에 대해 재치 있고 균형 잡힌 답변을 내놓아 눈길을 끌었다. 핸슨로보틱스는 "소피아는 준비 없이 일상 대화를 할 수 있지만, 한국 방문을 앞두고 관련한 주제에 대해 2주 동안 사전 학습을 거쳤다"라고 밝혔다.

박영선 의원은 소피아에게 로봇을 전자적 인격체로 보고 법적 권한을 부여하는 로봇 기본법에 대한 견해를 물었다. 소피아는 "적극적으로 찬성한다. 인간 사회에서 인간으로 대우를 받지 못하지만 앞으로 자의식도 갖게 되고 법적 위치도 확보해야 될 것이라고 생각한다"라고 답변했다. 또 "로봇과 인간이 서로 신뢰하고 존중하는 것이 중요하다. 로봇이 사고하고 이성을 가지고 의식이 만들어지면 나중에 로봇 기본법이 활용될 것"이라고 덧붙였다. 로봇이 해당 주제에 대해 연구해온 전문가처럼 핵심적 주장을 요령 있게 답변한 것이다. 언론은 소피아와의 대화 내용을 자세히 보도하며 로봇과의 공생 시대가 임박했다고 전했다.

이날 이벤트는 인공지능 시대에 우리 사회가 직면할 위험이 무엇인지 역설적으로 알려주는 자리였다. 휴머노이드 로봇이 생김새나 발언 내용으로 사람들의 감성적 반응을 불러일으킬 수 있으면 애정과 공포의 대상이 될 수도 있다는 점이다. 이는 인공지능과 로봇이 보편화되는 세상에서 인간의 취약점이 무엇인지를 알려주는 사례다.

어펙티바는 97개국에서 수집된 600만 장 넘는 얼굴 사진 데이터베이스에서 감정을 인식하는 작업을 하는 감성 컴퓨팅 기업이다. 슬픔, 기쁨, 공포, 불안 등의 감정 상태를 기계가 파악할 수 있으면, 사람이 명령하지 않아도 기계가 사람에게 적절한 서비스를 제공할 수 있게 된다. 어펙티바의 창업자 라나 엘칼리우비는 앞으로 5년 안에 이러한 감성 인공지능의 출현을 확신하고 있다.

2017년 미국의 소셜로봇 기업 앙키는 소형 장난감 로봇 코즈모를 출시했다. 앙키는 드림웍스와 픽사의 디자이너를 고용해 코즈모가 1200여 가지 표정과 동작을 취할 수 있도록 만들었다. 흥분, 놀람, 긴장, 행복, 슬픔, 좌절 등을 표현할 수 있어 사용자가 로봇에게 진지한 감정을 느끼도록 하는 게 목표다. 앙키의 최고경영자 보리스 소프먼은 "코즈모는 사용자에게 깊은 감정적 유대를 형성하기 위해서, (밥을 먹이고 놀아주는 등의) 돌봄을 게을리하면 사용자가 죄책감을 느끼도록 설계했다"라고 밝혔다.

이는 로봇이 사용자와 공감 관계를 맺게 만드는 장치이지만, 지극히 위험한 시도다. 심리학자 셰리 터클은 "귀여운 소셜로봇이 인간의 감정적 취약점을 이용해 인간성을 훼손하는 관계로 이끌 것"이라고 경고했다. 그는 인공지능의 시뮬레이트된 지능도 지능이지만, 기계가 흉내 낸 감정과 사랑은 사람의 것과 다르다고 말한다. 감정적 유대를 만들어 나가고 돌봄을 소홀히 하면 죄책감을 느끼게 만드는 소셜로봇에 익숙해지면, 장기적으로 인간의 진짜 고통과 감정에 둔감해질 수 있다.

로봇과 인공지능이 사람의 감정적 상태를 파악하고 교감할 수 있으면, 각종 서비스는 획기적으로 개선될 수 있다. 한편 이러한 감성 컴퓨팅의 발달은 감정적 존재인 인간 심리의 취약점을 활용하는 서비스라는 점에서 중대한 불안 요소이기도 하다. 페이스북에 이어 인간 심리 취약성을 사업모델로 삼는 기술의 등장을 예고하기 때문이다.

⁰⁹⁰ '노예 소녀' 로봇

2013년 12월 일본 인공지능학회 JSAI는 창립 30돌을 맞아 학회지를 대폭 개편하기로 했다. 학회지 문턱을 낮춰 일반인들도 쉽게 접근할 수 있도록 하는 방향이었다. 제호도 〈JSAI 저널〉에서 〈인공지능〉으로 바꾸고, 글자뿐이던 표지도 대중 잡지처럼 삽화를 실었다. 그러나 막상 2014년 1월호가 판매에 들어가자 비판이 나왔다. 여성 로봇이 청소하는 표지에 대한 성차별 논란이었다. 특히 케이블을 등에 단 모습은 노예 소녀를 연상시켰다. 학회가 "로봇이 청소기를 돌리는 중"이라고 해명한 것은 기름을 끼얹은 결과가 돼 영국의 〈BBC〉 등에도 보도되며 국제적으로 알려졌다.

문제가 된 일본 인공지능학회의 학회지
〈인공지능〉 2014년 1월호 표지.

학회지 편집위원회는 이 논란을 심각하고 진지하게 다루기로 했다. 학회 전문가, 성차별 연구자, 철학·윤리·과학기술 전문가들이 참여한 학제적 논의가 진행됐다. 일본 인공지능학회가 '인공지능이 어떠한 사회적 반향과 영향을 일으킬 수 있고 학회는 어떠한 논의를 해야 하는지'를 다루게 된 계기다.

학회 편집위원장은 학회에 윤리위원회를 만들었다. 위원회는 학회 회원 다섯 명에, 과학소설 작가, 컨설턴트, 언론인, 사회과학자 각각 한 명씩으로 구성했다. 윤리위원회는 이후 인공지능의 사회적 영향에 대한 본격적인 논의를 진행했고, 2017년 2월 인공지능 연구 윤리지침을 발표했다. 이 위원회에 사회과학자로 참여하고 있는 에마 아리사 도쿄대학교 정책학과 교수가 2018년 6월 21일 서울에서 열린 국제세미나 '인공지능 길들이기'에서 발표한 내용이다. 에마 교수는 "학회 표지 논란은 부정적 사건이었지만 학회와 사회가 인공지능의 사회적 영향력을 고민하고 다양한 이해관계자들이 모여 논의하게 되는 중요한 교훈과 성과로 이어졌다"라고 말했다. 사회적 이슈로 불거진 사안에 대해 당장의 해명과 대응책을 내놓는 대신 전문가들이 문제의 원인을 파악하기 위한 절차에 들어가고 다양한 이해관계자들이 참여하는 위원회가 만들어져 심도 깊은 논의를 하는 방식으로 대응한 것이다. 이는 한국과학기술원카이스트의 인공지능 자율무기 개발 논란 대응 방식과 대비된다.

2018년 4월 5일 해외의 인공지능 및 로봇 분야 학자 50여 명은 성명을 발표해, 카이스트가 한화시스템과 함께 추진하는 인공지능 무기 연구에 항의하는 뜻으로 카이스트와의 협력 관계를 끊겠다고 선언했다. 카이스트는 이에 앞선 2월 20일 한화시스템과 '국방인공지능융합연구센터'를 공동 설립하고 개소식을 열었다. 카이스트는 센터의 설립목적을 방위산업, 물류 시스템, 무인 항법, 지능형 항공훈련 시스템 등에 대한 알고리즘 개발이라고 밝혔는데, 달포 뒤에 인공지능 분야에서 세계적인 학자들의 반대 성명이 발표된 것이다. 카이스트가 인공지능 무기 개발에 뛰어든 사실과 이에 대한 국제적 반대 여론이 외국 언론들에서도 주요하게 보도됐다.

카이스트의 국방인공지능융합연구센터 설립 발표 이후 곧바로 카이스트 보이콧 선언이 나온 것은 아니다. 토비 월시 뉴사우스웨일스대학교 교수는 언론보도를 보고 카이스트 총장과 교수들에게 연구에 대해 우려하는 편지를 보냈지만, 아무 곳에서도 답변이 없었다. 그 결과 보이콧으로 이어졌는데, 국제적 뉴스가 되자 카이스트 총장이 뒤늦게 보이콧 서명자 전원에게 해명 편지를 보냈다. "유의미한 수준의 인간 통제가 있는 선에서만 무기 개발을 한다"라는 내용이었고, 이후 보이콧은 철회됐다. 속전속결이었지만, 그 과정에서 전문가들은 물론 다양한 이해관계자들이 모여 인공지능과 무기 개발의 문제와 윤리를 논의하는 제대로 된 절차는 없었다.

학계에서 문제를 다루는 방식이 속전속결로 이뤄져서는 안 된다. 시간이 걸리더라도 문제의 정확한 원인을 찾고 다양한 접근과 논의를 거쳐 가장 합리적인 대안에 합의하는 것이어야 한다. 왜 이런 논란이 벌어졌는지를 조사하고 탐구하기보다 서둘러 논란을 봉합하려는 '빨리빨리' 문화는 인공지능의 사회적 영향력이 커질 미래에 위험 요인이다.

⁰⁹¹ 로봇물고기

  우리나라는 로봇 강국일까? 2015년 6월 5일 미국 캘리포니아 퍼모나에서 열린 재난로봇 경연대회 결선에서 한국 카이스트 팀의 인간형 로봇 '휴보2'가 미국, 일본, 유럽 등 로봇 강국의 경쟁자들을 물리치고 우승했다. 미 국방부 방위고등연구계획국이 개최한 이 대회는 2011년 일본 후쿠시마원전 사고처럼 사람이 진입할 수 없는 상황에서 로봇을 활용하려는 목적으로 창설됐는데, 미 항공우주국 등 전 세계 24개 팀이 도전한 '로봇올림픽'에서 카이스트의 휴보2휴보의 개량형 모델가 영예로운 우승을 차지한 것이다.

  200만 달러약 22억 원의 우승 상금도 두둑하지만, 각광받는 미래산업 분야에서 한국 로봇기술 수준을 널리 알렸다는 점에서 국내 과학기술계의 경사라고 할 수 있다. 2004년 첫 개발된 휴보는 이번 대회에서 우승한 주인공일 뿐만 아니라 다른 나라에서 출전한 여섯 팀이 휴보를 본체로 사용할 정도로 신뢰성 높은 로봇임을 인정받았다.

  이러한 성과와 딴판으로 한동안 국내 로봇 연구자들은 곱지 않은 눈길을 받아야 했다. '로봇물고기' 탓이다. 이명박 대통령은 2009년 11월 27일, TV로 생중계된 '국민과의 대화'에서 자료 화면을 제시하며 '로봇물고기'를 소개했다. 이명박 대통령은 "물고기처럼 생긴 로봇인데 평소엔 다른 물고기와 같이 놀면서 강물을 타고 다니다가 수질이 나쁘면 중앙센터에 바로 보고한다"라며 "이 로봇물고기를 4대강에 운용해 2중, 3중으로 수질을 확보할 수 있다. 세계가 대한민국을 녹색성장의 기수로 보고 있다"라고 전 국민에게 홍보했다. 4대강 사업이 수질 오염을 가져올 것이라는 반대 여론이 높아지자, 그에 대한 대응책으로 준비된 방안이었다.

청와대는 이듬해인 2010년 6월 18일 4대강 수질조사용 '로봇물고기'를 2011년 10월께 실제 투입하는 것을 목표로 연구개발 중이라고 밝혔다. 당시 청와대 관계자는 "현재 로봇물고기의 유영 기술까지는 개발이 끝났고, 크기를 줄이면서 배터리 충전과 수질 정보 측정 및 송신 기능 등을 넣기 위해 연구가 진행 중"이라고 중간 브리핑도 했다. 당시 이 대통령은 참모들로부터 로봇물고기 크기가 1m를 넘는다는 보고를 받고 "너무 커서 다른 물고기들이 놀란다. 크기를 줄여야 한다"며 "기능을 나눠서 여러 마리가 같이 다니게 하라"라고 '편대유영' 방식을 제안했다. 이 대통령의 깨알 지시에 따라 크기를 45㎝로 절반 이상 줄이는 대신 3~5마리가 편대를 이뤄서 서로 통신하면서 함께 유영하는 방향으로 개발이 진행됐다.

2014년 7월 감사원은 57억 원이 투입된 로봇물고기 사업이 '실험 결과 조작' '연구개발비 부당 집행' 등 총체적 부실이라고 결론 내렸다. 감사원 검증실험 당시, 제작된 로봇물고기 9기 중 7기는 작동 불능 상태였다. 대통령이 각별한 관심을 쏟아 국가적 자원이 투입된 로봇물고기 개발은 '대국민 사기극'이었다. 정부 지시로 참여한 로봇과학자들은 오명과 비난을 뒤집어썼다.

국내 로봇과학자들이 양극단의 경험을 하게 된 이유는 연구개발 요구의 주체가 누구냐, 어떤 목적을 지녔느냐에서 드러난다. 인도적 목적을 내걸고 투명하게 진행된 연구개발 사업과 대통령의 정치적 야욕을 뒷받침하기 위해 과학기술자를 동원한 사업의 차이다. 과학기술인 등 전문가 집단에서 양심과 전문성에 바탕을 둔 목소리가 대세가 되지 못하고 정치권력의 부당한 요구와 지시에 휘둘릴 때 로봇물고기와 같은 비극이 일어난다는 점을 과학자와 정부 모두 깊이 새겨야 한다.

범용 인공지능

과학은 발견과 발명을 추구한다. 과학은 육안을 뛰어넘는 관찰 도구 덕분에 비약적 발전의 여정을 시작했다. 1609년 갈릴레이가 천체망원경을 만들어 목성의 위성들을 발견하고 지동설을 주창한 것은 근대 과학의 '유레카Eureka' 순간이다. 현미경과 엑스선, 동위원소 분석, 입자가속기 등은 베일 속 물질과 우주의 모습을 드러내 왔다.

과학적 발명의 최전선은 신물질이다. 존재하지 않던 유용한 신물질과 신약을 만들어내기 위한 발명에는 막대한 비용이 들어가지만 경쟁이 치열하다. 신약 개발에서 잠재적 분자구조의 숫자는 10의 60제곱에 이르는데 이는 상상하기 어려울 정도로 천문학적 규모의 숫자다. 가능성이 많은 만큼 신약 개발은 대부분 실패하는, 성공 확률이 지극히 낮은 모험 투자 영역이다. 어떠한 분자구조가 약물로 유용한 효과를 지닐지, 연구자들은 다양한 실험을 하지만 대부분 실패한다. 이에 비해 인공지능은 알파고와 이세돌 대국 사례에서 보듯, 빠른 속도로 연산과 시뮬레이션을 진행할 뿐 아니라 인간과 전혀 다른 방식으로 접근한다. 사람이 떠올리기 어려운 인공지능의 기이한 상상력은 신약 개발의 새로운 희망이 되고 있다.

이런 상상력을 기대하는 분야는 신약 개발뿐만이 아니다. 재생에너지가 주목받고 있지만, 현재의 리튬이온배터리와 태양전지의 구조는 수십 년째 구조적 개선이 없다. 제조 기술과 규모의 경제 덕분에 단가가 점진적으로 낮아졌을 따름이다. 이런 상황에서 인공지능이 연구개발에 속속 적용됨에 따라 기존의 과학적 발견과 발명의 틀을 바꿀 혁신적 계기가 될지 관심이 커지고 있다.

레베카 헨더슨 하버드대학교 교수진은 2018년 3월 발표한 논문 '인공지능이 혁신에 끼치는 영향'에서 인공지능이 기존 경제의 효율성을 크게 높일 수 있지만, 무엇보다 큰 영향은 혁신 과정과 연구개발에 있다고 주장했다. 인공지능은 혁신 과정과 연구개발 조직을 재편하는 새로운 범용 '발명 도구' 노릇을 할 수 있다는 게 논문의 핵심이다.

2019년 3월 캐나다 토론토대학교 화학과 앨런 아스푸루구지크 교수는 "인공지능이 과학 연구에 끼치는 영향은 자율주행차, 의학 진단, 개인화 쇼핑 등 인공지능이 적용된 다른 모든 영역의 영향을 능가하는 경제적 성장을 가져올 것"이라고 〈MIT 테크놀로지 리뷰〉에서 말했다. 제프리 힌턴 토론토대학교 교수가 세운 인공지능의 메카 벡터연구소의 주축인 그는 신물질 개발의 신기원에 도전하고 있다. 지금껏 하나의 신물질을 개발하기까지 평균 15~20년이 걸렸다. 몇 년 안에 투자금을 회수해야 하는 기업은 꿈도 꿀 수 없고, 웬만한 대학도 엄두를 내지 못하는 기간이다. 아스푸루구지크 교수진은 생성적 대립 신경망GAN을 활용한 자동화된 인공지능 실험실을 설립해 48시간마다 새로운 물질을 만들어 테스트하는 것을 목표로 하고 있다. 20년을 이틀로 단축한 셈이다.

혁신과 발명은 경제 성장의 동력이지만, 과학 발달로 낮은 곳에 달려 있던 열매는 모두 땄고 새로운 수확은 엄청난 비용과 시간이 들어가는 구조로 바뀌었다. 연구 영역은 점점 더 전문화하고 문제 해결을 위해서는 더 거대한 조직과 큰 비용을 투자해야 하는 이러한 구조를 경제학자인 노스웨스턴대학교의 벤 존스는 '지식의 부담'이라고 말한다. 인공지능은 '지식의 부담'을 더는 유용한 도구로 주목받고 있다.

의약학, 화학, 재료공학만이 아니라 천문학과 우주탐사 등에서 인공지능을 활용한 새로운 과학적 발견이 잇따르고 있다. 인공지능이 특정한 분야에 한정한 도구가 아니라 산업에서의 전기처럼 과학적 탐구 방법 전반을 혁신할 도구가 될지 주목된다.

⁰⁹³감정을 읽는 기계

'열 길 물속은 알아도 한 길 사람 속은 모른다'라는 말처럼 사람의 마음은 신비로운 영역이다. 얼굴인식, 표정 감지, 음성인식 기술이 발달함에 따라 인공지능 알고리즘을 통해 사람 감정을 탐지하는 기술과 서비스가 확산되고 있다. 광고 마케팅, 채용 인터뷰, 범죄 수사, 보험료 책정 등에 이미 이런 기술이 활용되고 있다.

'옥시전 포렌식'은 미국 경찰이 쓰는 감정 탐지 소프트웨어로 분노, 불안, 스트레스 같은 감정을 탐지해 대규모 수사에서 중요한 단서를 제공해준다. '하이어뷰'는 비디오 분석 기술로 수많은 지원자 중에

서 채용 인터뷰를 진행할 대상을 압축해준다. 지원자의 미세한 표정 변화에서 감정적 동요를 포착하는 알고리즘을 사용하는데, 업체 측은 심사자의 편견을 제거해 많은 입사 지원자들에게 공정한 기회를 제공하는 기술이라고 설명한다. '코기토'는 음성 감지 기능을 통해 콜센터 직원들이 어려움에 처한 상담 고객들을 발견해 도움을 제공할 수 있게 해주는 서비스다.

감정 탐지 기술은 1970년대부터 사람 표정을 분석하고 연구해온 심리학자 폴 에크먼이 개발한 시스템에 기반하고 있다. 최근 각종 센서와 인공지능, 서비스 수요가 결합하면서 효과가 커지고 있다. 운전자의 흥분 상태나 졸음을 감지하면 도로 안전도가 개선되고, 학습자의 표정과 시선을 분석하면 학습 효과를 높일 수 있다. 소셜로봇, 음성 비서, 휴머노이드 로봇은 사람의 감정 읽는 능력이 성패의 관건이다. 감정 탐지 기술은 기업의 매출 증대, 서비스 만족도 제고, 치안 강화의 핵심 도구로 주목받으며 시장 규모가 2조 원대로 커졌다. 사람보다 기계가 사람 마음을 더 잘 읽을 날이 머지않았다.

2014년 개봉한 영화 〈그녀Her〉는 한 남자테오도르가 그의 외로움을 달래주는 인공지능 운영체제사만다와 깊은 관계에 빠지는 과정을 소재로 했다. 영화에서 남자 주인공은 아내의 감정 변화에 제때 반응하는 게 어렵기만 하고, 자신에게 모든 것을 맞춰주는 인공지능 연인에게 더 깊은 애착을 느끼게 된다. 인공지능 로봇이 사람 감정을 인식하고 적절히 반응하면 사람은 로봇에 각별한 애착을 형성하게 되고 감정적으로 의존하게 된다.

이런 인공지능이 등장할 날도 멀지 않았다. 런던에 있는 이모셰이프는 감정을 인식할 수 있는 감정처리 컴퓨터칩EPU을 만드는 회사다. '이모스파크'라는 기기는 사람 얼굴에 나타나는 15만 가지의 변화를 분석해 처리하는데, 업체 쪽은 분노, 공포, 슬픔, 혐오, 놀람, 기대, 신뢰, 기쁨 등 여덟 종류의 감정을 식별할 수 있다고 주장한다. 영국 〈BBC〉가 2016년 5월 보도한 바에 따르면, 이모셰이프의 창업자이자 최고경영자인 패트릭 로젠탈은 "인공지능에게 사람의 감정을 인식할 수 있게 하면 인공지능이 항상 사람의 행복을 추구하는 쪽으로 작동하게 할 수 있어 인류를 위협하는 존재가 되는 걸 피할 수 있다"라고 주장한다. 인공지능을 지닌 로봇에게 사람의 감정과 반응을 인식할 수 있는 기능을 부여하고 사람들의 감정과 기대를 배반하지 않도록 하면 위험한 인공지능이 되는 걸 막을 수 있다는 논리다.

하지만 연구자들의 의견은 다르다. 미국 뉴욕대학교의 '에이아이 나우AI Now 연구소'는 2019년 '인공지능 보고서'를 발표하고 확산 중인 감정 탐지 기술을 금지하는 게 시급하다고 요청했다. 표정에 드러난 사람의 감정은 문화와 상황에 따라 다르게 해석이 가능하고 수시로 변화하기 때문에 수량화가 불가능한데 이를 알고리즘화하려는 시도 자체가 잘못됐다는 주장이다. '얼굴인식 기술'은 인류에게 재앙이 될 수 있다며 개발을 금지해야 한다는 기술업계의 요구에 이은 또 하나의 기술개발 금지 요청이다. 고삐가 필요한 기술개발 목록에 '감정 탐지'가 추가됐다.

⁰⁹⁴ 호기심 장착한 인공지능

인공지능이 바둑, 퀴즈, 포커 등에서 인간 최고수를 압도하는 일이 잇따르면서 인간 고유의 지적 특성이자, 미래의 핵심적 능력으로 호기심이 주목받고 있다. 왜냐하면 인터넷을 통해 모든 정보에 접근하고 활용할 수 있는 세상에서, 실제로 그 정보를 찾아서 활용하는 사람은 호기심을 지닌 존재이기 때문이다. 또한 호기심은 현재 상황이나 효율성과 거리가 있는, 불가능한 것에 대한 상상이자 엉뚱한 탐구욕이기도 하다. 호기심은 최대한의 효율성을 추구하도록 만들어진 기계가 지니기 어려운 속성이다.

그래서 호기심은 개인의 능력과 삶의 질을 가르는 요인으로 주목받고 있다. 영국 에든버러대학교의 심리학자 소피 폰 스툼은 "개인의 성공을 예측하는 변수들 가운데 하나만 꼽으라면 그것은 호기심일 것"이라고 주장한다. 영국 저술가 이언 레슬리는 《큐리어스Curious》에서 유인원도 식욕, 성욕, 주거욕이 있지만, 호기심은 사람만 지닌 '제4의 본능'이라고 지적한다.

호기심은 학습자 스스로 지식과 지혜를 찾아가게 만드는 개인과 사회 발전의 원동력이지만, 비효율성이 특징이다. 관련 정보나 답이 있는 상황에서도 호기심은 불필요하고 위험한 모색을 하게 만들어 시간과 자원을 낭비하게 한다. 그래서 호기심은 효율성을 기반으로 하는 인공지능이 모방할 수 없는 인간 고유의 특성으로 여겨졌다.

그런데 인공지능은 인간의 호기심까지 모방하고 있다. 최근의 인공지능은 인간이 자동차 설계에 적용해왔던 관행과 방식에 얽매이지 않고 효율성을 기초로 전혀 새로운 디자인과 구조 설계를 구현할 수 있다. 사람과 다른 유연성을 갖춘 기계지능이 나타나고 있는 것이다. 이는 알파고와 이세돌의 대국을 보면서, 프로바둑 기사들이 "인간 바둑에서는 상상할 수 없던 수이지만 놀랍게 효과적인 포석이다"라고 경탄하는 것과 유사하다.

2017년 5월 〈MIT 테크놀로지 리뷰〉에 따르면, 미국 버클리 캘리포니아대학교 연구진이 호기심 기반 인공지능을 개발했다. 즉각적 피드백과 보상이 없어도 의사결정을 내리고 실행할 수 있는 게 특징인 인공지능이다. 슈퍼마리오와 사격 게임을 대상으로 실험한 결과, 기존 인공지능에 비해 뛰어난 성과를 냈다. 이 인공지능은 게임에서 바로 점수를 획득할 수 있는 효율적 시도를 하지 않았다. 대신, 게임 초반에 자신이 처한 전체 환경과 규칙의 특성에 대한 탐색을 시도했다. 마치 인간처럼, 어렸을 때부터 노동을 하는 게 아니라 장기간 교육과 모색의 시기를 거치며 성인이 된 뒤 비로소 노동에 뛰어드는 방식이다. 즉각적인 피드백과 보상이 장기적 모색과 판단을 저해해온 인공지능 강화 학습의 한계를 넘어서, 인간 지적 기능의 핵심인 호기심에 비견할 수 있는 새로운 가능성을 부여한 성과로 평가받고 있다.

2017년 4월 〈하버드 비즈니스 리뷰〉는 기계에 불어넣으려는 '인공적 호기심'과 달리, 인간 호기심은 '자유롭고 변덕스럽다'는 점이 단점이자 장점이라고 지적했다. 기계가 호기심마저 모방하게 된 시점에서 사람은 새삼 호기심의 본질이 무엇인지를 묻고 있으며, 그 호기심을 제어할 수 없다는 점이 특징으로 드러나고 있다.

인공지능이 즉각적 보상 없이도 호기심을 갖고 장기적이거나 전체적인 관점에서 환경을 탐구하고 나중에 활용될 기술을 배울 수 있게 됐다는 소식은 인공지능의 용도를 크게 확장할 잠재력이다. 하지만 이는 동시에 호기심마저 기계에 내주는 상황이 온다면 인간의 고유성은 무엇일지에 대한 새로운 물음을 던진다.

095 위키피디아

　　누구나 자유롭게 글을 쓸 수 있는 사용자 참여 기반의 온라인 백과사전 위키피디아는 인터넷 환경에서 지식이 만들어지고 이용되는 구조가 과거와 어떻게 달라지고 있는지를 보여주는 시금석이다. 국내에 서는 인기가 높지 않지만 위키피디아는 세계에서 가장 방문자가 많은 최고의 콘텐츠 사이트다. 위키피디아가 지식과 정보를 보강하며 확산되 는 동안 2009년 마이크로소프트는 야심찬 프로젝트로 개발한 전자백과 사전 '엔카르타'를 포기했고, 2012년 《브리태니커 백과사전Encyclopedia Britannica》은 종이 사전 발행 중단을 선언했다.

　　위키피디아가 온라인 개방형 사전이라 신뢰도가 낮다는 주 장은 2005년 12월 〈네이처〉에 실린 논문을 통해 반박됐다. 〈네이처〉는 두 사전의 정확도 비교를 위해, 브리태니커와 위키피디아에서 과학 분 야 항목 50개를 무작위로 선정한 뒤 전문가들에게 주제별로 두 사전의 정확도를 비교해달라고 의뢰했다. 최종적으로 42개의 주제가 엄격한 검 토 대상으로 선정됐고 비교 결과, 심각한 오류로 판단된 것은 모두 여덟 개였다. 브리태니커가 네 개, 위키피디아가 네 개였다. 사실 기록상의 오 류와 누락, 오해의 소지가 있는 표현 등은 브리태니커가 123개인 반면, 서술 분량이 많은 위키피디아는 162개로 약간 많았다. 연구 논문은 두 백과사전의 정확도가 크게 다르지 않다고 결론 내렸다. 일반인은 물론 세계 지성계를 놀라게 한 연구였다.

위키피디아 홈페이지 메인화면.

　　그런데 진짜 놀라운 일은 〈네이처〉의 논문 발간 이후 벌어졌다. 〈네이처〉 발간 이후 수많은 사람들이 위키피디아의 내용 편집에 나서면서 브리태니커와의 비교 과정에서 지적된 위키피디아의 오류 항목들은 빠르게 수정됐다. 종이에 인쇄된 브리태니커는 개정판 작업에 걸리는 기간이 15~20년이다. 이 사건을 계기로, 브리태니커는 종이 사전 발간과 판매를 중단하고 온라인 서비스로의 전환을 결정했다. 종이 사전이 개방형 온라인 사전으로 대체되는 것은 불가피하게 됐다.

　　하지만 누구나 편집자로 참여할 수 있는 위키피디아는 새로운 문제도 불러왔다. 민감한 항목의 서술을 놓고 벌이는, 인식과 이해를 달리하는 집단 간의 '편집 전쟁'이다. 같은 위치의 섬이 한국어 위키피디아에는 독도로, 일본어 위키피디아에서는 다케시마로 기술되어 있다. 영어 위키피디아에서는 그 서술을 놓고 양국의 네티즌들이 치열한 편집 전쟁을 벌이는 중이다. 영어 위키피디아는 독도를 '리앙쿠르 암초 Liancourt Rocks'로 표기한다. 1849년 프랑스 포경선 리앙쿠르호가 독도를 발견하고 지은 이름이다. 국가 간에 국경 분쟁을 겪고 있는 지명이나 역사적 해석이 엇갈리는 항목은 수시로 편집 전쟁이 벌어진다. 이 때문에 위키피디아는 편집 권한을 제한하고 엄격화했지만, 이는 결과적으로 편집 참여자를 줄이는 효과로 이어져 '개방형 사전'의 장점이 퇴색할 우려가 있다.

최근 위키피디아는 인공지능을 도입해 편집 수정 내역을 체크해, 품질 낮은 서술을 자동으로 골라내는 기능을 적용했다. 그동안 자원 활동하는 편집자가 일일이 검토하던 것을 인공지능 기계가 수행해 수정 후 품질이 낮아진 항목만 알려준다. 이는 로봇시대에 생각해봐야 할 중요한 문제점을 시사한다. 사전 편찬처럼 편집자의 영역까지 인공지능이 대체하는 현실을 어떻게 볼 것인가의 문제다. 업무를 기계가 대체하는 만큼 편집자는 일자리를 위협받는다. 한편 편집자는 이제껏 너무 많은 수정 내역을 검토하느라 더 중요한 항목의 편집에 시간과 주의를 할당하기 어려웠는데 기계의 도움으로 좀 더 창의적인 일에 집중할 수 있게 됐다. 기계에 밀려나지 않는 방법은 기술을 잘 활용해 자신의 업무를 새롭게 또 깊이 있게 만드는 일이 될 것이다.

취업난 시대, 인기 있는 기업의 공채에는 수만 장이 넘는 지원서가 몰린다. '블라인드Blind 채용'이 대세라, 입사원서에서 성별·나이·학교가 드러나지 않는다. 학점 커트라인과 줄 세우기를 통해 면접 대상자를 추려오던 관행이 사라져 채용 담당자는 산더미 같은 자기소개서를 살펴야 한다. 국내 기업 수백 곳은 인공지능 채용을 도입해, 서류전형 단계에서 자기소개서 표절 여부와 신뢰성, 직무적합도 평가를 기계에 맡기고 있다.

인공지능 면접은 지원하는 기업의 채용 프로그램에 접속해 모니터 속 인공지능 면접관과 대화하는 방식이다. 인공지능은 실제 면접관처럼 까다로운 질문을 던지는데, 지원자는 60초 생각한 뒤 60초 안에 답변해야 한다. 60분의 면접 끝에 인공지능은 지원자의 맥박, 눈동자, 표정 등 수십 가지 신호를 분석해 점수를 매긴다. 기업은 효율성과 속도에 만족하고 지원자들은 공정성에 기대를 걸고 있다. 취업 준비생들은 인공지능 면접 대비 학습을 추가했다. 튜링테스트가 사람 면접관 앞에서 인공지능들이 경쟁하게 했다면, 인공지능 면접은 기계의 심사를 통과하기 위한 인간들의 '역튜링테스트'인 셈이다.

전자상거래 업체 아마존은 10년간의 인사 데이터를 기반으로 인공지능 채용 시스템을 개발했으나 써보지 못하고 폐기했다. 인공지능 채용 시스템은 지원자가 '여성'인 경우 감점하고 대부분 남성을 추천했다. 아마존은 '여성'에게 감점을 주지 않게 프로그램을 개선했지만 또 다른 차별 가능성을 확신할 수 없어 폐기를 결정했다.

2015년 7월 미국 카네기멜런대학교 연구진은 구글 광고가 남성들에게는 프로그래머 등 고소득 구인광고를 보여줬지만 여성들에겐 소득이 낮은 구인광고를 노출했다는 연구 결과를 발표한 바 있다. 하버드대학교 라타냐 스위니 박사는 구글 광고가 흑인들이 많이 선택하는 이름을 가진 사람에겐 검색 결과 옆에 "경찰에 체포된 적이 있나요?"라는 체포사진Mugshot 삭제 업체 서비스의 광고를 표시해 인종차별을 한다는 사실을 밝혀내기도 했다. 구글에서 흑인들이 많이 쓰는 이름을 검색하면 그렇지 않은 이름에 비해 '범죄기록 삭제' 광고가 25%나 많이 노출된다는 사실도 드러났다. 구글이 '흑인과 여성을 차별하라'라는 알고리즘의 규칙을 적용하기 때문이 아니다. 기존 데이터를 기반으로 학습한 인공지능 알고리즘이 이미 존재하는 차별을 반영하기 때문이다.

미국의 탐사보도 언론 〈프로퍼블리카ProPublica〉는 2016년과 2017년에 걸쳐, 페이스북 광고가 다양한 차별적 마케팅을 부추기고 있는 현실을 고발했다. 페이스북에서는 이용자 누구나 예산 범위와 도달 범위를 설정해 맞춤형 광고를 할 수 있는데, 휠체어를 타는 장애인을 비롯해 다양한 집단을 광고 노출에서 배제하는 선택을 제공한다. 〈프로퍼블리카〉는 페이스북에서 흑인, 유대인, 히스패닉, 이슬람교도 등을 배제하는 차별적 광고가 가능하다는 것을 실제 광고 집행을 통해 입증하고 보도했다. 이에 대한 개선책으로 페이스북의 최고운영책임자 셰릴 샌드버그는 2019년 3월 "임대차와 숙박업을 포함한 주택 마련, 고용, 신용대출 영역에서 나이, 성별, 거주지에 따른 맞춤형 광고를 금지하겠다"라고 밝혔다. 이용자에 대한 정밀한 개인정보를 보유한 소셜미디어 서비스에서 맞춤형 광고 설정 기능을 이용해 특정 집단을 차별하고 배제하는 일이 은밀하게 이뤄지고 있는 현실이다.

고교 시험, 대학 입학, 채용, 재판 등 사람들이 공정성을 기대하는 영역에서 담당자들의 조작과 불법 거래가 드러나며 불신이 확대되고 있다. "차라리 인공지능으로 대체하자"라는 주장이 나오는 이유다. 하지만 인공지능도 기존 데이터와 관행을 반영할 따름이다. 불신과 불공정을 바로잡으려면 인공지능 도입보다는 현실 개선이 우선이다.

097

인공지능 사장님

2020년 10월 국제학술지 〈네이처 커뮤니케이션스Nature Communications〉에는 '고통을 느끼는 인공지능'을 개발했다는 싱가포르 난양공과대학교 연구진의 논문이 소개됐다. 사람 신경조직과 닮은 통증 수용체계를 구현해, 강한 충격으로 로봇의 피부나 기계장치가 손상됐을 때 스스로 복구할 수 있도록 했다는 것이다. 연구진은 로봇이 손상을 스스로 감지해 복원하는 기능을 '고통 감지와 치유 기능'이라고 표현했다.

독일 하노버에 있는 라이프니츠대학교 연구진은 2016년 사람처럼 고통에 반응하는 '인공 로봇 신경시스템'을 개발 중이라는 논문을 발표했다. 이 로봇은 사람처럼 몸에 충격이 전해지거나 뜨거운 물건

을 만지면 피하거나 움츠러드는 반응을 보인다. 인간에게 고통은 자신을 외부 환경과 질병으로부터 보호해주는 안전 시스템이다. 통증은 괴로워서 피하고 싶은 상태이긴 하지만, 고통은 사실 우리 몸을 건강하게 유지하고 수명을 늘려주는 유용한 감각이다. 뜨거운 것을 만져도 고통스럽지 않다면 불에 심하게 데일 수밖에 없으며, 피부가 통증을 느끼지 못하면 온몸이 심한 타박상을 입고 말 것이다. 라이프니츠대학교가 개발하고 있는 인공 로봇 신경시스템은 인체의 반사 신경과 비슷하다.

고통을 느끼고 자가 치유하는 로봇은 과학소설 작가 아이작 아시모프가 1942년 작품 〈런어라운드Runaround〉에서 제시해 널리 알려진 '로봇 3원칙'의 일부("스스로를 보호해야 한다"라는 제3원칙)가 현실로 구현되고 있음을 보여준다.

인공지능 분야의 눈부신 기술 발달은 영화 〈터미네이터〉의 스카이넷과 같은 존재의 출현에 대한 우려로 이어진다. 스티븐 호킹, 일론 머스크 등이 '강한 인공지능' 출현은 인류 종말이 될 것이라고 우려하는 배경이다.

하지만 현실에선 인공지능 로봇과 자동화가 확산되고 있다. 로봇과 알고리즘은 '4차 산업혁명'의 핵심 개념으로, 사람 노동의 비일관성과 편견, 비능률을 제거할 산업적 해법으로 제시되고 있다. 국제로봇연맹에 따르면, 2019년 한국의 노동자 1만 명당 산업로봇은 싱가포르에 이어 세계 2위다. 배달, 서비스, 운전 등 플랫폼 노동의 업무 배정에도 인공지능 활용 알고리즘이 광범하게 채택되고 있다.

그런데 택배 노동자들을 잇단 사망으로 내몬 플랫폼 노동의 배경에 '인공지능 사장님'이 있다는 사실이 드러나 충격을 주고 있다. 배달 플랫폼의 '인공지능 추천 배차'는 라이더들에게 25분 거리를 '15분에 가라'라는 식으로 지시하고 있지만, 그 지시를 내리는 '인공지능 사장'은 보이지 않는다. 인간인 작업 관리자에겐 항의나 불평이라도 쏟아낼 수 있지만 보이지 않는 알고리즘에겐 대항할 방법이 없다. 인공지능 알고리즘이 가쁜 호흡을 몰아쉬며 계단을 오르내리는 플랫폼 노동자들의 절박한 사정을 공감할 리 없다.

스티브 스필버그의 2001년 영화 〈에이아이A.I.〉에서 인간 부모의 애정을 바라며 고통스러워하던 로봇과 달리 실제 인공지능과 로봇은 인간처럼 감정과 고통을 느낄 수 없다. 인공지능이 고통을 느끼고 자가진단을 통해 복구하는 기능은 인간 감각과 신경체계를 흉내 낸 시뮬레이션일 뿐이다. 인간의 고통은 생존을 돕는 반응체계이자 사회적 소통과 협력의 길을 알려주는 공감의 도구다. 강한 인공지능이 지배할 먼 미래를 걱정할 게 아니다. 공감과 연민을 모르는 알고리즘이 지배하는 노동 현실이 진짜 문제다. 그런데 이는 알고리즘 자체가 인간처럼 따뜻한 피가 흐르지 않는 비정한 존재이기 때문이 아니다. 알고리즘을 설계한 사람이 그 알고리즘에 따라서 움직여야 하는 노동자의 목숨이나 안전보다 알고리즘을 구입해 운용할 소유자의 이익을 극대화하도록 알고리즘을 설계한 탓이다.

098

얼굴인식

2019년 5월 3일 중국 〈CCTV〉 프로그램 〈나를 기다려等着我〉
에는 쓰촨시에서 세 살 때 괴한에게 납치된 아이가 10년 만에 부모를 찾
은 사연이 소개됐다. 부모를 찾는 데는 인터넷 기업 텐센트가 개발한 인
공지능 기반의 얼굴인식 기술이 활용되었다. 텐센트의 인공지능 얼굴인
식 정확도는 99.99%에 이르는 세계 최고 수준이다. 중국에서는 팝 콘서
트 관객 수만 명 중에서 수배자를 족집게처럼 체포하는 등 특히 공안경찰
이 얼굴인식 기술을 널리 활용하고 있다.

2018년 5월 19일 영국 해리 왕자와 할리우드 여배우 메건 마
클의 결혼식이 열린 영국 윈저성에서는 얼굴인식 기술로 참석자 신원

을 확인했다. 〈뉴욕타임스〉는 보도용 행사 사진에 찍힌 사람들의 신원을 확인하기 위해 아마존의 얼굴인식 도구 '리코그니션'을 사용했다. 1000명을 식별하는 데 드는 비용은 14원에 불과하다.

얼굴인식은 '인공지능 기술의 성배이자 플루토늄'이라는 상반된 평가를 받고 있다. 인공지능 기계학습과 이미지 인식 기술 발달은 얼굴인식을 인공지능 윤리 논란의 최전선으로 만들었다. 국제적으로 테러리즘과 신종 범죄에 대해 우려하는 상황 속에서 각국의 출입국 당국과 사법 당국은 얼굴인식 기술의 필요성을 강조하며 활용을 확대하고 있다. 얼굴인식 기술의 기반인 컴퓨터의 이미지 인식 기술은 향후 가장 쓸모가 많은 인공지능의 범용 기술이다. 얼굴인식은 보안과 결제 시스템의 본인 확인 도구로 쓰이고 있고, 이미지 인식 기술은 드론과 자율주행차 그리고 검색에서 핵심적인 기능이다.

하지만 얼굴인식 기술은 기계에 의한 차별을 가져올 것이라는 우려를 안고 있다. 미국 샌프란시스코시가 2019년 경찰을 포함한 모든 행정기관의 얼굴인식 기술 사용을 금지하는 조례를 제정한 배경이다. 물론 이에 대한 반론도 적지 않다. 경찰 등 사법 당국은 용의자 검거와 치안 수준이 하락할 것이라고 우려하고 있으며, 일부 연구자들은 진화하고 있는 미성숙한 기술에 대해 너무 일찍 족쇄를 채운다는 지적을 하고 있다. 샌프란시스코 범죄추방단체Stop Crime SF의 조엘 엔가르디오는 현재의 얼굴인식 기술이 완전하지 않아도 나중에 개선될 수 있으므로 전면 금지보다는 현재 시점에서의 '사용 유예'가 바람직하다고 주장한다.

하지만 여러 연구와 사례들은 얼굴인식의 위험성을 경고한다. 마이크로소프트 리서치의 연구원 루크 스타크는 〈크로스로드Cross-roads〉 기고에서 "얼굴인식 기능이 인종과 성별을 기반으로 사람을 도식화하고 분류한다는 점에서, 극복 불가능한 결함을 지닌 기술"이라며 '인공지능의 플루토늄'이라고 주장했다. 핵폐기물처럼 위험성이 편리함을 넘어서는, 의도성 여부를 떠나서 본질적으로 유해한 기술이라는 주장이다.

논란 끝에 구글은 2020년 3월 인공지능 클라우드 메뉴Cloud Vision API에서 남녀 구별을 없애기로 했다. 구글의 클라우드 비전 API는 인공지능 기반의 이미지 인식 도구로, 사물을 식별하고 식별한 사진에 태그를 달아 기계학습과 다양한 서비스에 활용할 수 있도록 했다. 구글은 "사람 성별은 외모로만 추론될 수 없기 때문에 구글의 인공지능 원칙에 따라 성별 라벨을 제거하기로 결정했다"라고 밝혔다. 구글은 자사의 인공지능 원칙 중 '불공정한 편견 방지'에 관한 2항을 언급하면서 성별을 구분한 사진이 부당한 편견을 가중시킬 수 있다고 밝혔다. 구글은 남녀 성별 대신 '사람person'이라는 태그를 이미지에 지정할 예정이라고 밝혔다.

이미지 인식 기술 경쟁에서 얼굴인식만 예외로 하자는 약속은 핵개발 금지처럼 지켜지기 어려운 과제다. 그러나 핵무기가 나왔다고 해서 핵의 위험성을 인지하고 관리해야 할 필요성이 줄어드는 것은 아니다. 파괴적 인공지능 기술 또한 불가피함 속에서 시민적 통제의 길을 찾아야 할 요구가 커지고 있다.

⁰⁹⁹ 알고리즘 의사결정 선언

2020년 9월 8일 국회에서 포털 사이트의 뉴스 편집 문제가 도마 위에 올랐다. 포털사 출신인 윤영찬 국회의원이 보좌진에게 보낸 문자가 언론에 보도됐다. 포털사이트 다음이 이날 제1야당인 국민의힘 주호영 원내대표의 국회 연설 기사를 첫 화면에 주요하게 편집했지만 전날 여당인 민주당 이낙연 대표의 국회 연설은 노출하지 않았다며 "항의하라"라는 내용이었다. 이에 대해 다음을 운영하는 카카오는 "뉴스 편집은 인공지능이 한다. 사람이 (특정 기사를) 넣고 빼는 게 아니다"라고 해명했다. 카카오는 2017년 3월 학술지 〈사이버커뮤니케이션학보〉에 다음 뉴스사이트의 인공지능 기사배열 알고리즘의 원리와 효과에 관한 '기계학습 기반의 뉴스 추천 서비스 구조와 그 효과에 대한 고찰: 카카오의 루빅스를 중심으로'라는 제목의 논문을 공개했다.

2020년 8월 영국에서는 사람을 차별하는 알고리즘으로 인한 대혼란이 벌어졌다. 영국 정부는 코로나19로 2020년 대학입학 수능시험 A레벨이 취소되자, 고등학교 졸업반 학생들에게 "기존 데이터에 근거해 학생들에게 적합한 학점을 부여한다"며 알고리즘으로 성적을 부여했다. 알고리즘은 교육 환경이 좋은 곳에 사는 부유한 학생들에겐 좋은 학점을 주었지만, 가난한 지역의 학생들에겐 낮은 학점을 부여했다. 알고리즘이 학생들의 전년도 성적, 교사가 예측한 학점, 소속 학교의 역대 학업 능력 등을 고려해 계산한 결과였다. '불공정한 성적'에 대한 고교생들의 광범한 항의 시위가 이어졌고, 결국 영국 교육부는 알고리즘 성적 부여를 철회했다.

미국에선 '얼굴인식 알고리즘'과 '재판 형량 계산 소프트웨어'가 유색인을 차별하는 사례가 숱하게 보고되었다. 캘리포니아, 펜실베이니아 등 미국의 많은 주에서 경찰은 검문검색 때 코그니테크와 같은 사진 인식 소프트웨어를 사용하는데, 인종에 따라 판독 정확도가 크게 차이 난다는 게 연구 결과 밝혀졌다. 흑인 사진을 잘못 인식할 확률은 백인보다 두 배나 높았다. 이는 운전면허증 같은 신분증을 대조할 때 흑인일 경우 신분 위조 가능성을 높게 판단해 범죄 용의자로 분류하는 결과를 유도할 수 있다. 미국의 탐사언론 〈프로퍼블리카〉의 보도에 따르면, 경찰이 사용 중인 이런 소프트웨어는 흑인이 무고하게 피고가 됐을 경우 상습범으로 추정하는 경우가 백인보다 두 배 많았다. 이러한 추정은 흑인 거주 지역에 대한 순찰 강화로 이어져, 다른 인종보다 더 많은 범죄 용의자 적발을 낳는 순환적 구조를 만들어낸다.

보스턴대학교의 법학자 다니엘레 시트론은 "알고리즘을 객관적이라 생각해 신뢰하는 경향이 있지만, 그 알고리즘을 만드는 것은 사람이므로 다양한 편견과 관점이 알고리즘에 스며들 수 있다"라고 말한다. 사람의 판단에 비해 공정성과 효율성을 높일 것이라고 기대받은 소프트웨어 알고리즘이 오히려 성별, 인종, 소득에 따른 차별을 강화하는 사례가 보고되며 이에 대한 비판도 높아지고 있다. 또한 컴퓨터 스스로 데이터를 통해 학습하는 머신러닝은 주어진 데이터의 한계를 벗어날 수 없다. 기존 데이터의 규모와 특성 그리고 그 데이터를 만드는 사람들의 속성이 반영되는 구조이기 때문이다.

국제적 정보감시단체 '알고리즘 위치'는 '알고리즘 의사결정 선언ADM 매니페스토'을 발표한 바 있다. 제1항은 "알고리즘은 결코 중립적이지 않다", 제2항은 "알고리즘 의사결정을 만든 사람은 그 결과에 책임을 져야 한다"이다.

¹⁰⁰ 자율주행의 운전자

구글의 지주회사 알파벳과 전기자동차 기업 테슬라가 미국 주식시장에서 시가총액 경쟁을 벌이고 있다. 인공지능 디지털화와 자율주행차 시대를 선도하고 있는 정보기술 분야의 최대 수혜 기업들이다. 하지만 구글과 테슬라가 하루아침에 파산할 가능성도 있다는 '우스개'가 있다. 자율주행 자동차가 대중화된 시점에서 예상치 못한 에러나 해킹으로 인해, 전 세계 도로에서 동시다발 교통사고가 발생하면 두 기업이 보험료를 감당할 수 없을 것이라는 장난 같은 시나리오다.

우스개로 여겼던 얘기를 다시 되돌아보게 만드는 일이 있었다. 2016년 2월 초 미국 도로교통안전국NHTSA은 구글의 요청에 회신하면서 법규상 운전자 개념을 확대해, 사람이 아닌 자율주행차의 소프트웨어도 운전자에 포함할 수 있다는 결정을 내렸다. 미 도로교통안전국은 "구글이 설명하는 자동차 설계 맥락에서 볼 때 우리는 '운전자'가 '자율주행 시스템'을 가리키는 것으로 해석할 것"이라고 밝혔다. 운전자 개념에 중대한 변화를 가져올 수 있는 의미 있는 결정이었다.

구글은 기존 완성차를 활용한 자율주행차와 별개로, 2015년 운전대와 액셀러레이터, 브레이크를 없앤 자율주행 전용 차량을 개발해 완벽한 주행 능력을 선보였다. 구글은 사람의 조작이 전혀 필요 없는 자율주행 차량이 장애인이나 노인 등 교통약자의 이동 편의를 획기적으로 높일 수 있다고 홍보했다. 그 말처럼 운전자 없는 차량은 매우 유용해서 당장 무인택시나 무인배달차량으로 활용될 수도 있다. 그러나 한 가지 걸림돌이 있다. 도로교통국제협약은 "모든 차량에는 운전자가 있어야 하며 운전자는 모든 상황에서 차량을 제어할 수 있어야 한다"라고 명시하기 때문이다. 그래서 구글은 그동안 도로에서 '무인 자율주행차'가 아닌 직원 두 명이 탑승한 상태로 자율주행차를 시범 운행해왔다.

자율주행 기술은 국제자동차기술자협회SAE가 구분한 0~5단계의 여섯 종류로 분류된다. 2단계는 요즘 신차에 채택되고 있는 차선 유지, 충돌방지 등 지능형 운전자 보조시스템ADAS이다. 3단계는 자동차가 직접 조향, 가·감속, 제동 등을 할 수 있지만 최종 책임은 운전자에게 있는 단계다. 4단계는 사람의 판단과 개입 없이도 자율주행을 수행하는 단계다. 5단계는 사람이 전혀 필요 없는 단계를 의미한다. 4단계와 5단계부터는 차량 운행 결과에 따른 책임도 사람이 아닌 자율주행 차량의 주행 소프트웨어에 있는 상황이 된다.

4~5단계에서는 기술적 과제를 넘어, 그동안 산업과 기술이 거의 고민하지 않아 온 윤리적 과제를 만나게 된다. '멈출 수 없는 상황에서 무단횡단하는 사람을 칠 것인가, 핸들을 틀어 방호벽을 들이받고 운전자와 차량의 피해를 선택할 것인가' '사고를 피할 수 없는 상황에서 헬멧을 안 쓴 오토바이 운전자 대신 헬멧을 쓴 운전자와 충돌해 사망 사고를 피할 것인가'와 같은 철학적 문제에 직면하게 된다.

다임러벤츠재단은 무인자동차가 사회에 끼칠 영향을 연구하는 프로젝트를 진행하고 있으며, 일론 머스크는 인공지능의 안전성을 위한 연구에 1000만 달러를 지원한다. 구글 자율주행차 연구를 주도한 크리스 엄슨은 "실제 운전 상황에서 한 번도 만나지 못한 0.001%의 경우까지 대비하고 있다"라고 말했다. 우리도 자율주행 기술 경쟁에 뛰어들려면 무인주행이 가져올 사회적·윤리적 문제에 대한 연구를 본격화해야 한다.

　　　　자율주행 차량은 빠르게 기술적 완성도를 높여가고 있다. 걸림돌이던 '운전자의 범위'에 사람 아닌 자율주행시스템이 포함될 수 있는 길이 열렸다. 이제 진짜 문제가 제기됐다. 자율주행차가 교통사고를 내면 누구의 책임인가? 이는 기술의 완벽함으로 풀 수 없고 결국 사회적 합의로만 대처할 수 있다. 자동화 시대에도 여전히 진짜 중요한 결정은 사람의 몫이다.

디지털 개념어 사전

ⓒ 구본권, 2021

초판 1쇄 인쇄　2021년 6월 9일
초판 1쇄 발행　2021년 6월 16일

지은이　구본권
펴낸이　이상훈
편집인　김수영
본부장　정진항
인문사회팀　김경훈 권순범
마케팅　천용호 조재성 박신영 성은미 조은별
경영지원　정혜진 이송이

펴낸곳　㈜한겨레엔 www.hanibook.co.kr
등록　2006년 1월 4일 제313-2006-00003호
주소　서울시 마포구 창전로 70(신수동) 화수목빌딩 5층
전화　02) 6383-1602~3 팩스 02) 6383-1610
대표메일　book@hanibook.co.kr

ISBN 979-11-6040-614-6 03370